KB252863

쉽게 풀어 쓴
차의 화학성분

TEA CHEMISTRY

쉽게 풀어 쓴

차의 화학성분

배경순 지음

이른아침

차(茶)는 과학이다

만학도(晩學徒)라는 이름표를 달고 공부를 시작한 지 10여 년이 지났다.

학자의 길을 가기 위해, 혹은 교육자의 삶을 살고자 시작한 공부가 아니었다. 그저 차를 좀 '알고' 마시고 싶다는 그 단순한 호기심 하나가, 너무나 평범한 차인이던 나를 차학의 세계에 끌어들이고 세계 곳곳을 제 집처럼 드나들게 만들었다.

인문학보다는 차의 과학에 관심이 많았다. 석사 과정을 공부하면서 차의 성분에 대해 한 학기 수강할 기회가 있었는데, 첫 시간에 들어오신 교수님의 질문이 '차는 무엇이라고 생각하느냐?'였다. 수강생들로부터 다양한 인문학적 답변들이 나왔는데, 그때도 나의 대답은 '차는 과학이다'였다. 그 이전 내 차 공부에 큰 그늘이 되어주셨던 선생님들의 차에 관한 생각이 내 무의식에 이미 자리잡고 있었던 것인지도 모르겠다.

학문으로 차를 공부하면서 가장 큰 갈증은 자료의 부재였다. 실험 논문으로 석박사 학위를 준비하는데 도움을 청할 곳이 없었다. 여기저기 학회를 다니면서 하나둘 배워야 했는데, 그 하나가 나에겐 신세계였고, 이 책을 쓰게 된 시드(seed)가 아니었을까 하는 생각이 든다.

책을 쓰는 내내 과연 이 책이 옳은 방향으로 가고 있는가에 대한 걱정을 내려놓을 수가 없었다. 만학도로 10여 년을 공부하면서 가졌던 다양한 궁금증들에 대한 답을 최대한 많이 담으려 했고, 나처럼 차의 과학을 공부하려는 이들에게 작은 도움이라도 되고 싶었다. 감히 욕심을 낸다면, 한 장을 넘기지 못하고 덮게 만드는 책이 아니라 다음 페이지가 궁금해지는 책을 쓰고 싶었다. 그래서 전문서적의 틀에서 벗어나, 이해하기 쉬운 책으로 간결하고 쉽게 풀어쓰려고 노력했다.

사실 이 책은 차의 화학성분에 관한 기존의 전문서적들과 비교할 때 너무나 부족한 점이 많은 책이다. 과학은 진화하는 것이고, 내가 참고한 자료가 정확하지 않을 수도 있으며, 나의 지식에 오류가 있을 수도 있다. 다만 차의 과학을, 차나무 이파리 한 조각의 세계를 궁금해 하는 수많은 만학도들, 더 많은 차인들에게 아주 작은 길잡이라도 되길 바라는 마음으로 책을 집필했다.

목적이 생기면 옆도 뒤도 돌아보지 않는 나의 성향과 나도 몰랐던 내면의 욕심으로 인해 나의 가족들, 나의 도반들, 이 공부의 뿌리가 되어준 나의 선생님들에 대해 마음 한켠에 진 빚들을 갚을 길이 없어 이 지면을 통해서나마 감사 인사를 올린다.

이 글을 쓰는 내내 가장 많은 도움을 주었던 딸 수민이와 생각만으로도 나를 웃게 만드는 금쪽이 시우가 언젠가 차를 가까이 하는 계기가 되길 바란다.

부족함에도 불구하고 저자로서 내딛는 첫걸음에 등짝을 떠밀어준 이른아침 대표님에게도 감사의 인사를 전한다. 이 어려운 현실에서도 차책[茶書]에 대한 진심 어린 소명감을 가까이에서 볼 수 있었다. 오래오래 건승하시길 기원한다.

2026년 정월에

선화 배경순

곁에서 지켜본 저자의 열정에 박수를

저자와 저는 오랫동안 세계 여러 차 산지(産地)를 함께 다니며 차를 공부하고 연구해왔습니다. 그 사이 수많은 차인을 만났는데, 사실 이 책의 저자만큼 차에 대해 집요하고 열정적으로 탐구하는 사람은 보기 어려웠습니다. 그 오랜 시간의 열정과 축적된 노력이 이 한 권의 책으로 결실을 맺게 된다니 진심으로 기쁘게 생각합니다.

차의 화학성분이라는 다소 어려운 주제를 이해하기 쉽게 풀어내기 위해 기울인 저자의 남다른 고민과 각고의 노력 덕분에 이 책은 누구나 부담 없이 읽을 수 있는 책이라고 생각합니다. 곁에 두고 참고서처럼 펼쳐보면 차를 이해하고 공부하는 즐거움을 느낄 수 있을 것입니다.

또한 차의 화학성분을 다룬 기존의 책들이 매우 드물다는 점에서 이 책은 그 존재 의미를 인정하지 않을 수 없습니다. 특히 차학의 다양한 분야 가운데 과학 부문에 관심을 가진 이들에게는 좋은 길잡이가 될 것이라 확신합니다.

차의 과학은 차를 학문으로 다루는 학자들에게만 필요한 것이 아니라 차와 연관된 일을 하는 모든 사람, 특히 차농과 제다인들에게도 필수라고 생각합니다. 날로 격화되는 세계 차 시장의 경쟁을 생각할 때 더욱 그렇습니다. 이 책은 그런 사람들에게도 우리 말로 된 최고의 선물이 될 것입니다.

차를 배우는 사람, 가르치는 사람, 그리고 차를 더 깊이 알고 싶은 모든 분께 이 훌륭한 길잡이를 기꺼이 추천합니다.

- 김은주(Gadam tea & gallery 대표)

새로운 차의 이해, 새로운 차의 색향미

20년 넘게 다서(茶書) 편집을 해온 출판인의 눈에, 이 책은 여러 면에서 참으로 각별한 의미를 지닌 책입니다.

첫째, 인문학 중심의 우리 차계 내부에서 매우 드물게 나온 과학서라는 점입니다. 화학이나 식품 전공 학자들이 더러 차의 성분에 관한 논문이나 책을 내기는 하지만, 차를 먼저 알고 화학을 공부하여 책을 내는 경우는 몹시 이채로운 경우일 것입니다. 그만큼 이 책은 차 이야기에 특화된 책이자 차인들에게 최적화된 책입니다. 말하자면 차인에 의한, 차인을 위한, 차인의 책이 된 셈입니다.

둘째, 차의 성분이나 그 변화의 매커니즘을 일목요연하고 쉽게 설명한, 그래서 누구나 읽을 수 있는 책이 되었다는 점입니다. 사실 차의 성분 등에 관한 정보는 이미 세상 어딘가에서 모두 유통되고 있습니다. 하지만 구슬도 꿰어야 보배가 되는 법이어서, 누군가는 우리 대신 그런 수고를 해주어야 하는데, 고맙게도 저자가 그 역할을 맡아주셨습니다. 아무나 할 수 없는 일이어서 놀랍고 고마울 따름입니다.

셋째, 차(茶)를 공부하는 새로운 방식과 길[道]을 구체적으로 제시한 책이라는 점입니다. 차의 성분이나 변화의 매커니즘을 몰라도 차는 늘 향기롭고 달콤합니다. 하지만 알고 마시는 차의 향미는 더욱 각별하고, 차의 놀라운 변화 매커니즘을 알아야 수백 수천의 차들이 지닌 저마다의 매력을 두루 또 깊이 체험할 수 있습니다. 수백 수천의 차가 우리에게 줄 수 있는 수백 수천의 공능과 미감을 제대로 맛보려면 이 길을 외면할 수 없는데, 그 지도와 네비게이션이 마침내 마련된 셈입니다.

모쪼록 저자의 노고와 열정이, 이 책을 읽는 모든 독자들에게 차의 온기와 향처럼 은은하면서도 명징하게 전달될 수 있기를 기원합니다.

– 김환기(도서출판 이른아침 발행인)

차례

02. 카테킨(Catechin)

09. 유기산(Organic Acid)

10. 무기질과 비타민(Mineral & Vitamin)

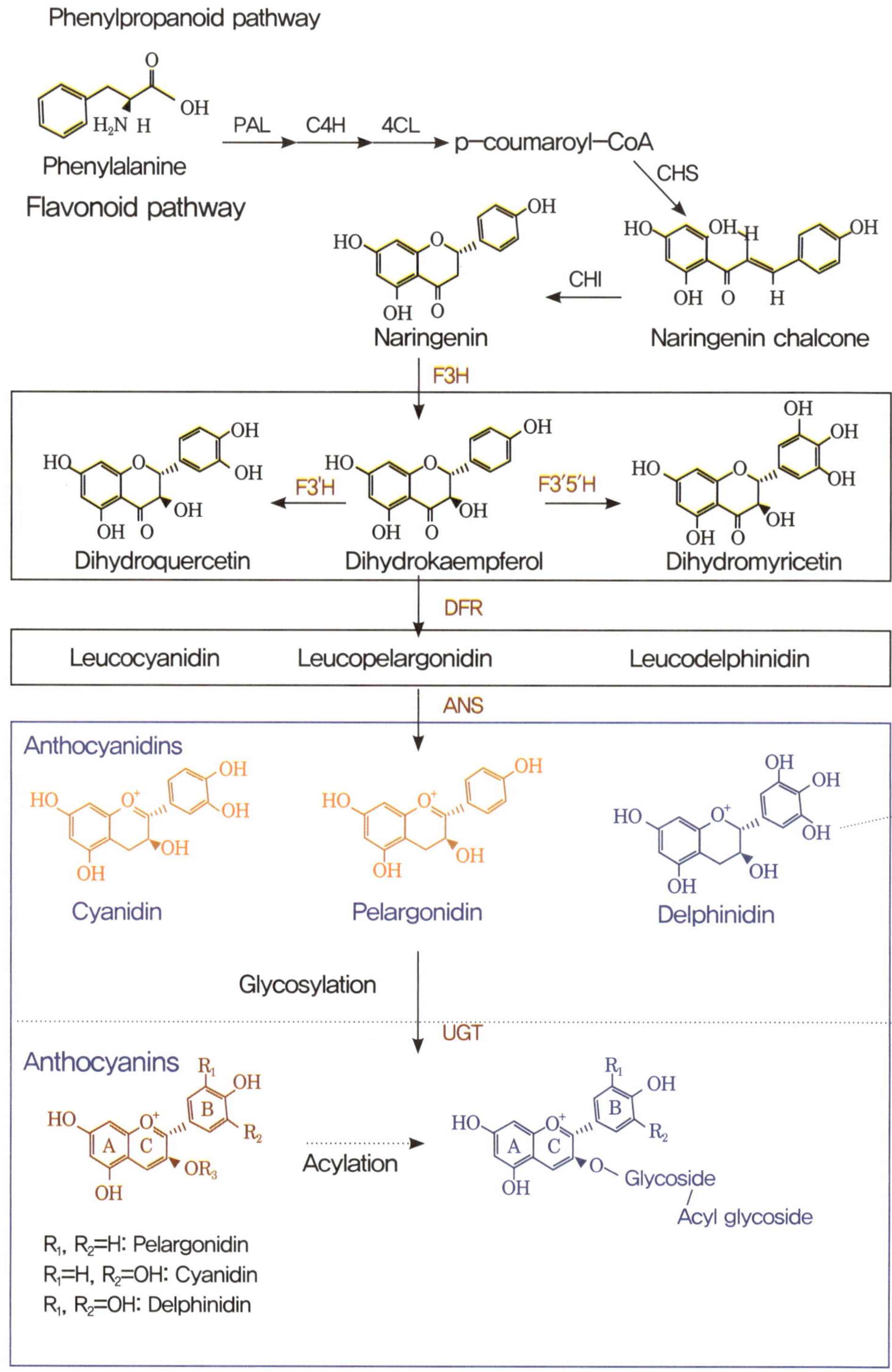

Phenylpropanoid pathway
Phenylalanine
PAL
C4H
4CL
p-coumaroyl-CoA
CHS
Flavonoid pathway
CHI
Naringenin
Naringenin chalcone
F3H
F3'H
F3'5'H
Dihydroquercetin
Dihydrokaempferol
Dihydromyricetin
DFR
Leucocyanidin
Leucopelargonidin
Leucodelphinidin
ANS
Anthocyanidins
Cyanidin
Pelargonidin
Delphinidin
Glycosylation
UGT
Anthocyanins
Acylation
Glycoside
Acyl glycoside
R1, R2=H: Pelargonidin
R1=H, R2=OH: Cyanidin
R1, R2=OH: Delphinidin

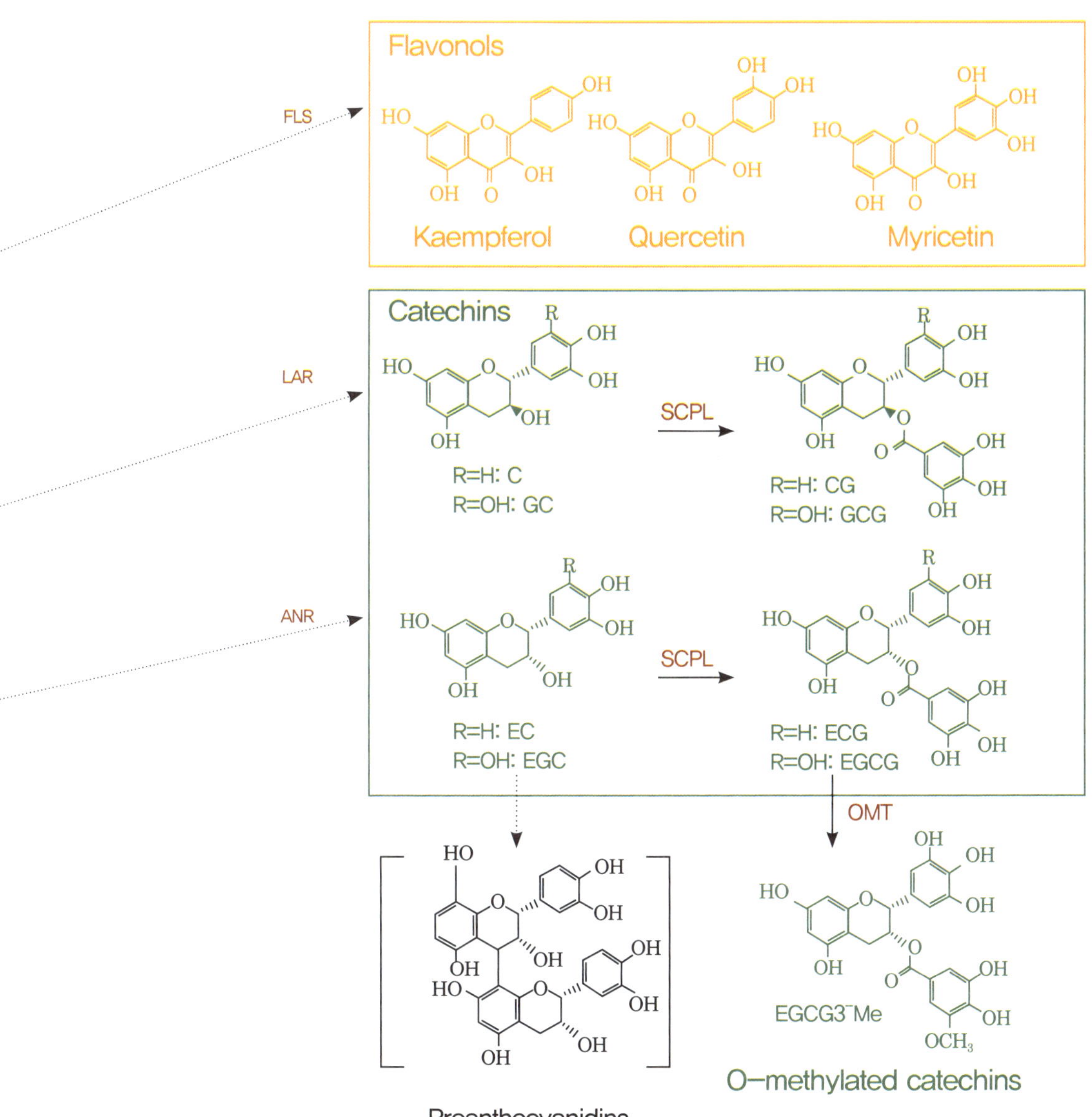

Flavonols
FLS
HO
OH
OH
OH
O
Kaempferol
OH
OH
HO
OH
O
OH
Quercetin
OH
OH
OH
HO
OH
O
OH
Myricetin
Catechins
LAR
HO
R
OH
OH
O
OH
OH
R=H: C
R=OH: GC
SCPL
HO
R
OH
OH
O
O
OH
OH
OH
OH
R=H: CG
R=OH: GCG
ANR
HO
R
OH
OH
O
OH
OH
R=H: EC
R=OH: EGC
SCPL
HO
R
OH
OH
O
O
OH
OH
OH
OH
R=H: ECG
R=OH: EGCG
OMT
HO
OH
OH
OH
O
O
OH
OH
OH
OCH₃
EGCG3ˉMe
O-methylated catechins
Proanthocyanidins
HO
OH
OH
O
OH
HO
OH
OH
O
OH

차 생엽에 함유된 화학성분

(본서에서 다룰 차의 주요 화학성분)

성분	건중량(%)	비고
총 폴리페놀	25~35 (품종·부위에 따라 18~40 범위)	플라보노이드(플라보놀, 플라반-3-올, 안토시아닌 등) 페놀산류
카테킨 (플라반-3-올)	10~25 (총 폴리페놀의 60~80%)	EC, EGC, ECG, EGCG 등
단백질	15~20	효소 단백질 구조·저장 단백질 등
총 유리 아미노산	1~4 (차광재배 차 5~6%)	L-테아닌이 주성분 유리 아미노산(20여 종)
가용성 탄수화물	5~7	포도당 과당 자당 수용성 펙틴 등
불용성(구조성) 탄수화물	20~33	셀룰로오스 헤미셀룰로오스 불용성 펙틴 등 세포벽 구성 다당류
알칼로이드	2~4	카페인 2~4% 테오브로민·테오필린 ≤0.3%
지질	3~7	막지질, 중성지질 리놀레산·α-리놀렌산
무기질(회분)	4~7	K, Ca, Mg 등 다량·미량 무기질
색소	⟨1	엽록소 카로티노이드 안토시아닌
유기산	1~3	옥살산 사과산 숙신산 구연산 퀴닉산 등
휘발성(향기) 성분	0.02~0.1	향기 성분(수백 종) (알데하이드, 알코올, 에스터, 테르펜류 등)

• 본 자료에서는 셀룰로오스·헤미셀룰로오스·펙틴을 포함한 탄수화물(가용성 + 구조성 다당류)을 건물 기준 약 25~40%로 제시한다. 일부 문헌에서 보고되는 20~25%는 주로 비구조성 탄수화물에 한정한 값이다.

01

효소(Enzyme)

차나무의 잎에는 다양한 효소들이 존재하며, 이들은 찻잎의 생화학적 구성 성분과 차의 향미·품질 형성에 핵심적인 역할을 한다. 차는 찻잎의 발효 정도, 즉 효소에 의한 산화 정도에 따라 백차·녹차·황차·청차(우롱차)·홍차·흑차의 6대 차류로 분류된다.

이러한 차 종류별 품질 특성은 찻잎 내에 들어있는(endogenous) 다양한 효소(enzymes)의 활성과 미생물 작용 여부에 따라 결정되며, 각 차류의 색·향·맛을 크게 좌우한다.

1 효소의 정의

효소(酵素, enzyme)는 생체 내에서 일어나는 각종 생화학 반응의 속도를 높이는 생물학적 촉매다. 대부분 수백~수천 개의 아미노산 잔기로 이루어진 단백질이며, 활성화 에너지를 감소시켜 반응 속도를 증가시키며, 반응에 소모되지 않고 반복적으로 사용된다.

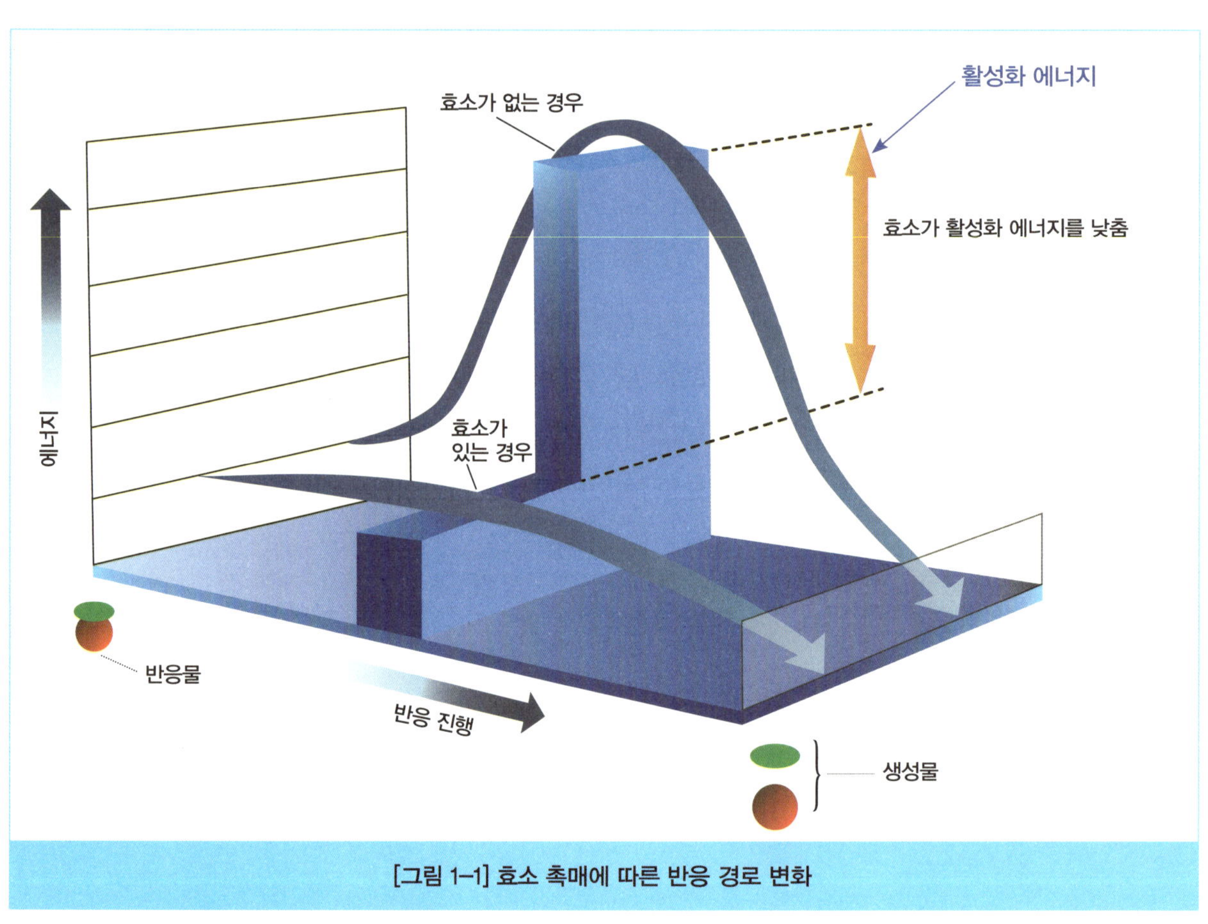

[그림 1-1] 효소 촉매에 따른 반응 경로 변화

• 활성화 에너지: 화학반응을 일으킬 수 있는 분자의 최소 운동에너지를 말함

2 효소의 분류

IUBMB(국제 생화학·분자생물학 연합)의 효소위원회(Enzyme Commission; EC)는 효소가 촉매하는 반응의 종류에 따라 효소를 다음과 같이 7종으로 분류하고 있다.

- EC 1. **산화환원효소(Oxidoreductases)**

  전자/수소의 전달을 매개하여 산화·환원반응을 촉매하는 효소

  - 차나무 예시: PPO(polyphenol oxidase), POD(peroxidase), catalase

- EC 2. **전이효소(Transferases)**

  한 분자의 작용기(메틸, 인산, 당 등)를 다른 분자로 전달하는 효소

  - 차나무 예시: AlaAT(ALT; alanine aminotransferase), UGT(glycosyltransferase)

- EC 3. **가수분해효소(Hydrolase)**

  물 분자를 첨가하여 화학 결합을 끊는 가수분해 반응을 촉매하는 효소

  - 차나무 예시: β-glucosidase/β-primeverosidase, invertase, protease 등

- EC 4. **분해효소(Lyase)**

  산화·환원·가수분해 없이 결합을 끊어 이중결합을 형성하거나, 이중결합에 작용기(물, 암모니아, 티올 등)를 첨가하여 결합을 만드는 반응을 촉매하는 효소

  - 차나무 예시: Amino acid decarboxylase, PAL(Phenylalanine ammonia-lyase), HPL(hydroperoxide lyase)

- EC 5. **이성질화효소(Isomerase)**

  분자 내 원자 재배치로 이성질체 전환을 촉매하는 효소

  - 차나무 예시: CHI(chalcone isomerase)

- EC 6. **연결효소(Ligase=Synthetase)**

  ATP 등의 가수분해 에너지를 사용하여 두 분자를 새 결합으로 연결하는 효소

  - 차나무 예시: theanine synthetase(글루탐산 + 에틸아민 → L-테아닌 형성)

- EC 7. **트랜스로케이스(Translocases)**

  생체막을 사이에 두고 물질이나 이온의 이동을 촉매하는 효소(최근 신설된 분류)

  - 차나무 예시: ABC transporter, MATE transporte

3 효소의 구성

효소는 구성에 따라 단순 효소와 복합 효소로 나뉜다. 단순 효소는 단백질만으로 촉매 활성을 지니는 효소로(예: 리보뉴클레이스, RNase), 별도의 보조인자가 없어도 반응을 촉진한다. 반면 대부분의 효소는 복합 단백질이며, 단백질 성분인 아포효소(apoenzyme, 불완전효소)만으로는 활성이 일어나지 않는다. 여기에 보조인자(cofactor)가 결합해야 비로소 홀로효소(holoenzyme, 완전효소)가 되어 활성이 일어난다. 보조인자는 크게 금속이온과 조효소(coenzyme)를 포함하고 있으며 조효소는 대부분 비타민 B 유도체인 저분자 유기물이다. 요약하면, 단순 효소는 단백질만으로도 활성이 이루어지지만, 대부분의 효소는 금속이온이나 조효소가 결합해야 활성을 발휘하며, 이 결합이 이루어진 완성형이 곧 홀로효소이다.

• 보조인자: 효소활성을 위해 필요한 비단백질성 분자(Ca^{2+}, Mg^{2+}, Zn^{2+}, Mn^{+2} 등)

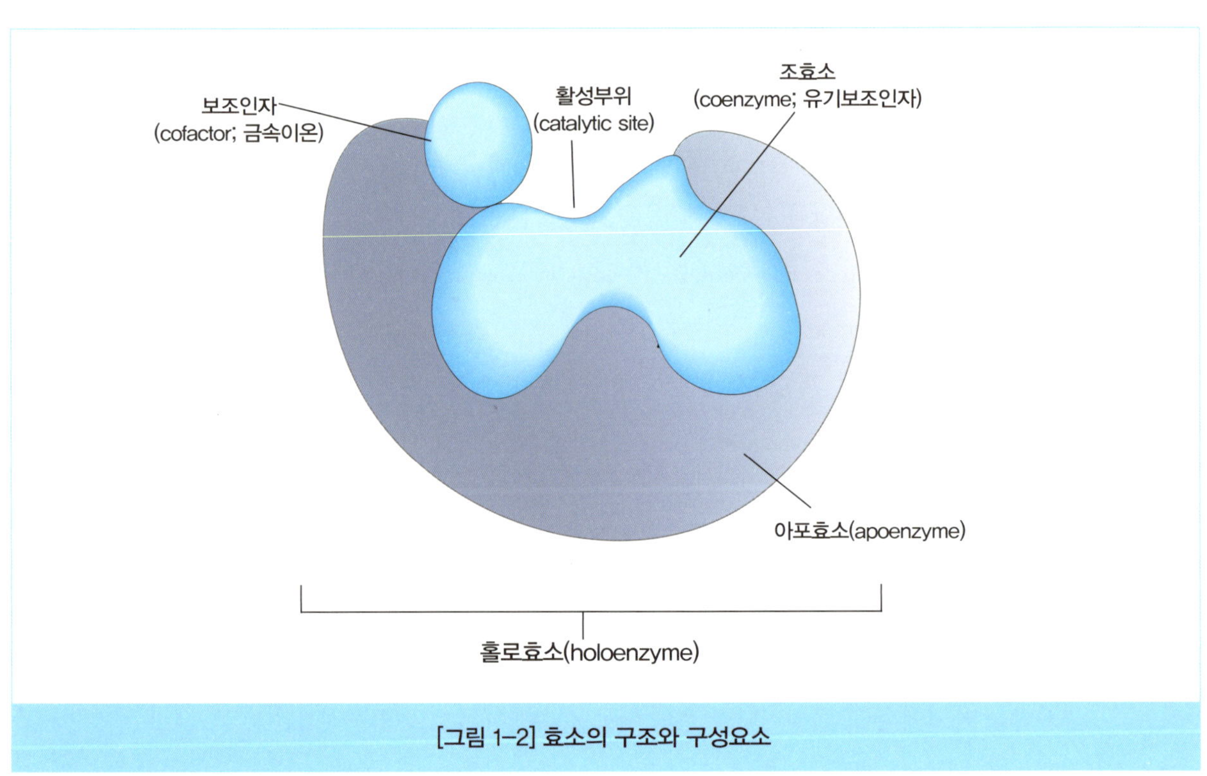

[그림 1-2] 효소의 구조와 구성요소

• 보조인자(cofactor): 금속이온 + 조효소(coenzyme)
• 홀로효소(holoenzyme): 아포효소(apoenzyme) + cofactor
• 금속이온: Mg^{2+}, Zn^{2+}, Mn^{2+}, Fe^{2+}/Fe^{3+}, Cu^{2+} 등
  ○ Rubisco: 활성화에 Mg^{2+} 필요
  ○ LOX(리폭시게나제): Fe^{2+} 의존(금속 보조인자)
  ○ PPO(폴리페놀옥시다아제): Cu^{2+} 의존(금속 보조인자)

- 조효소: NAD$^+$/NADP$^+$: 니아신, 비타민 B3 유도체
  - FAD/FMN: 리보플라빈, 비타민 B2 유도체
  - CoA; 판토텐산, 비타민 B5 유도체 등
  - GAD(글루탐산 탈탄산효소): PLP(비타민 B6 유도체) 필요
  - 탈수소효소류: NAD$^+$/NADP$^+$(코기질), FAD 필요.

4 효소의 기질 특이성

대부분의 효소는 한 종류의 기질, 한 종류의 반응에만 선택적으로 작용하는 절대적 특이성을 나타낸다. 효소(E)가 작용하는 반응물질을 기질(A)이라고 하며, 효소는 기질과 반응하여 효소-기질 복합체(ES)를 형성한다. ES는 촉매 과정을 거쳐 생성물(C, D)을 방출하고, 효소는 반응에 소모되지 않은 채 본래 상태로 돌아가 반복적으로 작용한다. 반대로 활성자리(active site)와 기질(B)의 입체·화학적 적합성이 맞지 않으면 촉매 반응은 일어나지 않는다. 활성자리는 기질 결합 후 약간의 구조 변화를 겪는 유도 적합(Induced fit)이 일반적이다.

- 유도 적합(induced fit): 기질이 결합한 후 효소의 활성자리가 기질에 맞춰 재배열되어 반응을 가속하는 메커니즘

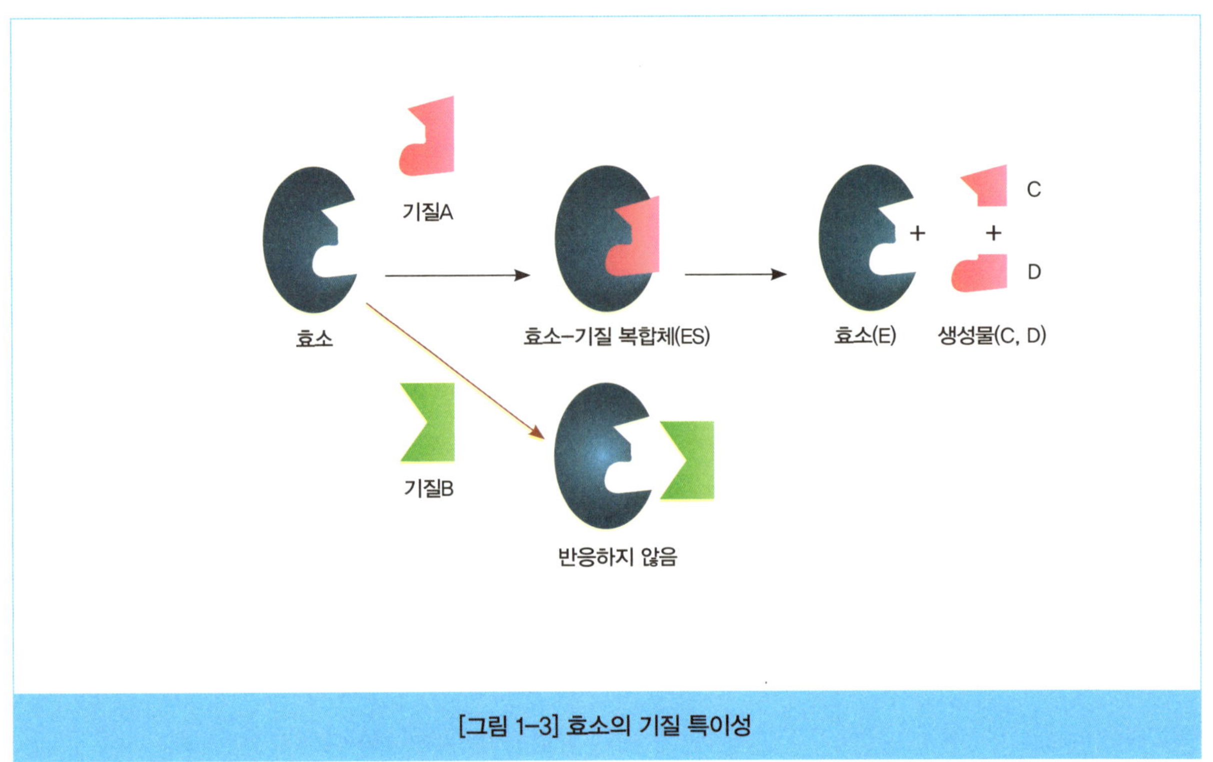

[그림 1-3] 효소의 기질 특이성

- enzyme + substrate(A, B) → ES → product(C, D) + enzyme

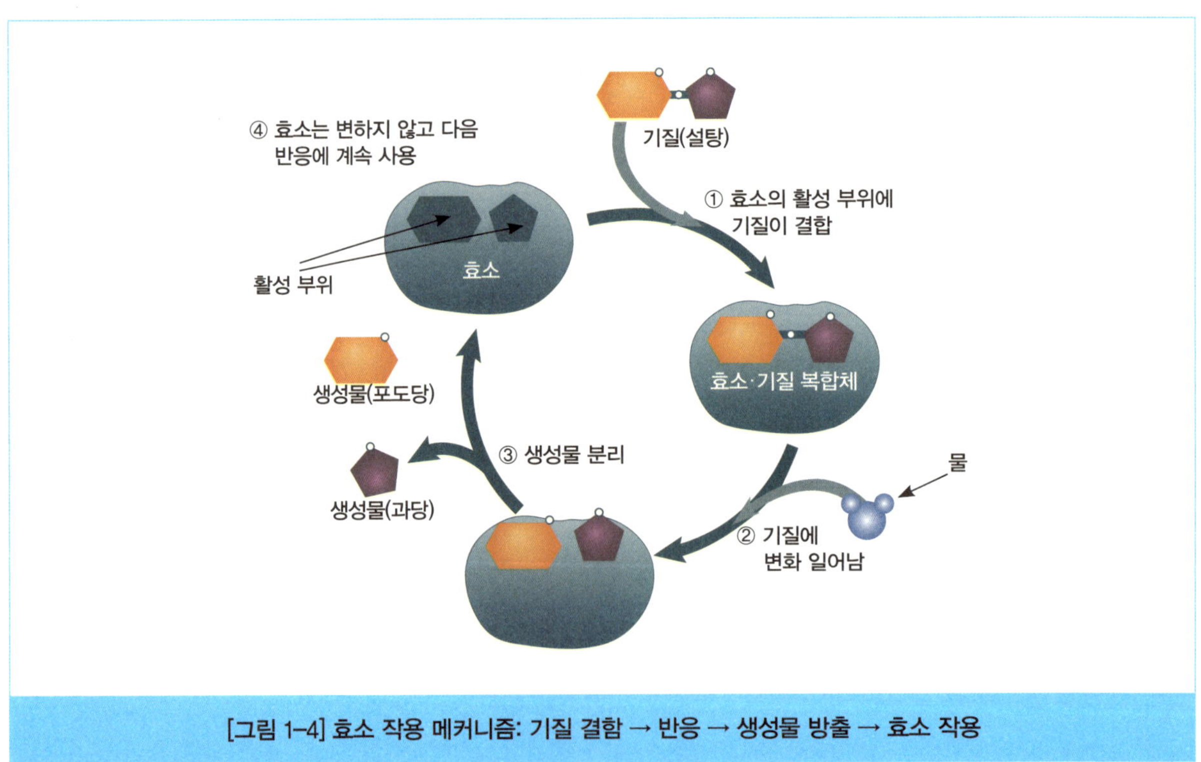

[그림 1-4] 효소 작용 메커니즘: 기질 결합 → 반응 → 생성물 방출 → 효소 작용

- 자당(포도당+과당 결합)이 효소에 의해 가수분해되어 포도당(6원환)과 과당(5원환)으로 분리됨

5 효소 활성에 영향을 미치는 인자

효소의 활성과 반응 속도는 온도, pH, 기질·효소 농도, 산소, 저해제와 활성제 등의 물리·화학적 요인에 좌우된다.

5-1. 온도

효소 활성은 온도의 영향을 받는다. 대부분의 효소는 30~40℃에서 최대 활성을 나타내며, 각 효소에는 최대 활성을 나타내는 최적온도가 있다. 최적온도보다 높거나 낮으면 효소의 활성이 낮아지고, 과도한 고온에서는 단백질 변성이 일어나 효소 활성이 소실된다. 대부분의 효소는 생물체의 생리 조건 부근에서 최적으로 작용한다.

5-2. pH

효소는 일정 pH 범위에서 활성을 가지며, 각 효소마다 최적 pH 범위가 존재한다. 대부분의 효소는 pH 4.5~8.0에서 최대 활성을 보이며 해당 범위를 벗어나면 효소의 활성이 감소한다. 찻잎의 PPO(폴리페놀산화효소)는 pH 5.0~5.5에서 활성이 가장 높고, pH 3.5 이하의 강산성에서는 활성 저해를 받는 것으로 보고되고 있다.

5-3. 농도

기질의 농도가 일정할 경우 효소의 농도가 증가할수록 반응 속도도 비례하여 증가한다. 효소 농도가 일정한 경우, 반응 초기에는 기질농도에 비례하여 증가하지만, 효소가 기질에 포화되어 한계치에 도달하면 반응 속도는 더 이상 증가하지 않는다.

5-4. 저해제와 활성제

저해제는 효소 활성을 낮추어 반응 속도를 감소시키는 물질이고, 활성제는 효소 활성을 증가시키는 물질이다. 일부 보조인자는 특정 효소의 활성에 필수 요소이며, 그 농도 범위에 따라 활성제처럼 작용할 수 있다. 한편 킬레이터는 금속 보조인자를 빼앗아 효소의 활성 중심을 교란함으로써 활성을 저해한다. 예를 들어 PPO에서 Cu^{2+} 는 필수 금속 보조인자로 적정 농도에서 활성을 증가시키는 반면 비타민 C, 아황산염, 시스테인 등은 생성된 o-퀴논을 환원하여 갈변 경로를 차단하고, 동시에 Cu^{2+} 를 킬레이트(chelate)하여 효소 활성을 저하시킨다.

6 차의 제다 공정에 관여하는 찻잎의 주요 효소

6-1. 폴리페놀산화효소(PPO, Polyphenol oxidase)

폴리페놀산화효소는 차나무를 비롯한 많은 식물에 존재하는 산화환원효소로서 활성 부위에 구리이온(Cu^{2+})을 포함하는 금속효소(metalloenzyme)이다. PPO는 촉매 기질의 페놀성 하이드록실기(-OH)의 개수에 따라 다음의 세 가지 유형으로 분류한다.

- 모노페놀 산화효소(tyrosinase): 주로 동물 멜라닌 생성에 관련된 효소. 식물 균류, 세균에도 널리 분포하며 조직 손상 시 효소적 갈변과 연관된다.
- 카테콜 산화효소(catechol oxidase) = PPO
- 락카아제(laccase): 구리 4개를 가진 다중 구리 산화효소로, 다양한 페놀을 산화하며 차의 미생물 발효 단계에도 관여, 미생물(균류) 분비효소인 락카아제가 폴리페놀 추가 산화·중합(theabrownins 형성)에 기여한다.

식물에서 PPO는 주로 카테콜 산화효소 형태로 존재하며, 호기성 조건에서 폴리페놀을 해당 퀴논으로 산화시키는 반응을 촉매한다.

PPO는 대부분 엽록체 내막(틸라코이드 막)에 존재하고 있으며 기질인 폴리페놀은 액포(vacuole)에 축적되어 있어, 잎이 물리적 스트레스를 받거나 세포 파괴 시 PPO와 기질이 만나 산화가 일어난다. 이 반응으로 형성된 o-퀴논들은 서로 결합·중합되어 등황색의 테아플라빈(theaflavin) 및 갈홍색의 테아루비긴(thearubigin)을 생성하는데, 이러한 화합물들은 홍차 특유의 색상과 풍미에 영향을 미친다. 또 PPO가 생성한 o-퀴논은 테아닌(또는 기타 아미노산)을 산화시켜 스트레커(Strecker) 알데하이드류의 향기 성분을 생성하기도 한다.

차나무 PPO의 활성이 가장 높게 나타나는 최적 온도는 30~38℃, 최적 pH는 5.0~6.2로 보고되고 있으나, 품종 간, 나아가 동일 품종의 아이소엔자임 간에도 최적 온도가 다르다.

- PPO에 사용되는 기질: 카테콜, 4-메틸카테콜, 카테킨, 피로갈롤 및 갈산
- 아이소엔자임(Isoenzyme): 같은 반응을 촉매하지만, 아미노산 서열이 달라 최적 pH·온도, 분자량, 조절/저해인자에 대한 반응성, 발현조직, 세포소기관, 위치 등이 서로 다른 효소 변이체이다.
- 황금아(Huangjinya) 품종에서 한 아이소엔자임은 35℃, 다른 아이소엔자임은 30℃가 최적 온도로 보고되었다.

6-2. 과산화효소(POD, Peroxidase)

과산화효소는 과산화수소(H_2O_2)를 전자수용체로 사용하여 페놀성 기질을 페녹시 라디칼(A•)을 o-퀴논으로 산화시키는 산화환원효소이다. 식물체 내에서는 효소계와 위치에 따라 기능이 구분되는데, 아스코르브산 페록시다제(APX, class I)는 주로 엽록체 스트로마에 존재하며 활성산소의 대사, 스트레스(차나무의 가뭄 스트레스·온도·병충해 등), 노화 등의 반응에 참여, H_2O_2를 분해하여 활성산소에 의한 세포막 손상을 제거하고 지질 과산화를 감소시키는 등 차나무의 성장과 발육 과정에서 차나무 보호 작용을 한다.

반면 차 가공에 관여하는 구아이아콜계 페록시다제(class III: Peroxidase)는 세포벽·액포 등에 분포하며, 페놀류의 산화·중합을 매개하여 색·향의 형성에 관여한다. 홍차 발효에서 PPO가 유도하는 카테킨의 산화·결합으로 테아플라빈(TF)과 중간체 퀴논이 형성되면, 발효 환경에 존재하는 H_2O_2를 POD가 소모하면서 추가 산화·중합이 진행되어 테아루비긴(TR) 등 고분자 색소가 축적된다. 즉, PPO가 초기 산화·결합을 주도하고, POD(및 비효소적 반응)가 후속 중합·갈변을 가속하는 보완적 역할을 수행한다.

POD의 최적의 활성조건은 pH 4.5~5.5, 온도 30~35℃이며, 실험적 조건이나 기질·아이소폼·추출법에 따라 최적 pH가 5 전후, 온도가 30~40℃(보고에 따라 50℃)로 관찰되기도 한다. pH·산소·시간·온도를 조절해 PPO→POD로 이어지는 산화 흐름의 균형을 맞추는 것이 최종적으로 색과 맛을 형성하는 핵심이다.

POD는 PPO보다 상대적으로 열에 안정적인 경향이 있어 50℃ 전후에서도 잔존 활성이 관찰될 수 있어 녹차 등의 살청 공정에서는 확실한 효소 불활성화를 위해 충분한 가열이 요구된다.

6-3. 지방산화효소(LOX, lipoxygenase IUBMB 공식명)

지방산화효소는 다중불포화지방산의 cis,cis-1,4-펜타다이엔 구조에 분자산소(O_2)를 첨가하여 지방산 하이드로퍼옥사이드를 생성하는 산소 첨가형 산화효소이다. LOX는 차나무 잎의 엽록체 틸라코이드막과 스트로마에 주로 분포하며, 조직·생리 상태에 따라 세포질이나 퍼옥시좀(peroxisome)에도 일부 분포하는 것으로 보고되고 있다.

가공 관점에서 널리 인용되는 산성형 LOX의 대표 조건은 최적 pH 3.6(작용 범위 pH 2.0~4.0), 최적 온도 25~30℃지만, 아이소엔자임에 따라 중성(≈7.5) 또는 약알칼리(≈9.0)에서 최적 활성을 보이는 변이형도 보고되어 있다. 한편, 막/엽록체 지질로부터 방출된 유리지방산(예: α-리놀렌산, 리놀레산)을 산화하여 지방산 하이드로퍼옥사이드(FA-OOH)로 전환시키고, 이어 HPL 경로를 거쳐 C_6 알데하이드/알코올(헥사날, (Z)-3-헥세날/헥세놀 등)로 분해하여 신선한 풀향을 형성한다.

• 차나무 잎의 LOX는 산성형(pH≈3~5)과 중성/약알칼리형(pH≈7.5/9.0) 아이소엔자임이 보고되고 있다.

- 하이드로퍼옥사이드 리아제(Hydroperoxide Lyase, HPL): LOX가 생성한 지방산 하이드로퍼옥사이드를 분해하여 C6-알데하이드, C6-알코올을 만들어 내는 효소로 13-하이드로퍼옥시-리놀렌산을 헥세날, 헥세놀 등으로 전환시키고, 이는 차 특유의 신선한 녹색 향기를 부여한다. LOX + HPL의 공동 작용으로 (Z)-3-헥세날 같은 녹색 취를 강하게 내는 물질이 생기고, 이는 (E)-2-헥세날 등으로 이성화된다.
- 알코올 탈수소효소(Alcohol Dehydrogenase, ADH): ADH는 대부분 세포질에 존재하는 효소로, LOX-HPL 경로에서 생성된 C6 알데하이드를 C6 알코올(예: (Z)-3-헥세날 → (Z)-3-헥세놀)로 환원하여, 신선한 풀향을 과일·꽃향으로 전환한다.
- 리파아제(lipase, 지질 가수분해효소류): 리파아제는 트리아실글리세롤(TAG)을 단계적으로 가수분해하여 유리지방산(예: α-리놀렌산, 리놀레산)과 글리세롤을 생성한다. 이렇게 방출된 지방산은 LOX-HPL 경로를 통해 향기 전구체가 된다. 인지질·갈락토지질(당지질) 등 막지질도 지질 가수분해효소(예: phospholipase, galactolipase)에 의해 분해되어 불포화지방산을 방출한다. 리파아제는 일반적으로 약산성–중성(pH 4~7)에서 활성이 보고되며, 온도 30~40℃에서 높은 활성을 보인다.
- 최적치는 효소 유형(리파아제/포스포리파아제/갈락톨리파아제), 기질, 조직·품종에 따라 달라질 수 있다.

가공 중 적정 수준의 세포막·엽록체 지질 가수분해는 신선한 풀향·향미 개선에 기여하지만, 과도한 막 파괴·지질 과산화는 산패취·거친 향을 유발하고 떫고 거친 맛을 증가시켜 품질 저하로 이어질 수 있다.

6-4. 배당체 가수분해효소(β-glucosidase 계열)

차나무 잎에는 향기 전구체가 당과 결합한 배당체 형태로 많이 축적되어 있으며, 가공 과정에서 세포조직 파괴와 수분·pH·온도 변화에 의해 배당체 가수분해효소들이 활성화되어 휘발성 향기 성분이 방출된다. 대표 효소는 β-글루코시다아제(β-glucosidase)와 β-프리메베로시다아제(β-primeverosidase)다.

β-glucosidase는 주로 액포와 세포벽, 일부 세포질에 분포하며, 포도당이 결합한 배당체(β-D-glucopyranoside, glucoside)를 분해한다. 홍차의 유념이나 청차의 주청처럼 세포가 물리적으로 손상되는 단계에서 기질과 효소의 접촉이 늘어나, 모노터펜·방향족 알코올 전구체를 가수분해하고 linalool, geraniol, benzyl alcohol, 2-phenylethanol 등의 알코올류 향기를 형성한다.

β-primeverosidase는 주로 세포벽 쪽에 존재하며, 포도당과 자일로스가 결합한 배당체(primeveroside)를 선택적으로 가수분해해 아글리콘과 당을 분리하고, 그 결과 꽃향·과일향 계열의 향기가 크게 강화된다. 찻잎에는 해당 전구체가 프리메베로사이드 형태로 많이 저장되어 있어, 실제 가공 현장에서는 β-primeverosidase가 β-glucosidase보다 차 가공 공정 중 향기 형성에 핵심적인 역할을 하는 효소임이 밝혀졌다. 이러한 효소 작용은 홍차의 위조 → 유념 → 산화(발효) 공정과 청차의 주청 단계에서 특히 두드러

지며, 생엽의 비휘발성 배당체 전구체가 유리형으로 전환되어 홍차 및 청차 특유의 화려한 꽃·과일 향을 완성한다. 활성 조건은 품종·세포조직 특성에 따라 달라질 수 있으나, 대체로 pH 약 5 전후(작동 범위 pH 4~7)에서 활성이 높고, 온도 30~50℃ 범위(최적 40~50℃) 부근에서 최적의 활성이 보고되고 있다.

• 40~50℃의 최적온도는 시험관에서 보고되는 참고치이며, 실제 차 가공에 있어 향기 형성은 온도 자체보다 효소-기질 접촉(조직 손상·수분)과 반응 시간의 영향이 더 크다.

6-5. 차나무에 들어있는 기타 효소들

① 탄나아제(tannase)

갈산(gallic acid)기를 포함한 에스터 결합을 선택적으로 가수분해하는 에스터레이스(esterase) 계열 효소군이다. 차에서는 갈로일화 카테킨(EGCG·ECG)의 '갈로일기'를 절단하여 비갈로일화 카테킨(EGC, EC 등)과 유리 갈산을 생성할 수 있으며, 그 결과 갈산 함량이 증가하고 갈로일화 카테킨 비율이 감소한다. 갈로일화 카테킨의 비율이 낮아지면 단백질·카페인·다당류 등과의 결합력이 낮아져 tea cream 형성이 줄고 찻물의 명도가 개선될 수 있다.

② 탄수화물 분해효소

아밀라아제(Amylase): 전분을 덱스트린 및 저분자 당류로 가수분해하는 효소. 가공 중 일부 가용성 당의 소폭 증가에 간접적으로 기여할 수 있다.

③ 세포벽 분해 효소계(세포벽 다당 분해 효소제)

셀룰라아제, 헤미셀룰라아제, 펙티나아제로 구성되며, 이들 모두 복합효소제(enzyme complex)인 경우가 많다.

- 셀룰라아제(Cellulase): 셀룰로오스의 β-1,4-글루코시드 결합을 분해하는 효소들의 총칭. 세포벽 구조가 느슨해지면 폴리페놀, 카페인, 아미노산 등 수용성 성분의 용출이 증가할 수 있다. 더불어 β-글루코시다아제 활성이 함께 일어날 수도 있어 향기 배당체의 가수분해를 통해 향기 성분의 방출이 간접적으로 증가할 수 있다.
- 헤미셀룰라아제(hemicellulase): 찻잎 세포벽의 헤미셀룰로오스(자일란, 만난, 아라비노자일란 등)를 분해하는 복합효소제로. 셀룰로오스 미세섬유 사이를 채우는 세포벽 기질 성분을 저분자화하여 세포벽 구조를 느슨하게 만들고 폴리페놀·카페인·아미노산 등의 용출을 촉진할 수 있다.
- 펙티나아제(Pectinase): 세포벽 펙틴을 분해하는 효소군의 총칭으로, 여러 활성이 함께 포함된 복합

효소제 형태로 구성되어 있다. 펙티나아제는 찻잎 세포벽의 펙틴을 기질로 하여, 펙틴이 헤미셀룰로오스와 함께 이루는 세포벽 기질 복합망을 부분적으로 분해함으로써 세포벽을 느슨하게 만들고 내부 성분의 용출을 촉진할 수 있다. 동시에 tea cream 형성을 억제, 찻물의 명도·품질 개선 등에도 긍정적인 기여를 한다.

④ 엽록소분해효소(Chlorophyllase)

엽록소의 피톨 에스터 결합을 가수분해하여 클로로필리드 + 피톨을 생성하는 효소이다.

⑤ 단백질 분해효소(Protease, Peptidase)

단백질의 펩타이드 결합을 가수분해하여 펩타이드 및 유리아미노산을 생성하는 효소군이다. 단백질 성분이 저분자화되면 감칠맛과 바디감에 영향을 줄 수 있으며, 조건에 따라 단백질–폴리페놀 복합체 형성이 완화되어 tea cream 감소에 일부 기여할 수 있다.

- 세포벽 기질 성분: 미세섬유(셀룰로오스) 사이의 빈 공간을 메우는 '바탕 물질'로, 세포벽을 치밀하게 만드는 역할
- 덱스트린(dextrin): 전분이 부분 가수분해되면서 생기는 짧은 사슬의 탄수화물(올리고/저분자 다당) 혼합물
- 찻잎의 탄수화물: 가용성 당(포도당·과당·자당)과 세포벽 다당(셀룰로스, 헤미셀룰로스, 펙틴 등), 소량의 전분으로 구성.

6–6. 차나무 잎의 항산화 효소

차나무는 광합성과 각종 스트레스 조건에서 생성되는 활성산소종(ROS)을 조절하기 위해, 엽록체·미토콘드리아·세포질·퍼옥시좀 등 여러 세포소기관에 항산화 효소계를 배치하여 O_2^-(초과산화물)과 H_2O_2를 제거·조절한다.

- SOD(Superoxide Dismutase): 엽록체(스트로마·틸라코이드막), 미토콘드리아, 세포질 등에 분포하며 초과산화물을 과산화수소(H_2O_2)와 산소(O_2)로 분해한다.
- CAT(Catalase, 과산화수소분해효소): 주로 퍼옥시좀에 고농도로 존재하며, SOD로부터 생성된 H_2O_2를 물과 산소로 분해하여 과산화 축적을 억제한다.
- APX(Ascorbate peroxidase, 아스코르브산 퍼옥시다아제): 엽록체 및 세포질 등에 존재하며, 아스코르브산(AsA)을 전자공여체로 사용해 상대적으로 낮은 농도의 H_2O_2를 제거한다.
- AsA–GSH(아스코르브산–글루타티온) 순환 관련 효소: AsA–GSH 순환은 APX가 H_2O_2를 제거하는 과정에서 소모되는 아스코르브산(AsA)과 글루타티온(GSH)을 다시 환원형으로 재생해, 항산화 능력을 지속시키는 효소계이다.

- 과산화수소(H_2O_2): ROS(Reactive Oxygen Species)의 일종으로, 미토콘드리아 호흡, 엽록체 광계, 금속 촉매 반응 등에서 지속적으로 생성된다. 저농도에서는 면역·신호전달에 관여할 수 있으나, 과도하게 축적되면 단백질/지질/핵산을 산화하여 세포 손상을 유발한다.

02

카테킨(Cathechin)

1 폴리페놀의 정의

폴리페놀은 하나의 분자에 페놀 고리(방향족 고리)와 하이드록실기(–OH, 수산기)가 하나 이상 붙어 있는 페놀성 화합물군의 총칭이다. 페놀(phenolic)이라는 용어는 방향족 고리에 수산기 한 개를 지닌 화합물을 가리키는 반면, 폴리페놀은 하나 이상의 방향족 고리가 둘 이상의 수산기를 지닌 화합물을 의미한다. 식물이 자외선, 병원균·해충, 활성산소(산화 스트레스) 등으로부터 자신을 보호하기 위해 합성하는 이차대사 산물이기도 하다. 자연계에는 8,000여 종 이상의 폴리페놀이 알려져 있으며, 과일·채소·차·견과류·곡물·와인·올리브유 등 다양한 식물성 식품에 널리 존재한다.

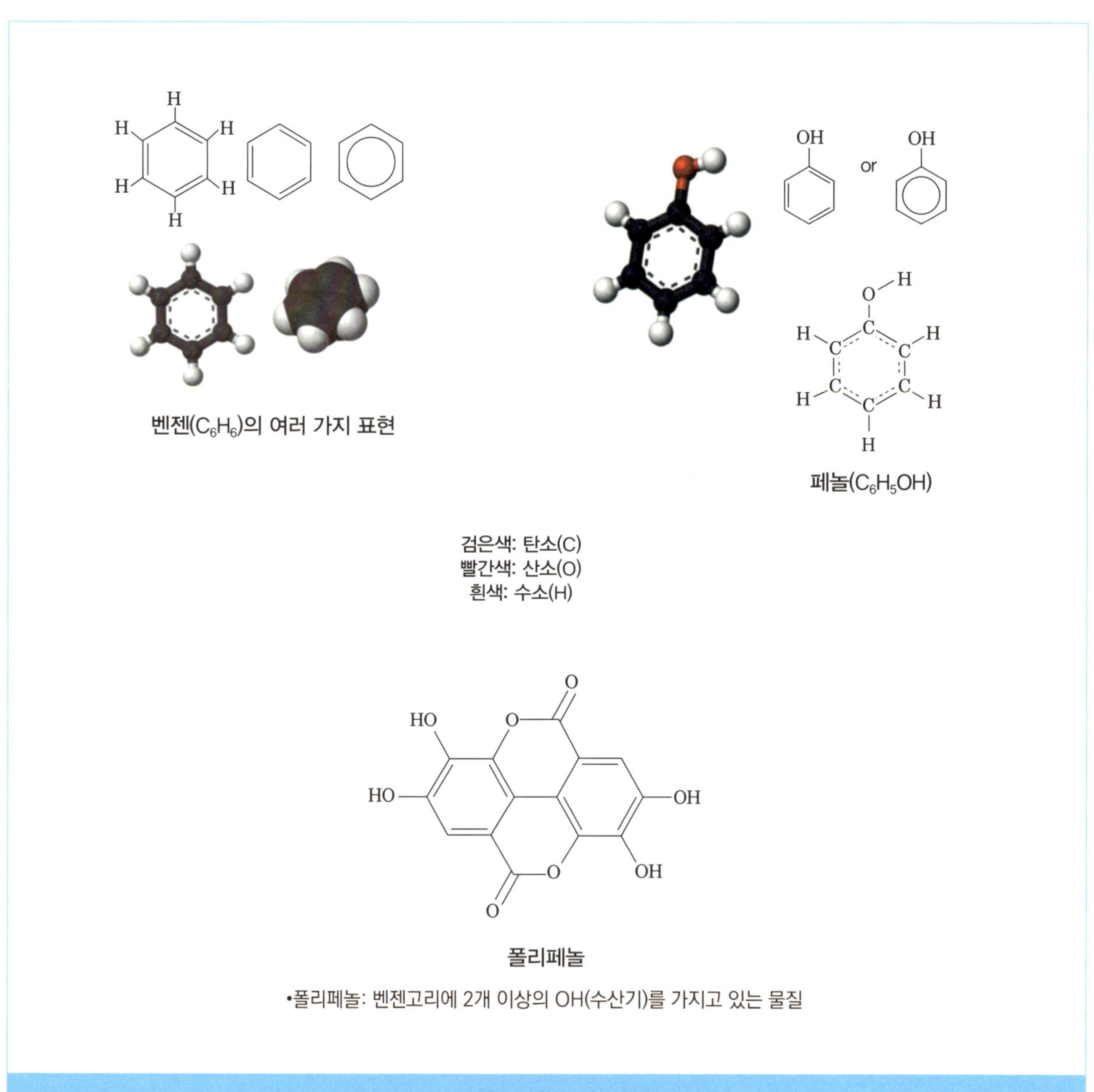

[그림 2-1] 벤젠·페놀·폴리페놀의 구조

폴리페놀은 구조적 특징에 따라 플라보노이드(flavonoids)와 비플라보노이드(non-flavonoids)로 분류할 수 있다. 플라보노이드는 폴리페놀의 가장 큰 하위 부류로, C6–C3–C6 탄소 골격을 지닌 화합물 군이다. 두 개의 벤젠 고리(A, B 환)가 산소를 포함한 3탄소 헤테로고리(C 환)로 서로 연결된 구조를 가진다. 찻잎의 주요 플라보노이드 화합물은 플라본(flavone), 플라보놀(flavonol), 플라바논(flavanone), 플라바놀(카테킨류), 안토시아니딘(anthocyanidin), 이소플라본(isoflavone)등 여섯 하위 분류로 구분되는데, 그중에서도 플라보노이드의 대부분은 플라바놀, 플라보놀과 그 배당체가 차지하며 일부 자색 품종에서는 안토시아닌 함량이 상대적으로 높게 나타난다.

차(tea)에서는 현재까지 약 70종 내외의 폴리페놀성 화합물(tea polyphenols, TPs)이 분리·동정되었으며, 주로 플라반-3-올(카테킨류), 플라보놀(주로 배당체 형태), 페놀산, 안토시아닌 등으로 구성된다. 이들 화합물(특히 카테킨류)은 산화(발효) 과정에서 효소적·비효소적 산화를 거쳐 다양한 산화·중합 생성물로 형성된다. 이 과정에서 생성되는 테아플라빈과 테아루비긴은 홍차의 등황색-적갈색 계열의 찻물색 형성에 기여하며 떫은맛, 신선하고 상쾌함과 더불어 농도감 형성에 중요한 역할을 한다.

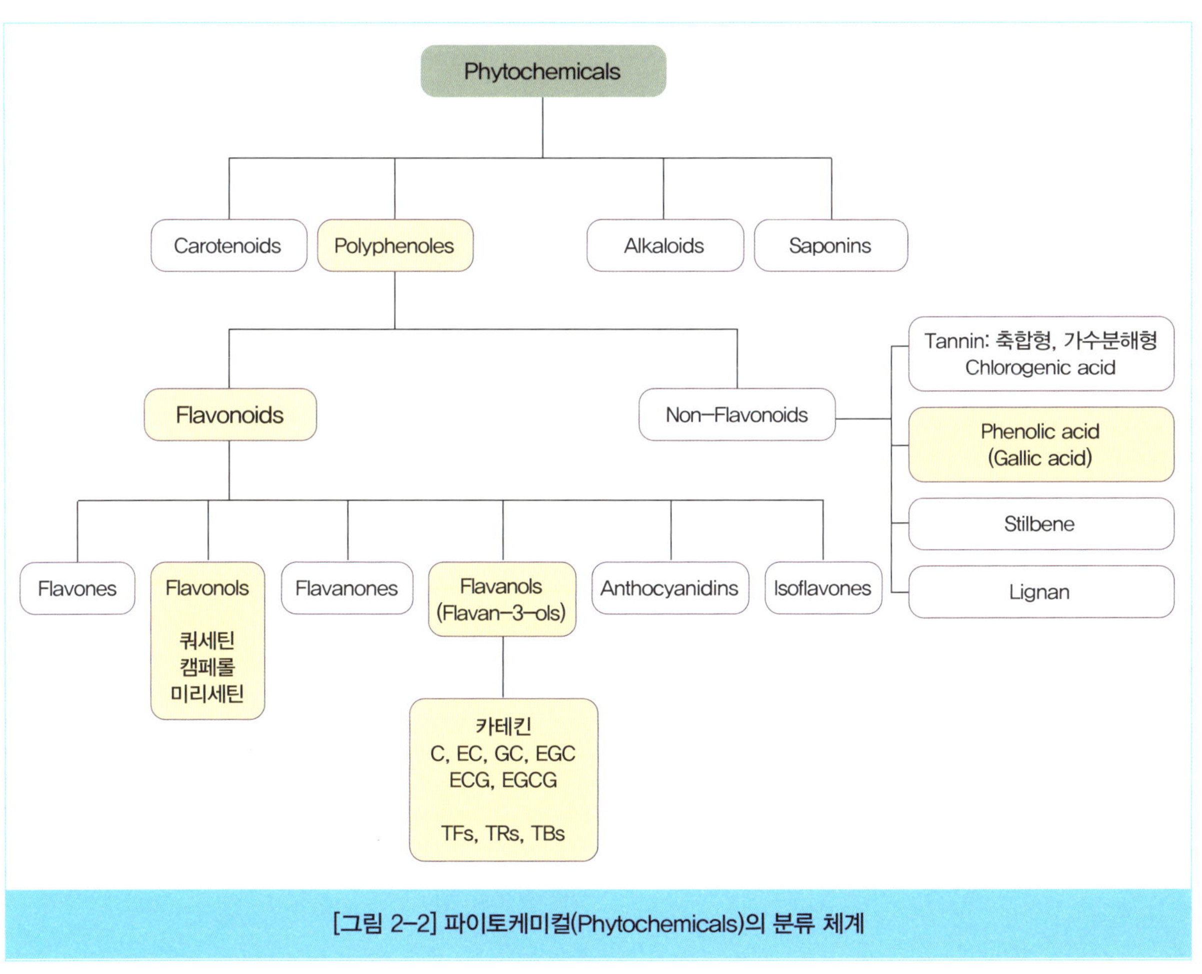

[그림 2-2] 파이토케미컬(Phytochemicals)의 분류 체계

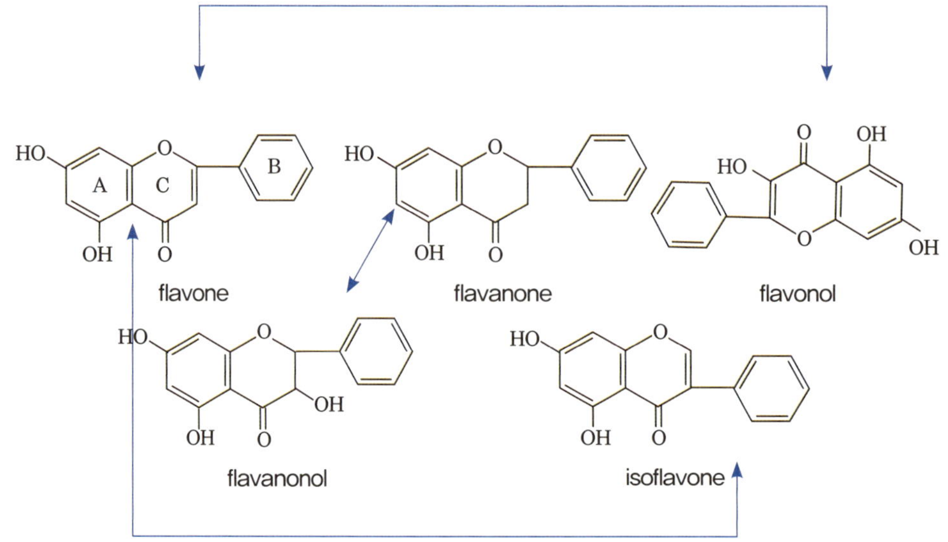

[그림 2-3] 플라보노이드의 분자 구조

플라보노이드는 공통적으로 두 개의 방향족 고리(A, B)와 하나의 헤테로고리(C)로 이루어진 C6–C3–C6 골격을 가지며, 하위 분류는 주로 C-고리의 산화 정도(특히 C2–C3 결합의 불포화/포화, C4 카보닐 유무), C3 수산기(–OH)의 존재 여부, 그리고 B-고리가 결합하는 위치(C2 또는 C3)에 따라 구분된다.

플라본은 C-고리에서 C2=C3 이중결합을 갖고 C4 위치에 카보닐(=O)을 갖는 대표적인 기본 골격으로, 다른 계열의 비교 기준이 된다.

플라바논은 플라본과 동일하게 C4에 카보닐을 유지하지만 C2–C3가 단일결합으로 이루어져 있다.

플라보놀은 플라본 골격을 바탕으로 하면서 C3 위치에 –OH가 추가된 3-hydroxyflavone 계열로, C2=C3 이중결합 + C4 카보닐 + C3–OH 구조이다.

플라바논올은 플라바논 골격을 유지하면서 C3에 –OH를 갖는 형태이다.

마지막으로 일반적인 플라보노이드가 B-고리를 C2에 결합시키는 데 비해 이소플라본은 B-고리가 C3에 결합하여 'iso(자리 이동)'라는 명칭이 붙는다.

2 플라바놀(flavan-3-ols, 카테킨류)

카테킨은 플라보노이드의 한 부류로, flavan-3-ol 골격을 갖는 저분자 폴리페놀이다. 찻잎에는 여러 종류의 카테킨이 존재하지만, 녹차에서 특히 중요한 주성분은 에피갈로카테킨 갈레이트(EGCG), 에피갈로카테킨(EGC), 에피카테킨 갈레이트(ECG), 에피카테킨(EC)의 네 가지이며, 일반적으로 EGCG가 녹차에서 가장 풍부한 카테킨으로 보고된다. 이들 카테킨의 구조적 차이는 주로 B-고리의 수산기(-OH) 배치와 C-3 위치의 갈레이트(갈로일) 에스터 결합 유무에 의해 구분된다.

- (−)-Epigallocatechin-3-O-gallate (EGCG)
- (−)-Epigallocatechin (EGC)
- (−)-Epicatechin-3-O-gallate (ECG)
- (−)-Epicatechin (EC)

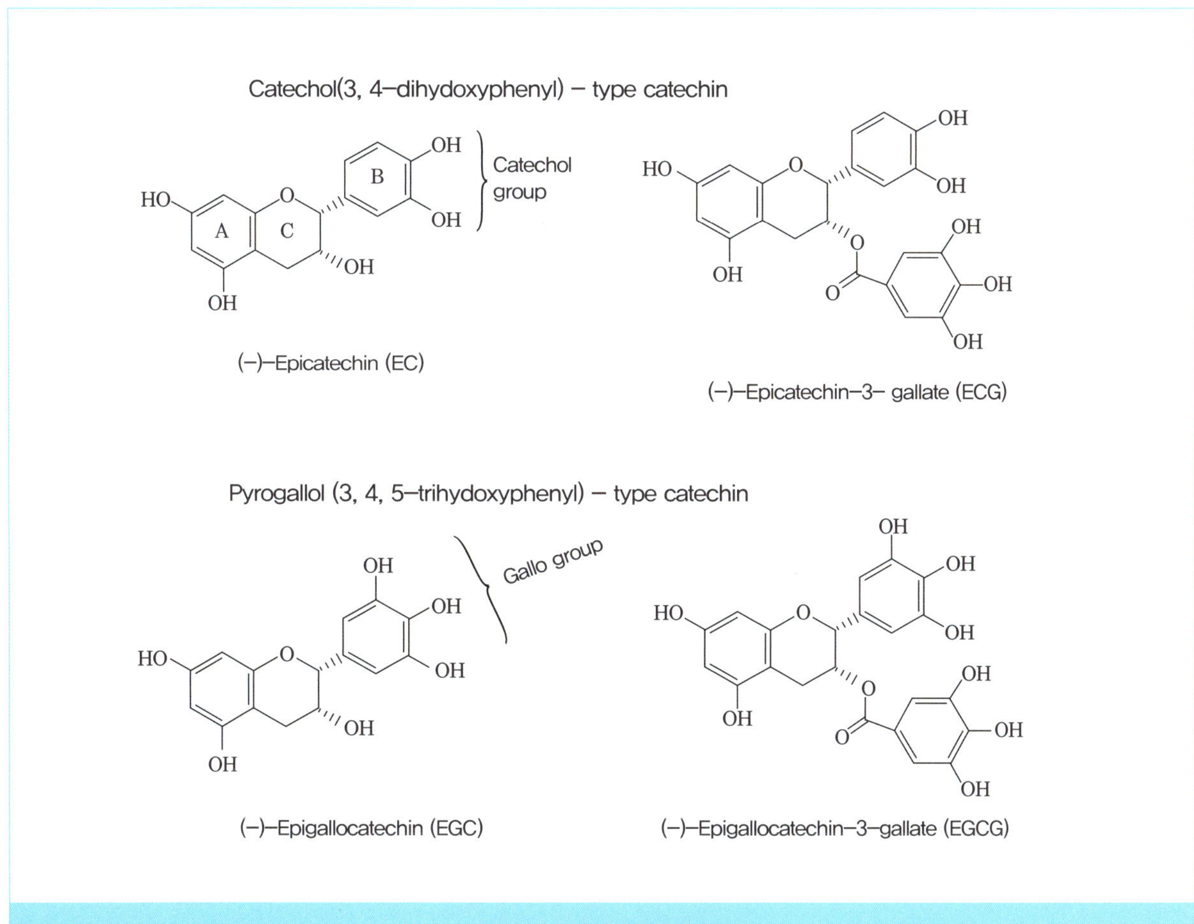

[그림 2-4] 카테킨의 종류

카테킨류는 C-2와 C-3에 입체 중심을 가지며, 찻잎의 주요 카테킨(EC, EGC, ECG, EGCG)은 대체로 에피형(epicatechins)으로 존재한다. 반면 소량으로 비에피형(non-epi) 카테킨도 함께 존재할 수 있는데, 이는 에피형과 C-2/C-3의 입체 배치가 다른 에피머(epimers)에 해당하며, 대표적으로 카테킨(C), 갈로카테킨(GC), 카테킨 갈레이트(CG), 갈로카테킨 갈레이트(GCG) 등이 알려져 있다. 또한 일부 연구에서는 에피갈로카테킨디갈레이트(EGCDG), 에피카테킨디갈레이트(ECDG)와 같은 digallate 유도체나, 3′-O-Me-EC, 3′-O-Me-EGC 등 다양한 메틸화 카테킨이 미량 검출될 수 있음을 보고하였다.

메틸화 카테킨(O-methylated catechins)은 EGCG·ECG와 같은 카테킨에서 B고리의 3′/4′ 또는 갈레이트 고리의 3″/4″ 위치에서 수산기(-OH)의 수소가 메틸기(-CH$_3$)로 치환되어 메톡시기(-OCH$_3$)가 형성된 형태로 차에서 대표적인 예로 EGCG3″Me, ECG3″Me 등이 보고된다. 특히 아쌈계(assamica) 계통이나 그 교잡품종, 그리고 일본 품종인 베니후키 등에서 O-메틸화 카테킨의 함량이 높게 보고된 바 있다. 이러한 메틸화 반응에는 일반적으로 OMT가 관여하며, 보통 SAM을 메틸 공여체로 사용해 카테킨의 특정 -OH를 메틸화함으로써 분자의 안정성 및 생체 이용률에 영향을 미칠 수 있다.

- EGCG3″Me: 3″-O-methyl-(-)-epigallocatechin gallate
- ECG3″Me: 3″-O-methyl-(-)-epicatechin gallate
- OMT(O-methyltransferase): 카테킨/플라보노이드의 -OH에 메틸기(-CH$_3$)를 붙여 -OCH$_3$(메톡시기)로 만드는 O-메틸화 효소
- SAM(S-adenosylmethionine): 세포 안에서 가장 대표적인 메틸기(-CH$_3$) 공여체

2-1. 카테킨 발견의 역사

17~19세기: 카테큐(catechu)·탄닌의 시대

1674: E. Hagendorn, 카테큐(terra japonica)의 약효와 수렴작용을 학술 보고.

1798: J. Frank, 「Ueber die Thea bohea und viridis」 발표, 보헤아 차와 비리디스 차의 침출액에서
수렴성 물질의 존재를 보고.

- 린네(C. von Linné)는 『식물의 종』 제2판(1762)에서 차나무에는 두 종류가 있으며, 그 하나가 현대적 의미의 홍차로 분류되는 Thea bohea, 다른 하나가 녹차가 되는 Thea viridis라고 하였다.

1832: T. F. L. Nees von Esenbeck, 카테큐에서 결정성 주성분을 분리, 카테킨(catechin)으로 명명.

1902: A. G. Perkin & E. Yoshitake, 아카시아/감비르 카테큐에서 순수 카테킨 결정 분리, 분자식
$C_{15}H_{14}O_6$ 제시.

- 카테큐(catechu): Acacia catechu 심재(black catechu)와 Uncaria gambir 잎·연지(pale catechu, gambier) 유래의 수렴성 조추출물을 가리키며, 그 구성 성분 중 분리·정제된 단일 플라바놀이 카테킨(catechin)이다.

1920~30s: 입체화학 정립과 '차 카테킨'의 분리·동정

1923~24: K. Freudenberg 등, 카테킨류의 입체이성질/거울상체 체계 확립.

- 입체이성질 관계(2,3-trans/2,3-cis)와 (+)/(−) 거울상 한 쌍을 체계화하여 천연 카테킨의 입체화학 틀 확립.

1927: Yamamoto Raizō(山本賴三), 「綠茶中のCatechin類似物質に就て(第一報)」에서 녹차에 카테킨 유사
성분의 존재를 최초 보고.

1929: Tsujimura Michiyo(辻村みちよ), "On tea catechin isolated from green tea", tea catechin I
결정.

- 후대 (−)-epicatechin으로 해석.

1931: Tsujimura, "On the constitution of tea tannin": 차 탄닌이 카테킨의 갈로일 에스터라는 구조
제시(ECG).

- 후대 (−)-epicatechin gallate으로 해석.

1933: Oshima Yutaka(長島 豊) 등, 「茶葉の研究 生葉タンニンに就て」를 통해 대만산 생엽에서 새탄닌
보고(쓰지무라 1934 논문에서 동일 가능성 언급).

1934: Tsujimura, "Isolation of a new catechin, Tea Catechin II or Gallo-catechin", 신규 카테킨
(Tea catechin II) 결정 분리.

- 후대 동정 결과 (−)-epigallocatechin(EGC)으로 확정. 1933년 오지마가 대만차 생엽에서 분리한 신(新) 카테킨과 동일한 것으로 판단.

1947~50s: 녹차 카테킨 군의 확정

1947~48: A. E. Bradfield 등, "The catechins of green tea" Part I·Part II: EC, EGC, ECG, EGCG 등 체계적으로 분리·명명함.

1950: Bate-Smith & Bradfield, "Chromatographic behaviour and chemical structure II: The tea catechins"에서 쓰지무라(1934)의 'gallo-catechin(Tea catechin II)'이 실제 (-)-EGC임을 확정.

1958~70s: 발효(산화) 화학과 테아플라빈

1958: E. A. H. Roberts, "The chemistry of tea manufacture"에서 제다(발효) 과정에서 카테킨의 산화·축합에 의한 테아플라빈/테아루비긴 생성 개념 정리.

1964: Y. Takino 등, "Studies on the mechanism of the oxidation of tea leaf catechins, Part III"에서 EC × EGC의 교차 산화로 벤조트로폴론(테아플라빈) 골격 형성 기전 제시.

1970~73: 테아플라빈 단일 종 및 갈레이트 유도체의 구조 확정, 다수 보고.

1990s~현재: 유도체·생리활성

1990s: o-메틸화 카테킨의 존재·정량법 정리, 항알레르기 관련 효능 보고.

2000s~현재: EGC/EGCG의 분자약리·영양학 연구가 비약적으로 확대(항산화·항암·대사).

- O-메틸화 카테킨: 찻잎의 카테킨류가 식물체 내 O-메틸트랜스퍼레이스(OMT) 효소에 의해 수산기(-OH)가 메틸기(-CH₃)로 치환된 형태의 카테킨, EGCG3″Me와 ECG3″Me 등이 있다.

2-2. 카테킨 생합성 경로

차나무의 카테킨 생합성은 페닐프로파노이드 경로, 플라보노이드 경로 및 시킴산 경로의 세 가지 주요 대사 경로가 상호 유기적으로 연계된 복합적 경로를 통해 이루어진다.

첫째, 페닐프로파노이드 경로에서 출발 물질인 페닐알라닌(phenylalanine)은 PAL에 의해 신속히 탈아민화되어 시나믹산(cinnamic acid)을 형성하며, 이어 C4H와 4CL의 연속적 촉매 반응을 통해 p-coumaroyl-CoA로 전환된다.

둘째, 플라보노이드 생합성 경로에서 p-쿠마로일-CoA는 CHS에 챨콘(chalcone)으로 전환되고, CHI에 의해 나린제닌(naringenin)으로 이성질화된다. 나린제닌은 플라바논 F3H에 의해 디하이드로캠페롤(dihydrokaempferol)로 산화되며, 이어 플라보노이드 F3'H 또는 F3'5'H에 의해 각각 디히드로쿼르세틴(dihydroquercetin) 또는 디히드로미리세틴(dihydromyricetin)으로 추가 하이드록실화가 이루어진다. 이후 DFR에 의해 루코시아니딘(leucocyanidin) 또는 루코델피니딘(leucodelphinidin)으로 전환되며, 여기에서 두 가지 분기 경로로 나뉜다. 하나는 LAR에 의해 직접적으로 카테킨(C)과 갈로카테킨(GC)으로 전환되는 경로이며, 다른 하나는 ANS에 의해 루코시아니딘이 시아니딘(cyanidin)으로, 루코델피니딘이 델피니딘(delphinidin)으로 산화되고, 이어 ANR에 의해 에피카테킨(EC)과 에피갈로카테킨(EGC)이 생성되고 이후 SCPL에 의해 ECG, EGCG로 전환되는 경로이다.

셋째, 시킴산 경로(shikimate pathway)는 포스포엔올피루브산(phosphoenolpyruvate)과 에리스로스-4-인산(erythrose-4-phosphate)으로부터 시작하여, 일련의 탈수소화 및 환원 반응을 거쳐 3-디하이드로시키미산(3-dehydroshikimic acid)을 생성한다. 이 중간 대사산물은 다시 환원 및 탈수소화 과정을 통해 시킴산(shikimic acid)으로 전환되고, 추가적인 탈수소화 단계를 통해 갈산(gallic acid)으로 변환된다. 생성된 갈산은 UGT의 촉매 아래 β-글루코갈린(β-glucogallin)으로 글루코실화되며, 이 β-글루코갈린이 차나무 특유의 SCPL(serine carboxypeptidase-like) 계열 아실트랜스퍼라제에 의해 플라반-3-올 골격에 갈로일기를 전달받아 EGCG를 비롯한 갈로일화 카테킨으로 전환된다.

이와 같이, 차나무에서는 시킴산 경로로부터 생성된 갈산 유도체가 UGT에 의해 활성화된 뒤 SCPL-형 galloyltransferase 효소를 거쳐 갈로일화 카테킨으로 이어지는 두 단계의 효소 반응을 통해 EGCG를 합성하게 된다.

종합적으로 차나무 내 카테킨 합성은 PAL → C4H →4CL→ CHS → CHI → F3H → (F3'H/F3'5'H) → DFR → [LAR → C/GC | ANS → ANR → EC/EGC]로 이어지는 플라보노이드 경로와 SCPL 매개 갈로일화 반응((EGCG/ECG 형성)이 서로 연계되어 이루어진다.

• EGCG 합성 단계의 갈로일화 반응은 BAHD 계열이 아닌 SCPL 계열 아실트랜스퍼라제에 의해 수행되는 것으로 차나무에서 확인되어 일반적으로 'flavan-3-ol galloyltransferase'로 통칭 되더라도 그 실제 단백질 계열은 SCPL임을 명시하는 것이 정확하다.

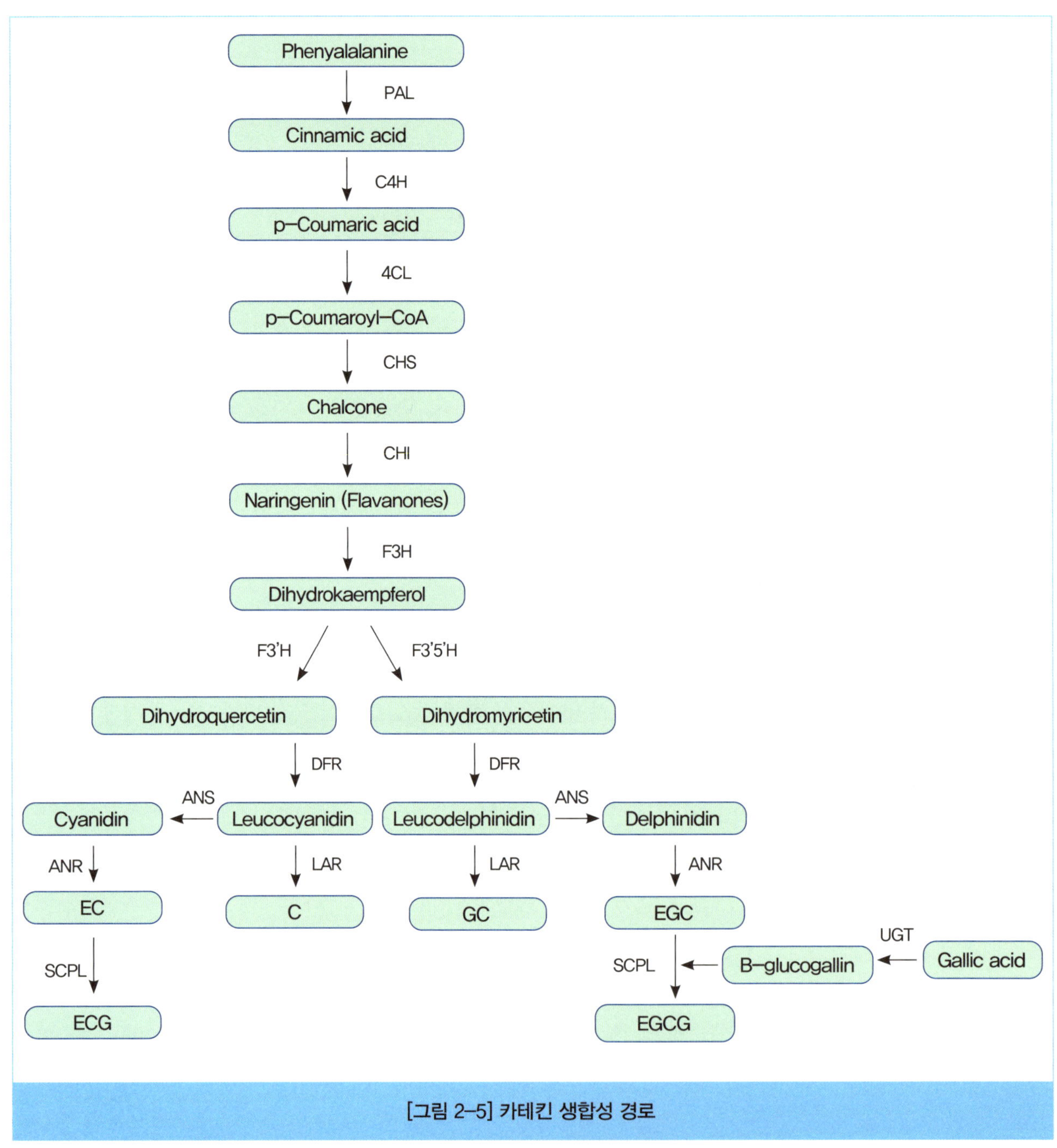

[그림 2-5] 카테킨 생합성 경로

- PAL: phenylalanine ammonia-lyase
- C4H: cinnamate 4-hydroxylase
- 4CL: 4-coumarate CoA ligase
- CHS: chalcone synthase
- CHI: chalcone isomerase
- F3H: flavanone 3-hydroxylase
- F3′H: flavonoid 3′-hydroxylase
- F3′5′H: flavonoid 3′,5′-hydroxylase
- DFR: dihydroflavanol 4-reductase
- LAR: leucoanthocyanidin reductase
- ANS: anthocyanidin synthase
- LAR: leucocyanidin reductase
  ○ 류코안토시아니딘(루코시아니딘, 루코델피니딘) → 카테킨류(C, GC) 경로
  ○ 류코안토시아니딘(leucoanthocyanidins): 안토시아니딘의 무색 전구체로서, 대표적으로 류코시아니딘·류코델피니딘·류코펠라고니딘을 포함한다.
- ANR: anthocyanidin reductase
  ○ 안토시아니딘(시아니딘, 델피니딘) → 에피카테킨류(EC, EGC) 경로
 - UGT: UDP-glycosyltransferase
  ○ UDP-glucose + gallic acid(gallate) → β-glucogallin + UDP
  ○ UDP: 유리딘 이인산, 포도당을 실어 나르는 운반체/활성화 표지
- SCPL: Serine Carboxypeptidase-Like acyltransferase
  ○ 갈로일기를 카테킨에 전이하는 아실전이효소로, UGT가 갈산을 UDP-포도당으로 글루코실화해 β-glucogallin을 만든 뒤 SCPL이 이를 갈로일 공여체로 사용해 EGC/EC를 각각 EGCG/ECG로 전환한다.

2-3. 잎 부위별 카테킨 및 프로안토시아니딘 함량 비교

수차조(Shuchazao, 樹茶組) 품종의 잎 부위(AB-YL-ML-OL)별 조성을 보면 EGCG가 전 단계에서 가장 우세한 카테킨으로 나타난다. 일반적으로 카테킨 조성은 EGCG 〉 EGC 〉 ECG 〉 EC 〉 GC 〉 C 순으로 보고되지만, [표 2-1]에서는 정아(AB)에서 ECG가 EGC보다 높은 함량을 나타내었고, YL-ML-OL 단계에서는 EGC가 ECG보다 높아지는 경향을 나타내었다. 총 카테킨은 AB에서 가장 높고 잎의 발달 단계가 진행될수록(AB→YL→ML→OL) 감소하였으며, 프로안토시아니딘(PAs)은 대부분 수용성 형태로 존재하며, 총 PAs는 어린잎에서 가장 높게 나타났다.

- Proanthocyanidin(PA): 플라반-3-올 단량체(예: epicatechin, catechin 등)가 C-C 인터플라반 결합으로 여러 개 연결된 올리고머/고분자로 축합 탄닌이라 부른다.

[표 2-1] Shuchazao 품종의 잎 부위별 카테킨 및 프로안토시아니딘 함량 비교

단위: mg · g⁻¹ 건물(dw)

단위: mg · g^{-1} 건물(dw)

성분	AB/정아	YL/어린잎	ML/성숙엽	OL/노엽
C (+)-Catechin	2.56	0.89	1.69	0.18
GC (+)-Gallocatechin	2.37	1.28	5.04	0.62
EC (−)-Epicatechin	10.68	9.37	13.29	3.86
EGC (−)-Epigallocatechin	24.09	28.72	56.43	20.84
ECG (−)-Epicatechin gallate	48.31	23.76	10.23	8.65
EGCG (−)-Epigallocatechin gallate	122.51	96.16	41.46	51.80
Total catechins	212.32	160.17	128.14	85.96
Soluble PAs	87.83	124.35	89.74	65.60
Non-Soluble PAs	6.51	5.31	7.04	7.57
Total PAs	94.34	129.66	96.78	73.17

• AB: apical bud, YL: young leaves, ML: mature leaves, OL: old leaves

• Soluble PAs: 수용성 프로안토시아니딘

• Non-Soluble PAs: 불용성 프로안토시아니딘

2-4. 녹차 우린물(침출물)의 쓴맛·떫은맛 결정 요인: 카테킨 기여와 성분 간 상호작용

카테킨은 녹차 우린물의 쓴맛과 떫은맛을 좌우하는 대표 성분이며, 실제로 느껴지는 쓴맛·떫은맛의 강도는 우린물 내 다른 성분과의 상호작용에 의해 달라질 수 있다. 일반적으로 쓴맛은 카테킨(EGCG, ECG 등)의 영향이 큰 반면, 떫은맛은 카테킨뿐 아니라 플라보놀 배당체의 기여까지 함께 고려할 때 더 잘 설명된다는 보고가 있다. 플라보놀 배당체는 혀끝과 윗니 앞쪽에서 부드럽게 느껴지는 '벨벳형(velvety) 떫은맛'에, 카테킨은 입안이 쪼이는 듯한 '수축형(puckering) 떫은맛'에 더 관련이 있는 것으로 제시된다.

또한 녹차 우린물에서 쓴맛·떫은맛의 지각 강도는 화학적 결합/복합체 형성 및 구강 내 단백질과의 상호작용 등의 영향을 받을 수 있다. 카테킨-카테킨 상호작용은 농도 구간에 따라 달라질 수 있으며, 예를 들어 ECG는 EGCG의 쓴맛을 높일 수 있는 반면, EGC와 EC는 조건에 따라 쓴맛을 낮추는 경향이 보고되며 고농도에서는 이러한 상호작용이 약해지거나 사라지기도 한다. 갈로일기(galloyl) 카테킨은 타액 단백질(salivary proteins)과 결합·침전되면서 쓴맛·떫은맛을 높이며, 특히 떫은맛에서 영향이 크다. 카테킨-다른 성분의 상호작용에서는 카페인이 EGCG의 쓴맛과 떫은맛을 유의하게 증가시키는 경향이 보고되며, 감칠맛 성분이나 자당은 높은 농도에서 쓴맛·떫은맛을 완화하는 방향으로 작용할 수 있다. 한편 Ca^{2+} 는 일정 농도(예: 50 mg/L 수준)에서 EGCG/ECG 용액의 쓴맛을 낮추고 떫은맛을 높이는 경향이 보고되어, 무기이온 또한 떫은맛 지각에 영향을 줄 수 있음을 시사한다.

[표 2-2] 녹차 침출액에서 주요 카테킨의 쓴맛·떫은맛 기여율

(평균, %)

맛	EGCG	ECG	EGC	EC	Main contributors(sum)
쓴맛	63.63	22.53	7.73	4.71	EGCG + ECG = 86.16
떫은맛	56.67	21.03	14.50	6.03	EGCG + ECG = 77.70

[표 2-3] 녹차 침출액에서 주요 4종 카테킨의 쓴맛·떫은맛 강도

	쓴맛	떫은맛
EGCG	2.85	3.54
ECG	1.02	1.32
EGC	0.31	0.86
EC	0.20	0.37
Total	4.38	6.09

• 각 수치는 카테킨 농도(mmol/L) 3차 회귀식에 대입해 산출한 '계산된 쓴맛/떫은맛 강도 점수(calculated taste intensity score, 무단위)'이며, Total은 4종 카테킨 점수의 합이다.

주요 카테킨 4종의 기본 미각 특성

- ECG: 동량 기준 쓴맛·떫은맛 효력이 가장 강한 편이며, 특히 수축형(puckering) 떫은맛이 두드러진다.
- EGCG: 녹차에서 가장 풍부하고 쓴맛·떫은맛 모두 강하지만, 동량 기준 떫은맛 효력은 대체로 ECG보다 낮다.
- EC: 쓴맛·떫은맛이 중간 수준이며, 단백질 결합/침전력이 갈로일형보다 낮아 수축감이 상대적으로 완화된다.
- EGC: 네 성분 중 떫은맛 효력이 가장 약한 편이며, 전반적으로 더 부드러운 느낌을 준다.

동일 농도에서의 쓴맛·떫은맛 강도

- 쓴맛: ECG $\approx$ EGCG & EC $\geq$ EGC
- 떫은맛: ECG $\rangle$ EGCG $\rangle$ EC $\rangle$ EGC

3 산화(발효) 중 생성되는 올리고머성 플라보노이드

차에서 보고되는 티 폴리페놀(tea polyphenols)은 생엽에 원래 존재하는 1차 폴리페놀과 제다 과정에서 카테킨(플라반-3-올)으로부터 전환되어 생성되는 2차 폴리페놀로 구분된다. 1차 폴리페놀의 중심은 카테킨류이며, 일부 가수분해성 탄닌이 포함될 수 있다. 반면 2차 폴리페놀은 홍차의 산화(발효) 단계에서 PPO/POD 등 효소적 산화와 후속 축합·중합을 거쳐 형성되는 산화 생성물로, 대표적으로 테아플라빈, 테아루비긴, 테아시넨신 등이 있다. 홍차 제다 중 카테킨의 약 70~80%가 산화·중합되며, 이때 생성되는 테아플라빈과 테아루비긴은 찻물색과 수렴성, 농도감에 관여하는 주요 성분이다.

3-1 테아플라빈(theaflavins, TFs)

TFs는 홍차 추출물의 고형분 기준으로 약 2~6% 함유되어 있으며 현재까지 약 25종이 보고되어 있다. 홍차의 등황색을 나타내는 TFs는 TF1, TF2a, TF2b, TF3로 분류되며, 모두 벤조트로폴론(benzotropolone) 골격을 지닌다. 형성 메커니즘은 다음과 같다.

먼저 찻잎의 플라반-3-올(EC, EGC, ECG, EGCG)이 PPO(O_2 의존) 또는 POD(H_2O_2 의존)에 의해 o-퀴논으로 1차 산화된다. 이어 비효소적 단계에서 퀴논 유도 결합이 진행되며, 통상 Michael 1,4-첨가 → 내부 카보닐 첨가를 거친 뒤 재배열·탈탄산으로 7원환 벤조트로폴론이 형성된다. 특히 카테콜형 B-고리(EC/ECG)와 피로갈롤형 B-고리(EGC/EGCG)가 상호 반응하여, 두 플라바놀 단위가 하나의 벤조트로폴론 고리로 재구성되면서 테아플라빈 이량체 골격이 완성된다.

① EC + EGC → TF1, theaflavin

② EC + EGCG → TF2a, theaflavin-3-O-gallate

③ ECG + EGC → TF2b, theaflavin-3′-O-gallate

④ ECG + EGCG → TF3, theaflavin-3,3′-di-O-gallate

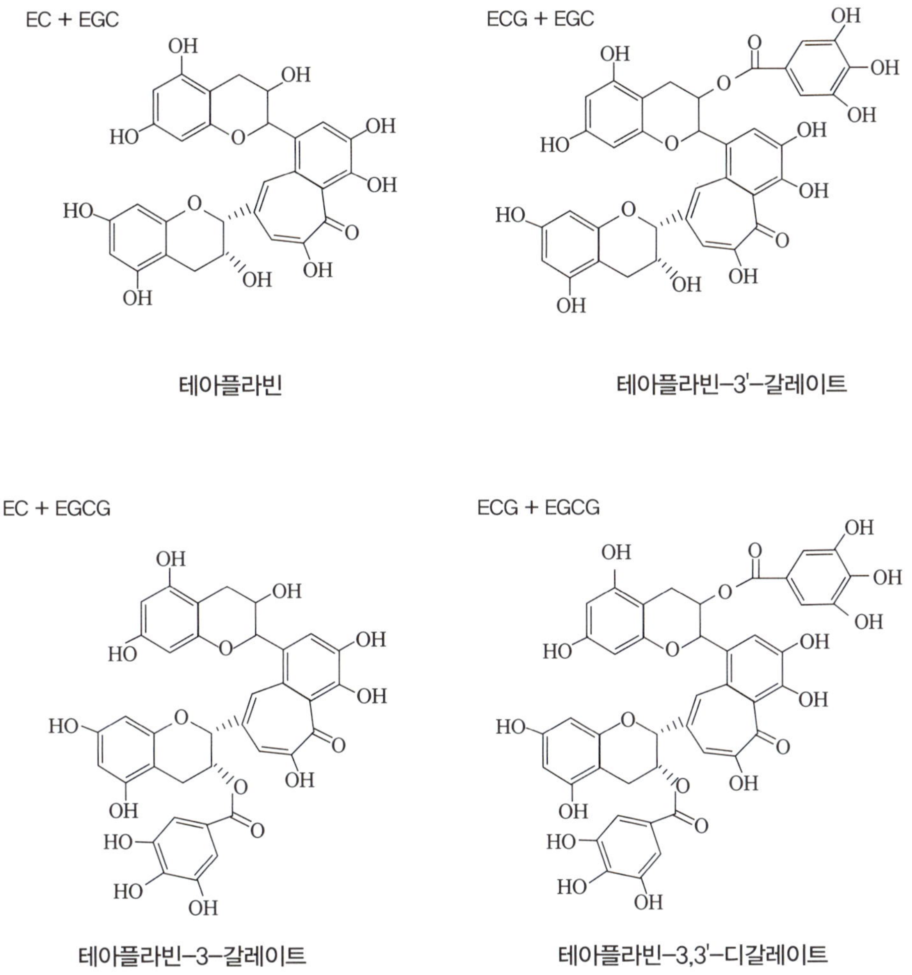

[그림 2-6] 테아플라빈 구조 및 종류

테아플라빈(TF1) 생합성 경로: EC + EGC

① EC의 1차 산화: EC가 PPO 또는 POD에 의해 EC-퀴논으로 전환된다.

② EGC의 후속 산화: EC-퀴논이 산화제로 작용해 EGC의 B-고리를 산화, EGC-퀴논이 생성된다.

③ 퀴논 유도 결합(핵심 단계)

- Michael 1,4-첨가: EGC-유래 O^- (페녹사이드)가 EC-퀴논의 β-탄소에 1,4-첨가하여 두 카테킨 사이 C–C 결합을 형성한다.

- 분자내 카보닐 첨가: 이어 생성된 알콕사이드($-O^-$)가 같은 분자의 카보닐 탄소를 재공격하여 일시적 C–O–C(에폭사이드형) 3원 고리를 거친 뒤, 개환·전자 재배열로 안정한 중간체로 전환된다.

④ 벤조트로폴론 확립: 중간체가 추가 산화·탈탄산을 거쳐 7원환 벤조트로폴론을 형성하고, 최종적으로 TF1이 생성된다.

- EC → EC-퀴논 → EGC의 β-탄소 1,4-첨가 → 내부 카보닐 첨가(일시적 3원 고리) → 산화·탈탄산 → 벤조트로폴론 형성 → TF1 생성

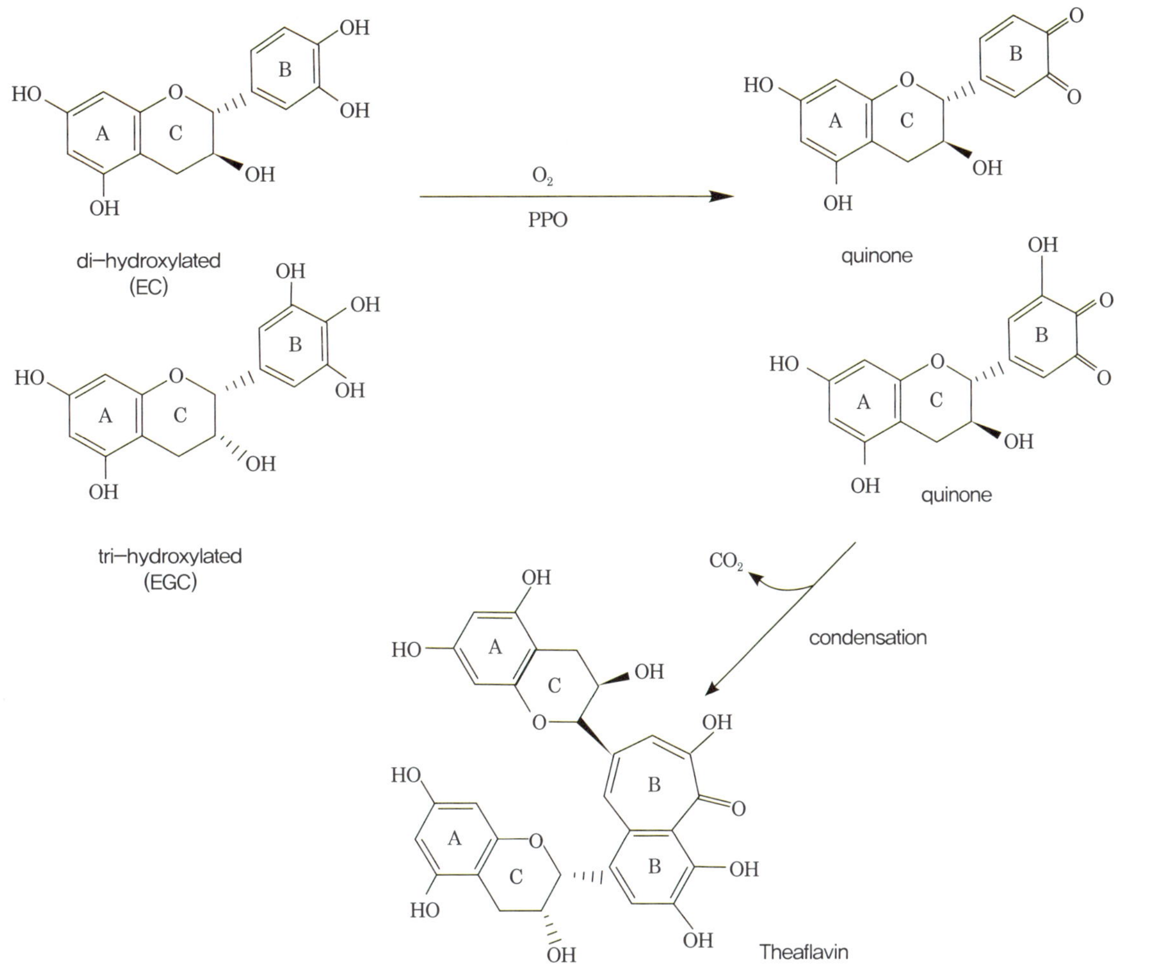

[그림 2-7] 테아플라빈 형성 경로 1

- 페녹사이드(–O⁻): 알킬에 붙어 있으면 알콕사이드, 방향족 고리에 붙어 있으면 페녹사이드라고 이름을 구분해서 부르며 둘 다 "산소가 –1 인 –O⁻"로 같다.
- Michael 1,4-첨가: 산화된 o-퀴논의 α,β-불포화 카보닐에서, 다른 카테킨의 친핵체(예: 페놀 O⁻)가 β-탄소를 공격해 들어가 새 C–C 또는 C–O 결합을 만드는 반응.
- 카보닐 첨가: Michael 첨가 후 생성된 알콕사이드(–O⁻)가 같은 분자의 카보닐 탄소를 공격하여 고리화된 중간체를 형성하고, 이때 일시적으로 C–O–C 3원 고리를 거친 뒤, 개환·재배열되어 새로운 C–C/C–O 결합이 완성되는 단계.
- 벤조트로폴론 고리 형성: EGC/EGCG의 퀴논형 B-고리와 EC/ECG의 페놀형 B-고리가 Michael형 교차 결합을 한뒤, 연속적 산화·탈탄산을 거치며 두 B-고리가 하나로 재배열되어 형성되는 7원환 고리 구조.

실제 반응계에서는 EC-퀴논 + EGC, EGC-퀴논 + EC뿐만 아니라 퀴논-퀴논 간의 교차 결합도 보고되어 있으나, 일반적으로는 EC-퀴논 + EGC 경로가 테아플라빈 형성에 유리한 것으로 알려져 있다. 이러한 메커니즘에서 기질 조합에 따라 TF1, TF2a, TF2b, TF3가 각각 형성되며, 합성 경로와 결합 위치의 차이에 따라 네오테아플라빈(neotheaflavin), 이소테아플라빈(isotheaflavin), 테아플라빈산(theaflavic acids)과 같은 구조 이성질체 및 유도체도 소량 존재한다.

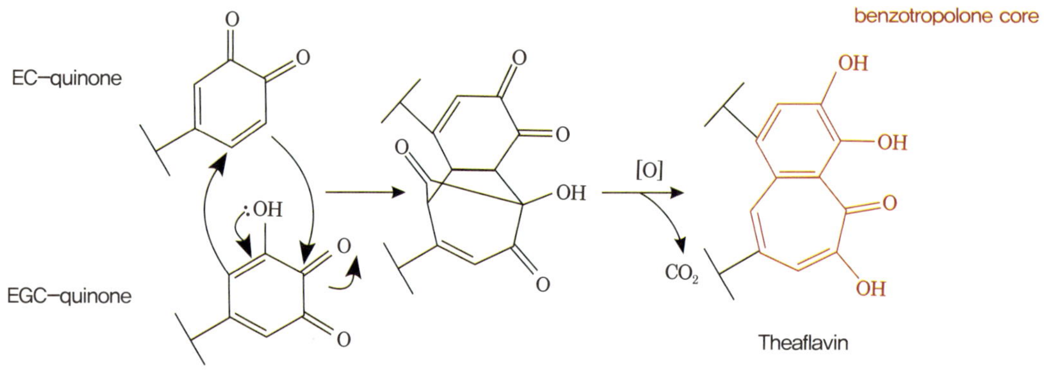

[그림 2-8] 테아플라빈 형성 경로 2

먼저 두 개의 카테콜성 플라바놀(B-고리)이 각각 산소에 의해 o-퀴논으로 1차 산화된다. 이어 한쪽 퀴논(EC)의 α,β-불포화 카보닐의 β-탄소가 다른 쪽(환원형 또는 퀴논화된, EGC) 고리의 친핵성 부위로부터 Michael 1,4-첨가를 받아 새로운 C-C 결합을 형성한다. 그 다음 생성된 알콕사이드가 분자내 카보닐 탄소를 공격하여 C-O-C 3원(에폭사이드형) 고리를 이루는 내부 카보닐 첨가가 일어난다. 이후 연속적인 [O](산화)와 $-CO_2$(탈탄산) 과정에서 고리 장력이 해소되고 전자가 재배열되면서, 두 플라바놀을 잇는 7원 벤조트로폴론 핵이 확립되어 최종 테아플라빈으로 전환된다.

- 테아플라빈 형성 경로: EC/ECG의 카테콜 고리와 EGC/EGCG의 피로갈롤 고리 간의 산화적 축합반응으로 형성 → 벤조트로폴론 형성 → TFs 형성

3-2. 테아루비긴(thearubigins, TRs)

테아루비긴은 홍차의 산화 과정에서 생성되는 주요한 폴리페놀 산화·축합 생성물이다. E. A. H. Roberts 가 1950년대 후반에 그 존재를 정리하면서 테아루비긴이라는 명칭을 사용한 것으로 알려져 있다. TRs는 홍차의 적갈색 찻물색과 농도감 형성에 기여하며, 홍차 추출 고형분에서 약 10~20% 수준으로 보고된다.

TRs는 한 가지 화합물이 아니라, 발효 중 카테킨류가 산화되면서 서로 결합·변형되어 만들어진 다양한 성분의 혼합물이다. 최근 연구들은 TRs가 무한히 큰 고분자라기보다, 수백~수천 달톤(Da) 크기의 올리고머가 매우 다양한 형태로 섞여 있는 이질적 혼합체로 보고한다.

- 단량체(monomer): 1개 단위(예: 카테킨 1분자)
- 이량체(dimer): 2개 단위
- 삼량체(trimer): 3개 단위
- 올리고머(oligomer): 카테킨이 2개 이상 몇 개 단위로 결합해 만들어진 중간 크기 결합체
- 고분자(polymer): 수백~수천 개 이상이 길게 연결된 아주 긴 사슬의 큰 분자

테아루비긴 형성 경로

TRs의 단일 구조식과 단일 생성 경로는 아직 확정되지 않았다. 다만 지금까지의 연구를 종합하면 제다 과정 중 연속 반응(oxidative cascade)을 거쳐 형성되는 것으로 정리할 수 있다. 발효가 시작되면 카테킨류 는 PPO 및 POD에 의해 산화 중간체(o-퀴논)로 전환된다. 생성된 o-퀴논은 잔존 카테킨 및 초기 산화 생성 물과 결합하면서 다양한 이량체/올리고머성 산화·축합 생성물이 형성·축적된다. 이후, 이러한 생성물들 사 이에서 결합과 산화·환원, 재배열이 반복되며, 결과적으로 구조와 크기가 다양한 혼합물(TRs)로 축적된다.

테아루비긴 형성 과정에서 중요한 반응 흐름은 다음의 세 가지로 정리할 수 있다.

① 벤조트로폴론/테아플라빈 경로

pyrogallol형(EGC/EGCG)과 catechol형(EC/ECG) 카테킨이 가공 중 산화되면, 두 유형이 서로 결합·변 형되면서 벤조트로폴론 핵을 갖는 테아플라빈류가 형성된다. 이후 테아플라빈류는 카테킨 또는 산화된 카 테킨과의 추가 결합·산화를 통해 더 큰 산화·축합 생성물로 확장될 수 있으며, 이는 TRs 혼합물 형성에 기 여하는 중요한 반응 경로 중 하나로 보고된다.

② 테아시넨신 계열 경로

EGC/EGCG는 PPO에 의해 o-퀴논 및 라디칼 중간체를 형성한다. 생성된 반응성 종은 B-B간 C-C 결합 을 통해 퀴논 이량체(dehydrotheasinensin A)를 생성하고 이 이량체는 불균등화 및 부분 환원을 거쳐 테아시넨 신(theasinensin) A/D 등으로 전환될 수 있다. 또한 추가 산화로 디하이드로테아시넨신(dehydrotheasinensin)

AQ와 같은 색소성 산화물도 보고된다. 이러한 바이페닐(B-B) 결합체인 이량체/올리고머는 비(非)벤조트로폴론계 TRs가 형성되는 한 경로로 이해된다.

③ 퀴논 주도 비특이 축합 및 재배열

발효 과정에서 생성된 카테킨 유래 퀴논/라디칼은 잔존 카테킨 및 초기 산화·축합 생성물과 연속적으로 반응(oxidative cascade)하면서 구조와 크기가 다양한 올리고머 혼합물(TRs)로 축적된다. 또한 gallocatechin계 반응에서는 bicyclo[3.2.1]octane형 중간체를 거쳐 theacitrins 및 그 유도체와 같은 황색 색소가 생성될 수 있으며, 이런 색소성 산화 생성물은 TRs 혼합물의 색 형성에 일부 기여하는 것으로 보고된다.

- 퀴논/라디칼: 카테킨이 서로 붙기 시작하게 만드는 활성형 중간체
- bicyclo[3.2.1]octane형 중간체: gallocatechin(예: EGC) 유래 퀴논이 재배열되며 잠시 나타나는 '다리형 이중고리(bicyclic)' 이량체 중간 골격

TRs 생성은 제다공정 인자에 민감하다. 산소 공급, pH, 온도, 발효 시간 등은 카테킨의 산화 속도와 퀴논 축적 수준, 그리고 TFs에서 TRs로 이어지는 추가 산화·축합의 진행 정도에 큰 영향을 미친다. 일반적으로 발효 시간과 온도가 증가하면 TFs의 상대적 비율은 감소하고 TRs 및 기타 고분자 산화 폴리페놀의 비중이 증가하며, 이는 홍차의 찻물색, 농도감에 관련이 있다.

정리하면, 테아루비긴의 생성 경로는 다음과 같이 요약할 수 있다.

① 카테킨의 1차 산화 → o-퀴논 등 반응성 중간체 형성

② 이량체·저분자 색소 형성 → TFs, theasinensins, theacitrins 등과 이들의 산화형 유도체

③ 결합·산화·재배열의 누적 → 올리고머 다양화와 복잡화

④ 최종적으로 TRs 축적 → 수백~수천 Da 범위의 다성분 올리고머 혼합체로 축적

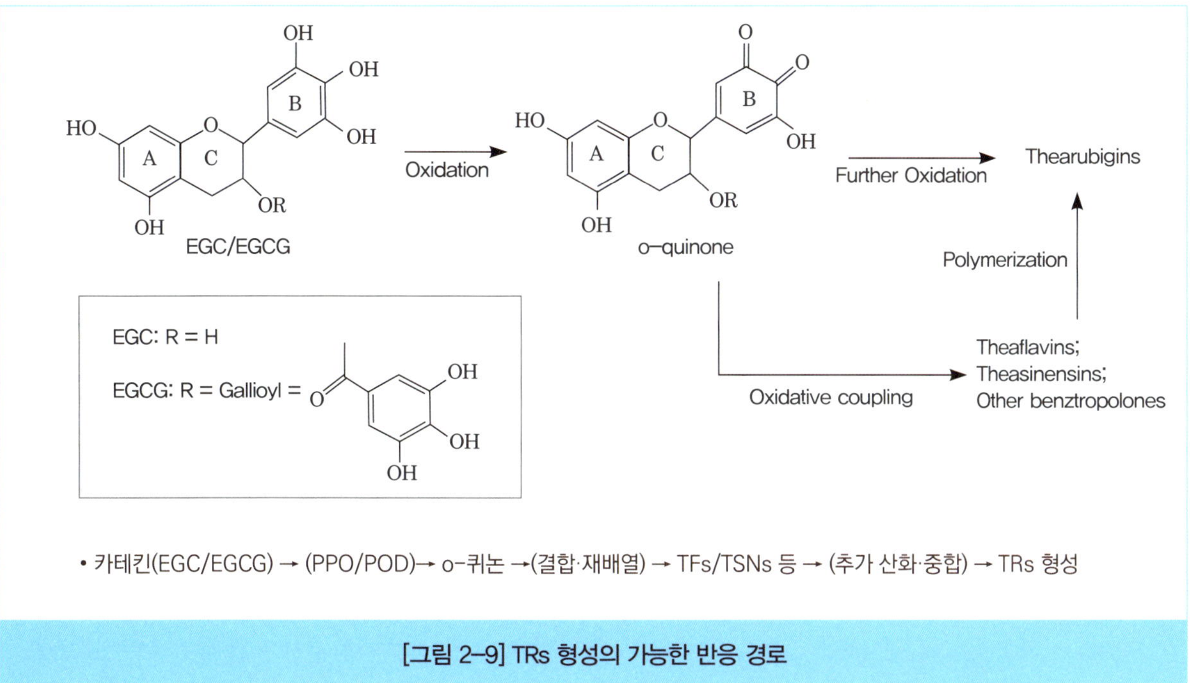

[그림 2-9] TRs 형성의 가능한 반응 경로

• 카테킨의 산화는 PPO(O$_2$ 존재) 또는 POD(A$_2$O$_2$)에 의해 촉매될 수 있으며, 이후 반응은 pH 5~6, 30℃에서 진행된다.

현재까지 테아루비긴은 여러 부분 정제물에서 벤조트로폴론 핵이나 바이페닐 골격 등 부분적인 구조 단서가 제시되어 왔으나, TRs 전체를 대표하는 단일 구조식은 확정되지 않았다. 이는 TRs가 본질적으로 다종의 플라반-3-올 유래 산화·축합체가 뒤섞인 이질적 혼합물이며, 분리·정제 및 분석의 한계로 인해 하나의 구조로 규정하기 어렵기 때문으로 이해된다.

3-3. 테아시넨신(theasinensin, TSNs)

테아시넨신은 차의 플라반-3-올로부터 유래한 대표적인 이량체 폴리페놀로, 특히 청차(오룡차)와 홍차에서 특징적으로 보고되는 산화 생성물이다. 1958년 Roberts는 EGCG 유래 이량체를 bisflavanols A-C로 보고하였고, 이후 1984년 Nonaka와 Hashimoto가 청차에서 새로운 이량체 플라반-3-올류를 분리·동정하여 테아시넨신 A-C로 명명하였다. 이후 1988년에는 D-G가 추가로 확인되었다.

테아시넨신은 피로갈롤형 B-고리(-OH 3개)를 가진 EGC, EGCG가 산화되어 생성된 카테킨 퀴논이 입체 선택적 산화적 이량체화(oxidative coupling)를 거치면서 형성된다. 문헌에 따라 홍차에는 건중량의 0.8~2.8%, 청차에는 약 0.65% 수준이 보고되어 있다.

테아시넨신의 구조

테아시넨신은 카테킨 2분자가 B 고리끼리 C-C 결합으로 연결되어 형성된 이량체이다. 이때 두 방향족 고리를 잇는 결합은 바이페닐형(biphenyl-type) 비아릴(biaryl) 결합이다. 이 결합을 축으로 한 3차원 배열(꼬임)이 고정되면 서로 거울상 관계의 축성 입체이성질체(아트로이성질체, atropisomers)가 나타나는데, 이를 축의 꼬임 방향에 따라 R형과 S형으로 구분하였다.

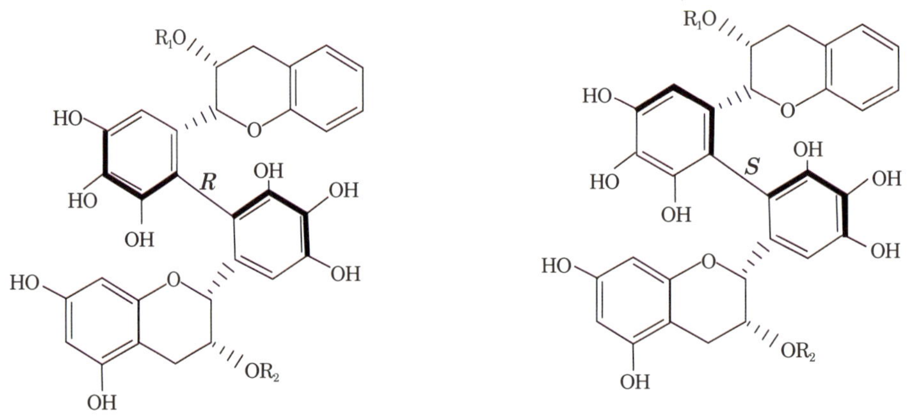

[그림 2-10] 테아시넨신 A-E의 화학구조

• 바이페닐(biphenyl) 구조: 벤젠고리 2개가 단일 C-C 결합으로 연결된 구조

[표 2-4] 테아시넨신 이량체의 입체 이성질체(R/S)

R stereoisomers		S stereoisomers	
Theasinensin A	$R_1 = R_2 = Galloyl$	Theasinensin D	$R_1 = R_2 = Galloyl$
Theasinensin B	$R_1 = Galloyl$ $R_2 = H$	Theasinensin E	$R_1 = R_2 = H$
Theasinensin C	$R_1 = R_2 = H$		

　테아시넨신 A-E는 바이페닐 축의 꼬임(R형/S형) 과 갈로일기(R_1, R_2) 유무에 따라 구분된다. R_1·R_2는 이량체를 이루는 두 카테킨 단위에 각각 결합한 갈로일기의 존재 여부를 나타낸다.

- Theasinensin A: EGCG-EGCG, R형
- Theasinensin B: EGCG-EGC R형
- Theasinensin C: EGC-EGC R형
- Theasinensin D: EGCG-EGCG, S 형 (A의 축성 입체이성질체)
- Theasinensin E: EGC-EGC S형 (C의 축성 입체이성질체)
- R형/S형은 중심 키랄성(R/S)이 아니라, 바이페닐 결합 축의 꼬임(축성 배치; Ra/Sa)에 따른 축성 입체이성질체를 의미한다.

테아시넨신의 형성 경로

　TSN은 두 카테킨의 B-링끼리 직접 C-C 결합하는 바이페닐 구조의 이량체 화합물이다. 형성 경로는 EGCG/EGC → o-퀴논 → 테아시넨신-퀴논 → 데하이드로테아시넨신(dehydrotheasinensins) → 테아시넨신(A-E)이며, 이는 효소적·비효소적 경로에 의해서 생성된다.

　EGC/EGCG는 PPO/POD에 의한 효소적 산화와 Cu^{2+} 나 $K_3[Fe(CN)_6]$ 등 금속 산화제 및 중성(pH≈7) 조건의 자가 산화에 의해서도 단량체 카테킨 o-퀴논으로 전환된다. 생성된 카테킨 o-퀴논은 퀴논-퀴논 또는 퀴논-페놀 결합을 통해 이량체화 되며, B-B′ 사이의 C-C 결합 형성으로 테아시넨신-퀴논(TSN-퀴논)이 생성된다.

　TSN-퀴논은 비수화형과 수화형 o-퀴논 사이에서 $+H_2O/-H_2O$에 의해 가역적으로 상호 전환된다. 이어서 산화적 또는 자가산화적 환경에서 TSN-퀴논이 추가 산화 및 구조 재배열을 거쳐 옅은 황색의 데하이드로테아시넨신(DHTSN, dehydrotheasinensin)으로 전환된다. 이후 가열(약 80℃) 조건에서 환원제(아스코르빈산, 티올류)의 존재, pH 6.8~7 조건에서 DHTSN은 불균등화(자기산화·환원)와 환원을 통해 TSNs A-E라는 페놀성 바이페닐 최종 산물로 전환된다. 따라서 DHTSN은 TSNs 형성의 핵심 중간체로 여겨지며, 테아시넨신 형성은 효소 반응에만 국한되지 않고 금속·열·pH·산소 조건에서도 충분히 진행될 수 있다.

　또한 제다공정 조건에 따라 TSN-quinone과 DHTSN은 TSNs(A-E)로 전환되거나, 더 진행된 산화·중합을 통해 테아루비긴 계열 고분자 형성에 관여할 수 있다.

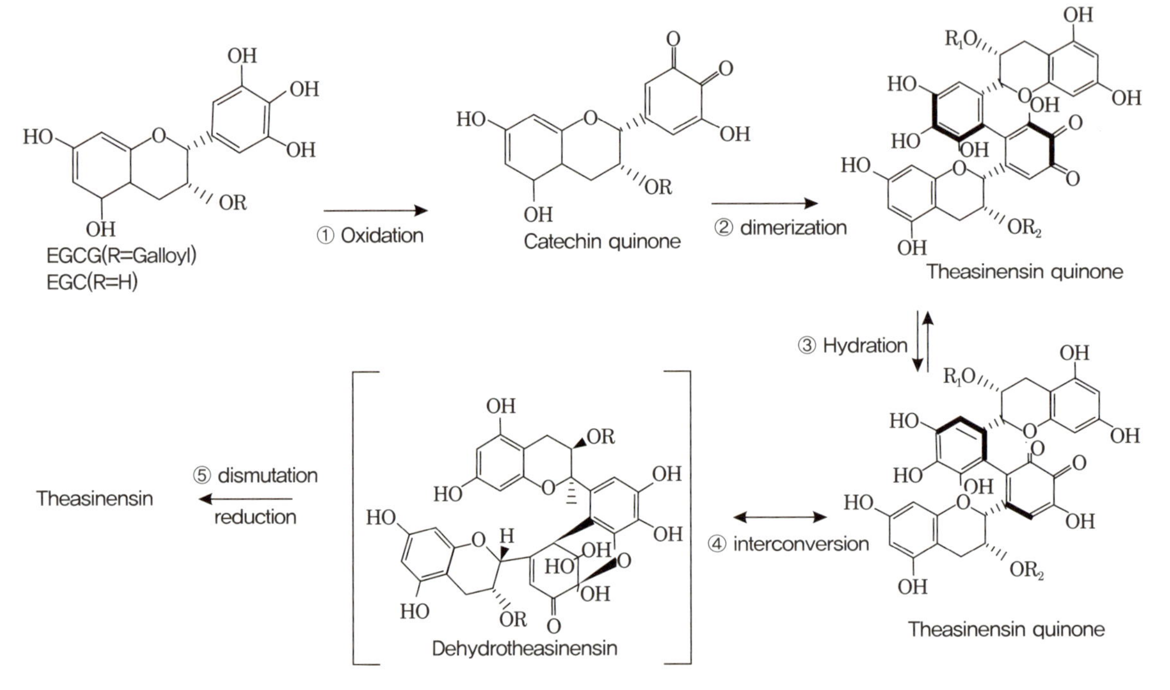

[그림 2-11] 카테킨 산화와 테아시넨신 생성 경로

• 테아시넨신 형성 경로: EGCG·EGC의 B-고리 산화 → 퀴논 → 데하이드로테아시넨신 → 최종 TSNs 형성

카테킨(EGC/EGCG)은 찻잎의 PPO와 O_2에 의해(또는 중성 부근의 자가산화·화학적 산화에 의해) B-ring이 o-quinone으로 전환될 수 있다. 생성된 quinone은 산화적 2량화(B,B′-C-C 결합)를 통해 불안정한 quinone dimer(=theasinensin quinone/그 등가체)를 만들며, 이 중 구조가 규명된 전구체가 dehydrotheasinensin(수화된 o-quinone 등가체)이다. 이 전구체는 수용액에서 수화형/관련 형태 사이의 가역적 전환을 거치고, 조건에 따라 산화–환원 불균등화(oxidation-reduction dismutation) 또는 ascorbic acid·thiol류에 의한 환원으로 theasinensin(A/D 등)으로 전환될 수 있다.

한편, 특이 변형 경로로서, 카테킨 퀴논이 L-테아닌과 반응해 테아닌 Strecker 알데하이드를 생성한 뒤, 이것이 다시 테아시넨신과 결합하여 N-에틸피롤리디노일 테아시넨신과 같은 유도체가 형성될 수 있다.

테아닌은 Strecker 분해로 스트레커 알데하이드를 생성하여, 이 알데하이드는 자발적 고리화/화학적 전환을 통해 피롤리돈(락탐) 형태(EHP)로 전환될 수 있다. 이렇게 생성된 반응성 카보닐 및 그 전환체가 테아시넨신 A와 같은 산화 폴리페놀(퀴논형)에 부과되어 Ethylpyrrolidinonyl theasinensin A를 형성한다.

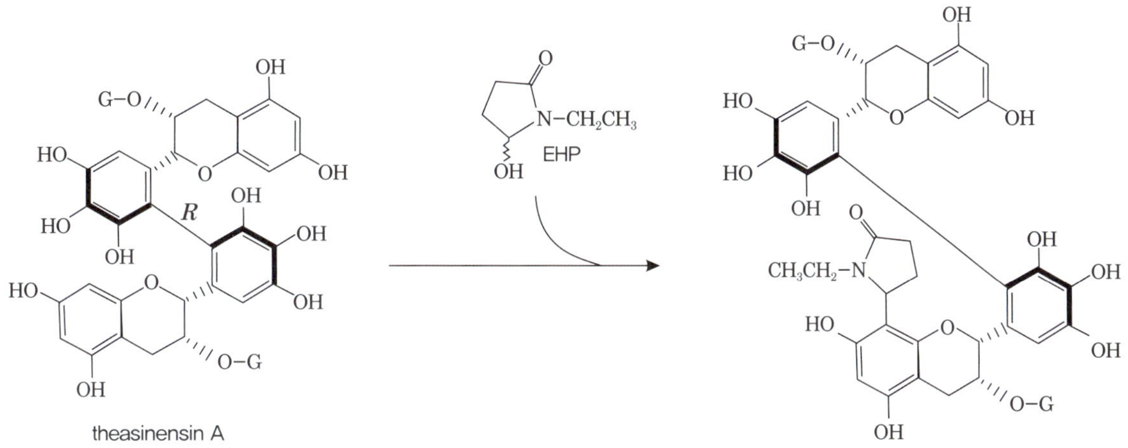

[그림 2-12] Ethylpyrrolidinonyl theasinensin A 형성 반응 개략도

- 비수화형: 구조에 물 분자가 부가되지 않은 상태. 수화형은 카보닐 등 반응 중심에 물(H_2O)이 부가되어 형성된 상태.
- 수화/탈수 평형: 퀴논 탄소yl(=C=O)에 물이 붙는(수화) 상태와 물을 내보내는(탈수) 상태가 가역적으로 공존함을 뜻함
- EHP: 1-ethyl-5-hydroxy-2-pyrrolidinon. 테아닌의 strecker 분해로 생긴 알데하이드가 내부 고리화되며 만들어지는 5원 락탐 단위

4 플라보놀과 그 배당체(Flavonols & flavonol glycosides)

플라보놀은 찻잎에 존재하는 주요 플라보노이드 하위군으로, 일반적으로 플라반-3-올(카테킨류) 다음으로 많이 존재하며 완성차의 색·향·맛에 영향을 미친다.

4-1. 플라보놀

플라보놀은 C6-C3-C6 기본 골격를 가지며, 헤테로고리 C의 C2=C3 이중결합, C4 카보닐기(=O), C3의 -OH가 구조적 특징이다. A·B고리의 수산화 및 메톡실화 치환 형태에 따라 다양한 플라보놀 아글리콘이 구분되며, 찻잎에서는 퀘르세틴(quercetin), 미리세틴(myricetin), 캠페롤(kaempferol) 계열이 대표적이다. 다만 찻잎에는 아글리콘 자체보다 C-3 위치에 당이 결합한 플라보놀 O-배당체(FOGs; flavonol O-glycosides) 형태로 축적된다. 차에서 보고된 FOGs는 20종 이상이며, 함량은 문헌에 따라 티폴리페놀 중 약 13% 내외로 언급되기도 한다.

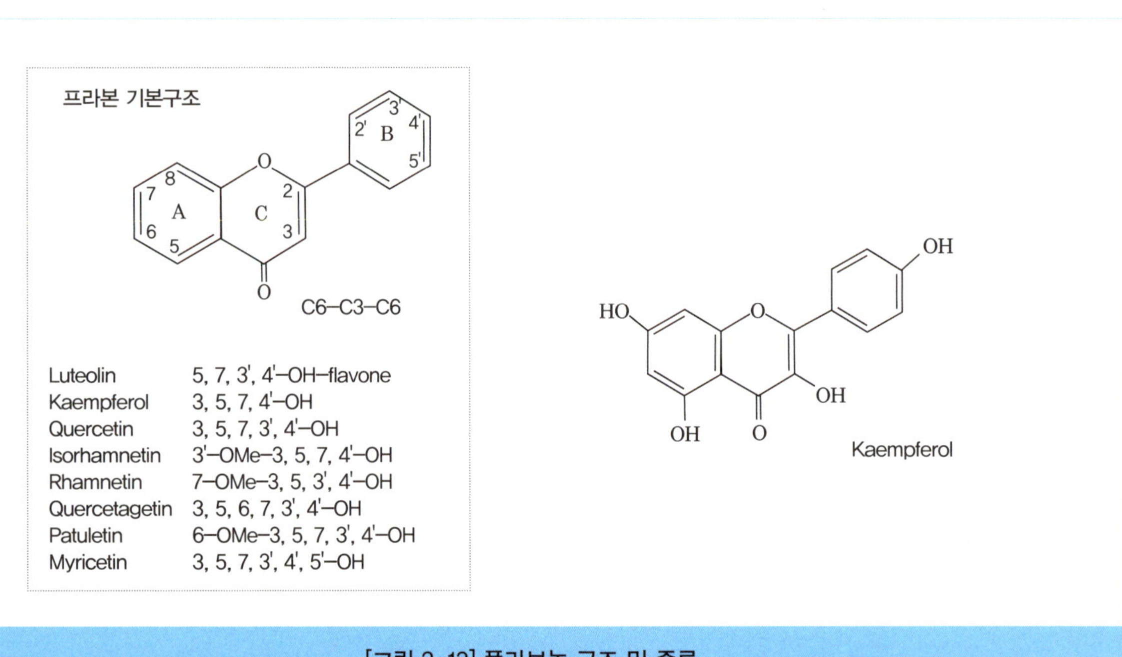

[그림 2-13] 플라보놀 구조 및 종류

• 두 개의 페닐 고리(벤젠, A와 B)와 헤테로사이클릭 고리(피란, C)로 구성

4-2. 플라보놀 배당체의 조성 및 가공 유형에 따른 함량 변화

플라보놀 배당체(FOGs)의 함량과 조성은 품종, 잎 성숙도, 수확 시기, 질소 시비, 광 환경(광 강도·UV-B), 그리고 가공 유형에 따라 달라진다. 광 환경 조건에서는 강광 및 UV-B 노출이 플라보놀 생합성 경로를 활성화하는 반면, 차광 처리는 FOGs 축적을 낮추는 경향이 보고된다. 질소 시비 또한 탄소-질소 대사 균형

및 관련 유전자 발현 변화를 통해 FOGs 조성에 영향을 줄 수 있으며, 일부 연구에서는 적정 수준의 질소 공급이 퀘르세틴·캠페롤 계열 배당체 축적을 촉진하는 경향이 보고되었다. 또한 FOGs는 잎 발달 단계에 따라 달라져 어린잎에서 상대적으로 높은 경우가 많고, 계절적으로는 여름철에 UGT/FLS/MYB 계열 등 생합성 관련 유전자 발현이 증가하면서 배당체 축적이 동반 상승했다는 연구 보고도 있다. 이때 광신호는 CsHY5/CsMYB12를 통해 플라보놀 생합성 경로를 조절하는 것으로 보고되고 있다.

FOGs는 수용성이 높아 일반적인 침출 조건에서 주로 배당체 형태로 용출되며, 차의 떫은맛과 약한 쓴맛, 그리고 찻물색 형성에 일부 기여한다. 제다 과정에서는 내인성 글리코시다아제(예: β-glucosidase)에 의해 일부 FOGs가 가수분해되면서 아글리콘이 방출될 수 있고, 방출된 아글리콘은 PPO/POX 등에 의해 추가 산화될 수 있다. 특히 홍차의 효소적 산화(발효) 단계에서는 PPO/POX에 의한 산화반응이 진행되면서 FOGs가 감소하는 사례도 보고된다. 이와 함께 카테킨 산화 생성물이 축적되므로, 최종적인 찻물의 향미 특성은 FOGs의 변화가 일부 기여하는 가운데, 전체 산화 산물 조성의 균형에 의해 형성·조절된다.

다수 차류를 비교 분석한 자료에서 건조차 기준 총 플라보놀 배당체가 녹차 3.78~17.81 mg/g, 홍차 5.57~14.77 mg/g 범위로 보고되어, 두 차류의 함량 차이는 뚜렷하지 않았다. 이는 플라보놀 배당체 함량이 가공 유형보다는 품종, 채엽 기준, 수확 시기 등 원료 요인에 의해 크게 좌우될 수 있음을 나타낸다.

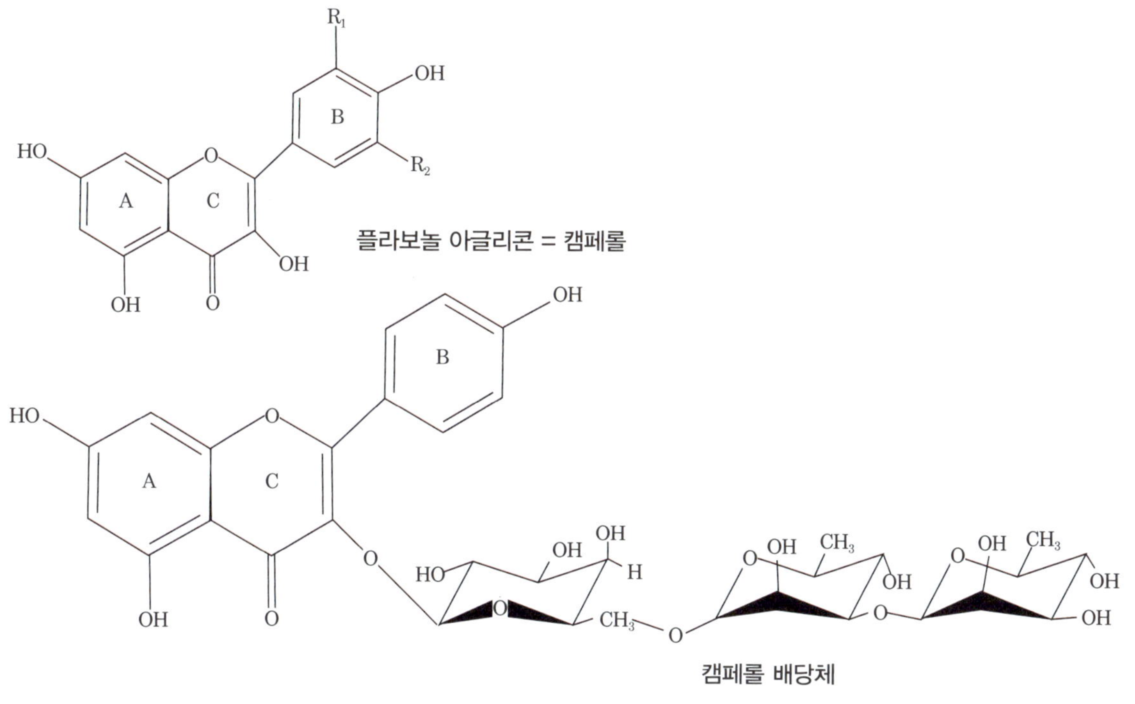

[그림 2-14] 캠페롤과 그 배당체

[표 2-5] 차류별 플라보놀 함량 비교

(unit: mg/g, dw)

차류	Total Myricetin	Total Quercetin	Total Kaempferol	Total flavonols
생엽	2.77 ± 0.17	10.01 ± 0.18	3.00 ± 0.08	15.77 ± 0.13
녹차	2.38 ± 0.01	8.73 ± 0.05	2.59 ± 0.04	13.70 ± 0.39
황차	2.44 ± 0.01	8.61 ± 0.04	2.59 ± 0.03	13.63 ± 0.41
백차	2.46 ± 0.02	8.40 ± 0.06	2.77 ± 0.05	13.63 ± 0.16
청차	2.18 ± 0.02	7.03 ± 0.05	2.75 ± 0.04	11.96 ± 0.09
홍차	0 (TL)	7.12 ± 0.08	2.71 ± 0.06	9.83 ± 0.53

- UV-B(280~315 nm)는 고에너지 자외선으로 식물에 산화 스트레스를 유발할 수 있으며, 이에 대한 방어 반응으로 플라보놀 축적이 유도되기도 한다.
- UGT/FLS/MYB: 플라보놀 생합성·배당화·전사조절에 관여하는 핵심 요소로, FLS는 플라보놀을 합성하고 UGT는 당을 결합해 배당체로 전환·축적시키며 MYB는 관련 유전자 발현을 조절한다.
- CsHY5/CsMYB12: 광/UV-B에 의해 활성화되어 플라보놀 경로 유전자 발현을 높이며, 플라보놀 배당체 축적을 조절한다.

　복정대백차 품종으로 1아 3엽을 채엽하여 다섯가지 유형의 차를 만들어 플라보놀 배당체의 동적변화를 추적한 결과 미리세틴 4종, 쿼세틴 5종, 캠페롤 2종을 분석하였다. 모든 차에서 가장 풍부한 플라보놀은 쿼르세틴 계열로 나타났고, 가공 중 전체적으로 감소 추세를 나타내었다. 특히 홍차의 산화(발효) 및 건조 과정에서 플라보놀 배당체의 급격한 감소를 나타내었다.

4-3. 플라보놀 및 그 배당체의 생합성 경로

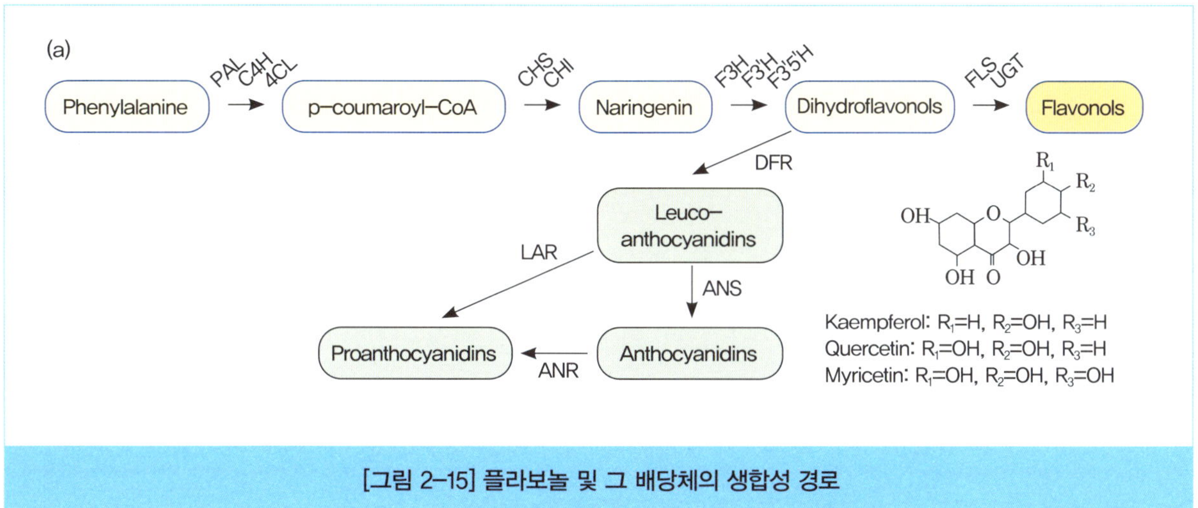

[그림 2-15] 플라보놀 및 그 배당체의 생합성 경로

페닐알라닌은 페닐알라닌 암모니아 분해효소(PAL), 신남산 p-수산화효소(C4H), p-쿠마로일 CoA 리가제(4CL)의 연속작용을 통해 p- 쿠마로일-CoA로 전환된다. 찰콘 합성효소(CHS)는 p-쿠마로일-CoA를 기질로 찰콘(chalcone)을 생성하고, 이어서 찰콘 이성질화효소(CHI)가 이를 이성질화하여 플라바논인 나린제닌(naringenin)을 형성한다. 나린제닌은 플라바논 3-하이드록실라제(F3H)에 의해 디하이드로플라보놀(dihydroflavonols)로 전환되며, 이 과정에서 플라보노이드 3′-하이드록실라제(F3′H) 또는 플라보노이드 3′,5′-하이드록실라제(F3′5′H)의 추가 수산화가 결합되면 서로 다른 수산화 패턴을 갖는 디하이드로플라보놀들이 생성된다. 생성된 디하이드로플라보놀은 플라보놀 합성효소(FLS)에 의해 전환되어 캠페롤, 쿼르세틴 또는 미리세틴과 같은 플라보놀 아글리콘을 형성하고, 이후 유리딘 디포스페이트-글리코실트랜스퍼라제(UGT)에 의해 배당화되어 안정적인 플라보놀 배당체로 축적된다.

- 디하이드로플라보놀은 디하이드로플라보놀 4-리덕타제(DFR)에 의해 환원되어 류코안토시아니딘을 생성할 수 있으며, 이후 안토시아니딘 합성효소(ANS) 등을 거쳐 안토시아니딘 또는 프로안토시아니딘 생성경로로 이어질 수 있다. 따라서 FLS-DFR의 경쟁은 디하이드로플라보놀 전구체가 플라보놀 합성으로 향할지, 또는 안토시아닌/프로안토시아니딘 합성으로 향할지를 좌우하는 대사 흐름의 분기점으로 작용한다.

5 페놀산(Phenolic acids)

페놀산은 벤젠고리에 카복실기(–COOH)와 하나 이상의 페놀성 하이드록실기(–OH)가 치환된 저분자 비플라보노이드계 폴리페놀을 통칭한다. 식물체 내에서는 주로 시킴산/페닐프로파노이드 경로를 통해 생성되며, 구조에 따라 하이드록시벤조산계(C6–C1)와 하이드록시신남산계(C6–C3)로 구분된다. 차에서는 갈산과 테오갈린이 주요 페놀산으로 보고되며, 그 외 페놀산(예: p-쿠마르산·카페산·페룰산·클로로겐산 등)은 소량으로 검출되는 경우가 많다.

차의 페놀산 조성은 홍차의 효소적 산화, 보이차 등에서의 후발효·숙성, 그리고 미생물 유래 에스터 분해 효소(예: 탄나아제)의 작용에 따라 변할 수 있으며, 이는 최종적으로 떫은맛·산미 같은 풍미 특성과 항산화성 등 기능적 특성에도 영향을 미친다.

5–1. 갈산(Gallic acid, 3,4,5–trihydroxybenzoic acid, $C_7H_6O_5$)

갈산은 식물계에 널리 분포하는 벤조산계(C6–C1) 페놀산으로 벤젠고리에 카복실기(–COOH)와 3개의 하이드록실기(–OH)가 치환된 구조를 갖는다. 찻잎에서는 유리형 갈산이 소량 존재할 수 있으나, 대체로 갈로일화 카테킨(EGCG, ECG) 및 테오갈린(theogallin, 3-O-galloylquinic acid) 등 갈로일 에스터 형태로 함께 존재한다. 생합성 측면에서 갈산은 시킴산 경로에서 유래하며, 갈로일화 카테킨 및 관련 갈로일화 성분의 전구체로 활용된다.

제다 및 저장·발효 조건에 따라 갈로일 에스터의 가수분해가 진행되면 유리 갈산(free gallic acid)이 증가하는 경향이 나타나며, 일반적으로 홍차·흑차는 비발효차에 비해 유리 갈산이 상대적으로 높게 보고된다. 홍차 가공에서는 PPO/POD에 의한 카테킨의 산화·축합과 더불어, EGCG·ECG·테오갈린 등의 갈로일 에스터가 부분적으로 효소적/비효소적 가수분해가 일어나 유리 갈산이 늘 수 있다. 한편 테오갈린은 갈산과 퀴닉산(quinic acid)이 에스터 결합한 화합물이며, 특히 비발효 또는 경발효차에서 상대적으로 풍부하게 함유되어 있다. 일본 녹차에서는 감칠맛에 기여하는 성분 중 하나로 보고되었고, 품종/계통, 잎 성숙도, 수확시기에 따라 함량이 달라질 수 있다.

갈산과 테오갈린은 보이차의 유형 및 숙성 정도를 판별할 때 지표로 활용될 수 있는 성분이다. 생차는 대체로 테오갈린이 높고 갈산이 낮은 경향을 보이며, 저장(숙성)이 진행될수록 테오갈린은 감소하고 유리 갈산은 증가하는 추세가 나타난다. 반면 숙차[渥堆]에서는 미생물 활성에 의해 테오갈린 및 갈로일화 카테킨의 가수분해·전환이 비교적 빠르게 진행되어 테오갈린이 감소하고 갈산이 증가하는 경향이 나타난다. 따라서 테오갈린/갈산 비(또는 갈산/테오갈린 비)는 생·숙 보이차 판별 및 숙성 정도를 추정할 때 유용하게 활용될 수 있다. 다만 장기 저장이 지속되면 유리 갈산은 다른 폴리페놀과의 축합·재결합, 에틸 갈레이트(ethyl gallate) 형성, 잔존 미생물 대사 등의 영향으로 초기 증가 후 점차 감소·안정화하는 양상이 나타날 수 있다.

[표 2-6] 보이차 시료의 테오갈린과 갈산 함량 비교

(mg/100g)

보이차 유형	Production Date	Crop Type	Quantity per 100g of the Product (mg)	
			Theogallin	Gallic Acid
Raw 1	1998	Arbor tea garden	576.1[b]	148.3[a]
Raw 2	2003	No data	629.5[b]	165.4[a]
Raw 3	2007	Arbor tea tree	795.1[b]	118.2[a]
Raw 4	2012	No data	687.3[b]	75.9[a]
Raw 5	2014	Old tea trees	667.6[b]	60.9[a]
Ripe 1	2003	No data	18.1[a]	75.1[b]
Ripe 2	2005	No data	19.2[a]	114.5[b]
Ripe 3	2007	No data	22.7[a]	221.0[b]
Ripe 4	2010	Arbor tea trees	27.8[a]	247.2[b]
Ripe 5	2015	No data	29.0[a]	224.9[b]

- Arbor tea garden/trees: 교목형 차나무
- Old tea trees: 수령이 오래된 차나무
- 위첨자 a/b: 같은 범주(예: Raw끼리, Ripe끼리)에서 서로 다른 문자(a, b)를 가진 값은 $p < 0.05$ 수준에서 유의하게 다름을 나타냄
- 생차(Raw): 상대적으로 에스터형이 보존되어 테오갈린이 높게 나타나는 경향을 나타내었다.
- 숙차(Ripe): 미생물 발효 혹은 숙성 과정에서 갈로일 에스터(예: 테오갈린, 갈로일화 카테킨)가 가수분해 → 자유형 갈산 증가, 테오갈린 감소라는 전형적 패턴이 반영된 결과로 볼 수 있다.

6 탄닌(Tannin)

탄닌은 식물에 널리 분포하는 폴리페놀성 화합물로, 다수의 페놀성 하이드록실기(–OH)를 가지며 단백질·다당류·금속 이온과 결합함으로써 특유의 떫은맛을 유발한다. 구조적으로는 올리고머부터 고분자까지 분자량 범위가 넓어, 수백 달톤 수준의 올리고머부터 수천~수만 달톤 대 고분자까지 다양하게 분포한다. 탄닌은 일반적으로 가수분해성 탄닌(hydrolyzable tannins)과 축합 탄닌(condensed tannins)으로 분류되며, 'tannin'이라는 용어는 본래 동물 가죽의 단백질을 불용성화 해 부패를 억제하는 무두질(tanning) 용도에서 유래하였다.

다만 차에서는 '탄닌'이 관용적으로 카테킨류 등 저분자 폴리페놀까지 포함한 '탄닌성 성분'으로 표현되기도 한다. 실제로 차의 떫은맛을 좌우하는 주된 성분 군은 카테킨류이며, 가공과 추출 조건에 따라 카테킨이 산화·중합되어 생성되는 성분들의 조성과 단백질/다당류와의 복합체 형성 정도가 차의 찻물색과 떫은맛에 영향을 미칠 수 있다.

6-1. 가수분해성 탄닌(Hydrolyzable Tannins)

가수분해성 탄닌은 당(주로 D-포도당)의 하이드록실기(–OH)에 페놀산 유래 아실기가 에스터 결합한 탄닌을 말하며, 대표적으로 갈로탄닌(gallotannins)과 엘라지탄닌(ellagitannins)으로 구분된다. 갈로탄닌은 당에 갈로일기가 에스터 결합한 형태이고, 엘라지탄닌은 당에 결합한 갈로일기들이 산화적 커플링을 거쳐 형성된 HHDP기(hexahydroxydiphenoyl)를 포함하는 형태이다. 이러한 가수분해성 탄닌은 다수의 –OH에 의해 단백질·다당류와 수소결합 및 소수성 상호작용을 통해 복합체를 형성할 수 있어 떫은맛에 관여한다. 또한 산성 조건이나 탄나아제에 의해 가수분해되면 갈산 또는 엘라직산(ellagic acid) 등의 생성이 증가할 수 있다.

다만 차에서는 가수분해성 탄닌 자체보다 갈로일화 카테킨(EGCG, ECG)의 갈로일 에스터 결합이 탄나아제/에스터레이스에 의해 가수분해되어 갈산이 유리될 수 있으며, 이는 떫은맛의 강도와 지속성, 그리고 찻물 색에 영향을 미칠 수 있다.

• 갈로일기(galloyl, 3,4,5-trihydroxybenzoyl): 갈산에서 카복실기의 –OH가 빠져 생긴 아실기(–CO–)
• HHDP(hexahydroxydiphenoyl): 두 갈로일기가 산화적 커플링으로 결합해 형성되는 이가(二價) 아실기

6-2. 축합 탄닌(Condensed Tannins): 프로안토시아니딘(Proanthocyanidins, PAs)

프로안토시아니딘은 플라반-3-올 단량체가 인터플라반 C–C 결합(interflavan C–C bond)으로 연결된 자연형 올리고머/고분자 폴리페놀이다. 분류학적으로 플라보노이드 계열의 플라반-3-올 유래 중합체이며, 단백질과의 결합 및 침전 작용을 통해 떫은맛에 기여한다.

찻잎의 PAs는 주로 B-type 인터플라반 결합(C4 → C8 또는 C4 → C6)으로 연결되며, 이량체·삼량체 등 올리고머부터 고분자까지 중합도(DP; degree of polymerization)의 범위가 넓다. 가열·산성 조건에서 분해될 때 안토시아니딘을 생성할 수 있어 프로안토시아니딘이라 부른다.

제다 과정 중 저중합체 PA 일부는 침출되어 떫은맛에 기여할 수 있으나, 고분자 PAs는 상대적으로 침출성이 낮고 단백질/다당과 결합·침전되거나 비효소적 산화 및 폴리페놀 간 복합체 형성을 통해 떫은맛의 강도나 지속성, 찻물색에 영향을 미칠 수 있다.

• 인터플라반 결합(interflavan bond): 플라반-3-올 단위들 사이를 잇는 공유 결합. 한 유닛의 C4 탄소가 다른 유닛의 C8 또는 C6 탄소와 C–C 단일 결합으로 연결되는 형태

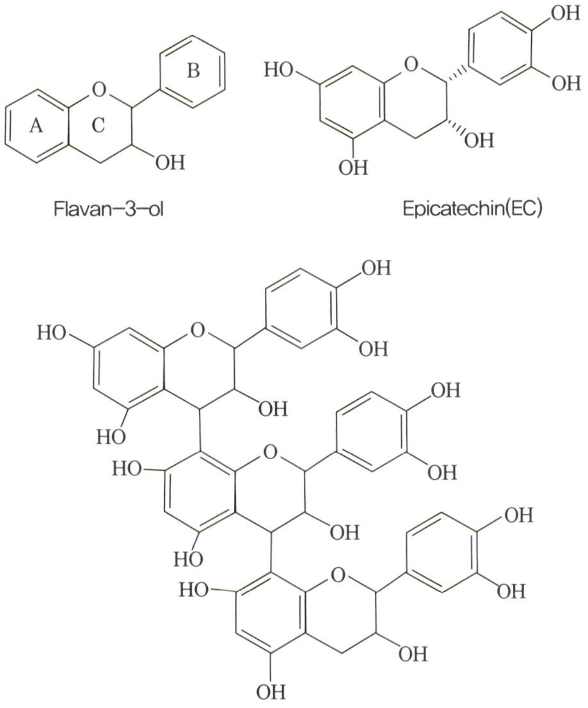

[그림 2-16] 프로안토시아니딘(Proanthocyanidin)

03

단백질(Protein)

1 단백질

단백질(protein)은 아미노산이 펩타이드 결합으로 연결된 고분자 유기화합물로, 주로 C·H·O·N(필요 시 S)을 포함하며, 질소를 약 16% 내외로 함유하는 질소화합물이다. 생체 내에서 단백질은 효소 촉매, 세포 구조의 유지, 물질수송과 신호전달, 저장 등의 기능을 수행한다.

단백질은 약 20종의 아미노산이 펩타이드 결합(peptide bond)으로 연결된 고분자 유기화합물이다. 펩타이드 결합은 한 아미노산의 α-카르복실기(–COOH)와 다음 아미노산의 α-아미노기(–NH$_2$)가 축합 반응을 통해 물(H_2O) 1분자가 빠져나가면서 형성되는 –CO–NH– 결합을 말한다. 이렇게 형성된 폴리펩타이드 사슬은 일반적으로 N-말단(N-terminus, –NH$_2$가 노출된 쪽)에서 시작해 C-말단(C-terminus, –COOH가 노출된 쪽) 방향으로 연장된다.

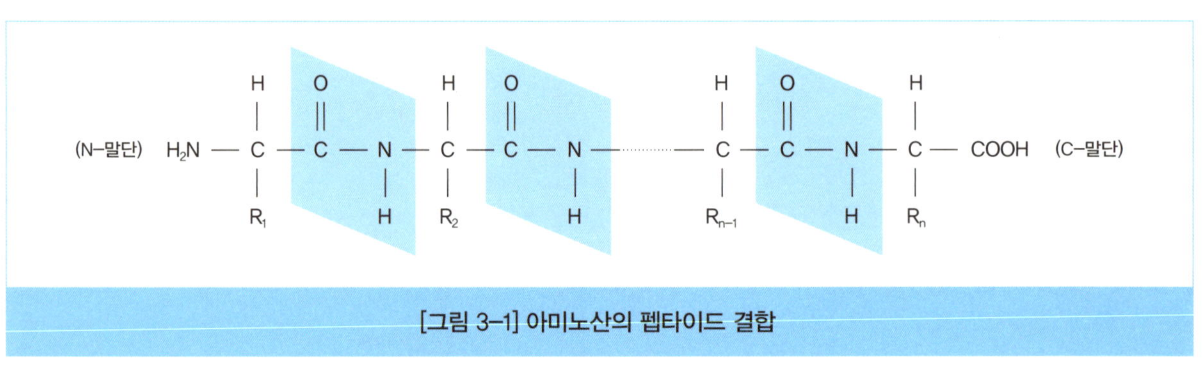

[그림 3-1] 아미노산의 펩타이드 결합

[그림 3-2] 단백질 분해 경로

연결된 아미노산의 개수에 따라 다이펩타이드(dipeptide, 2개), 트라이펩타이드(tripeptide, 3개), 올리고펩타이드(oligopeptide, 대략 10개 이하), 폴리펩타이드(polypeptide, 10개 그 이상)로 구분한다. 폴리펩타이드 사슬이 일정 길이 이상으로 합성된 뒤 올바른 3차원 구조로 접힘(folding)을 형성하면 고분자 화합물인 단백질이 된다.

차 가공에서는 위조·유념·발효(산화)·가열/건조 과정에서 단백질이 부분적으로 분해되어 펩타이드와 유리 아미노산의 조성이 달라질 수 있으며, 이들 성분은 조건에 따라 스트레커 분해 및 마이야르 반응의 전구체로 작용해 최종 향기와 맛 형성에 간접적으로 기여할 수 있다.

1-1. 차나무 잎 단백질의 종류와 함량

찻잎의 총단백질 함량은 보고에 따라 대체로 건물질의 약 20~30%로 제시되며, 재배조건·수확부위·계절 및 분석법에 따라 변동한다. 잎 단백질의 상당 부분은 엽록체에 존재하며(약 70~80% 수준으로 보고), 일부는 세포질·액포·표피세포 등에도 존재한다.

엽록체 단백질은 틸라코이드 막에 존재하는 광계·전자전달계 관련 막단백질과 스트로마의 가용성 단백질(대표: RuBisCO)로 크게 구분된다. 이들 단백질은 광합성 반응을 수행하는 데 핵심적일 뿐 아니라, 틸라코이드 막과 엽록체 구조의 유지 및 기능 안정성에도 기여한다. 일반적으로 신초의 싹과 어린잎에 단백질 함량이 가장 높고, 성숙도에 따라 점차 감소하는 경향이 뚜렷하다. 한편, 수용성 단백질(soluble protein)의 절대 함량과 비율은 추출 조건·정량법에 따라 달라지며, 문헌에서는 건물질 기준 약 1~2% 내외로 보고된다. 이를 총단백 대비로 환산하여 약 3.57%로 제시되기도 한다.

차나무 잎의 단백질에는 광합성 관련 단백질(RuBisCO)뿐만 아니라, 산화·가수분해·지질대사 및 방어/스트레스 반응에 관여하는 효소류(PPO, POD, β-글루코시다아제, LOX 계열, 프로테아제 등)와 다양한 구조·기능성 단백질이 포함된다.

1-2. 루비스코(RuBisCO, ribulose-1,5-bisphosphate carboxylase/oxygenase)

루비스코는 엽록체 스트로마에 존재하는 거대 효소 복합체로, C_3 식물(차나무)의 Calvin-Benson 회로에서 CO_2를 RuBP에 카복실화하여 3-PGA를 생성하는 핵심 탄소고정 효소이다. 생성된 3-PGA는 환원 과정을 거쳐 G3P로 전환되며, 이는 당류 합성뿐 아니라 아미노산·지방산 등 다양한 대사물질의 전구체 형성으로 이어지므로 RuBisCO는 탄소동화 흐름의 출발점에 해당한다. 일반적으로 녹색 잎에서는 RuBisCO가 가용성 단백질의 약 30~50%를 차지하고, 잎 총 질소의 약 20~30%를 점유하는 것으로 보고되며, 차나무에서도 전용 정량 자료는 제한적이지만 RuBisCO가 잎 단백질·질소에서 큰 비중을 차지하는 대표 성분으로 보고된다. 이처럼 높은 비중 때문에 RuBisCO는 광합성 기능뿐 아니라, 위조·유념·발효 등 제다 과정에서 부분 분해되면서 펩타이드·유리 아미노산으로 전환되어 스트레커/마이야르 반응 등에 간접적으로 기여할 수 있다.

- RuBP: ribulose-1,5-bisphosphate, 5탄당 2인산
- RuBisCO: RuBP에 CO_2를 카복실화하여 3-PGA를 생성
- 3-PGA(3-phosphoglycerate): CO_2 고정의 첫 안정 산물, 이후 환원 단계에서 G3P의 전구체 역할
- G3P(glyceraldehyde-3-phosphate): 광합성과 해당과정의 공통 중간체로, 고정 탄소를 당류(포도당·자당 등) 및 지질·아미노산 등 생합성 경로로 분배하는 역할
- 목본 C₃: 일반적으로 잎 건물 대비 루비스코는 $\approx$ 2% 수준

1-3. 품질 형성에 관여하는 주요 효소군

제다 과정에서의 화학·효소적 변화를 주도하는 단백질로는 산화효소(PPO, POD 등), 가수분해효소(β-글루코시다아제, 프로테아제/펩티다아제 등), 그리고 지질산화 효소군(LOX-HPL- ADH 경로 등)이 대표적이다. 이들 효소는 카테킨의 산화·중합, 배당체 가수분해에 따른 향기 성분 방출, 지질 유래 휘발성 성분의 형성, 단백질 분해에 따른 유리 아미노산 조성 변화 등을 통해 차의 품질 형성에 기여한다.

1-4. 세포 구조·저장 단백질

세포 구조와 관련된 단백질은 세포벽 단백질(CWP; 익스텐신, AGP 등)과 엽록체 막·틸라코이드의 단백질(LHC, 광계 복합체 등)로 구분할 수 있다. 이들은 세포벽·막 구조의 안정성 유지와 광합성 기능에 기여한다. 한편, 영양기관 저장단백(VSP)은 잎·줄기 등에 질소를 일시적으로 저장했다가 필요시 분해되어 유리 아미노산으로 전환되는 단백질이며, 찻잎에서는 RuBisCO처럼 함량이 큰 단백질이 질소 저장·재동원에 중요한 비중을 차지할 수 있다.

요약하면, 차나무 잎 단백질은 RuBisCO를 중심으로 한 광합성 단백질의 비중이 크고, 산화·가수분해·지질대사 효소군과 구조·저장(성) 단백질군은 제다 공정과 환경 조건에 따라 활성 및 분해 양상이 달라지면서 향미 전구체 조성과 최종 품질 특성에 영향을 미친다.

- CWP: Cell Wall Proteins. 세포벽의 형성및 구조 안정성에 관여하는 단백질
- LHC: Light-Harvesting Complex, 빛을 흡수해 광계로 에너지를 전달하는 틸라코이드 막 안테나 단백질군으로 광수확복합체라 한다.
- 광계 복합체: LHC + 반응중심 + 전자전달 구성요소까지 포함하는 초복합체

2 아미노산(Amino acid)

아미노산은 한 분자 내에 아미노기(–NH₂) 와 카르복실기(–COOH) 를 동시에 지닌 유기 화합물로서, 단백질을 구성하는 기본 단위이다. 수용액에서는 일반적으로 $-NH_3^+$ 와 $-COO^-$ 를 함께 갖는 쌍극자 이온(zwitterion) 형태로 존재한다. 아미노기가 카르복실기 탄소에 인접한 α-탄소에 결합하면 α-아미노산이라 하며, 천연 단백질을 이루는 대부분의 아미노산은 α-아미노산에 속한다. 카르복실기는 수용액 중에서 COO^- 와 H^+ 로 분해되어 산(H^+)을 공급하기 때문데 카르복실기를 갖는 화합물은 유기산으로 분류된다.

단백질을 구성하는 아미노산은 공통적으로 N–Cα–C(=O)–OH 골격을 가지며, α-탄소(Cα) 에 결합한 곁사슬(R기, side chain)의 화학적 성질과 크기에 따라 각 아미노산의 물리·화학적 특성과 생리적 기능이 달라진다.

차나무 잎에는 현재까지 26종 이상의 유리 아미노산(free amino acids, FAAs)이 보고되어 있으며, 단백질성 아미노산과 비단백질성 아미노산이 모두 포함된다.

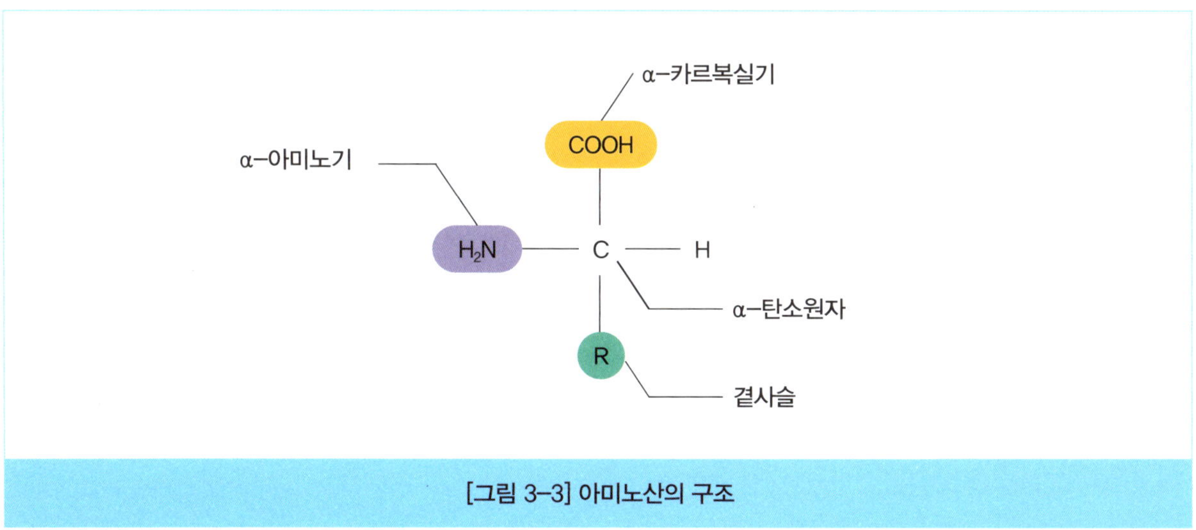

[그림 3-3] 아미노산의 구조

2-1. 아미노산의 종류

단백질성 아미노산(proteinogenic amino acids)

리보솜에 의해 단백질을 합성할 때 직접 사용되는 20종의 α-아미노산으로, 곁사슬 R기의 전하 특성에 따라 다음 세 가지로 분류된다.

① 산성 아미노산: 아스파트산, 글루탐산 → 감칠맛 기여

② 중성 아미노산: 글리신, 알라닌, 발린, 류신, 이소루신, 페닐알라닌, 트립토판, 메티오닌, 시 스테인, 프롤린, 세린, 트레오닌, 티로신, 아스파라긴, 글루타민 → 단맛·감칠맛·후미 완화에 기여

③ 염기성 아미노산: 리신, 아르기닌, 히스티딘 → 쓴맛 기여

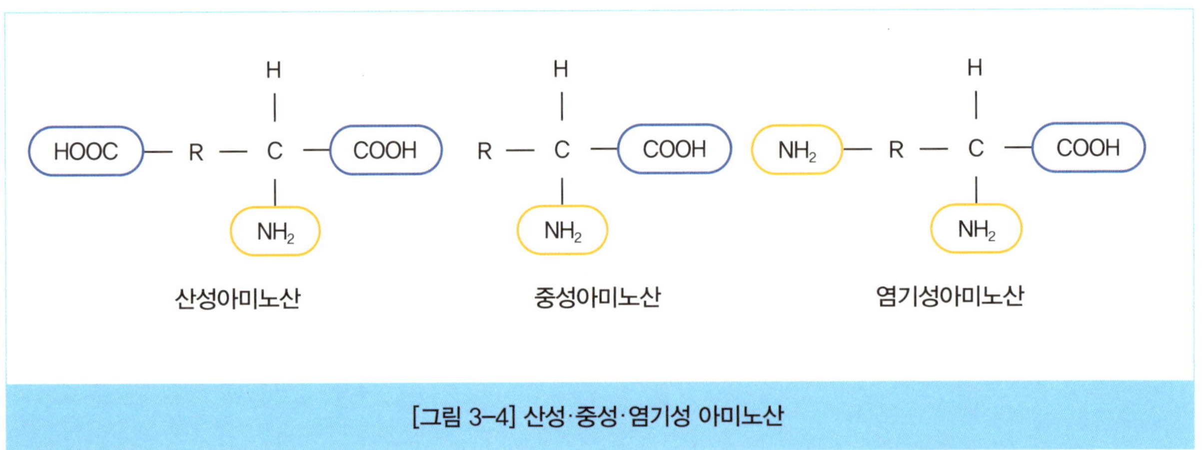

[그림 3-4] 산성·중성·염기성 아미노산

비단백질성 아미노산(non-proteinogenic amino acids)

리보솜 매개 단백질 합성에는 직접 관여하지 않지만, 차나무의 질소 대사, 향미 형성, 생리활성 물질 축적에 관여하는 아미노산 또는 그 유도체이다.

- L-Theanine(테아닌)
- GABA(γ-aminobutyric acid, 가바)
- L-Pipecolic acid(피페콜산)
- β-Alanine(β-알라닌)
- L-Citrulline(시트룰린)
- Ornithine(오르니틴; 품종·가공에 따라 검출·미검출) 등

중국 문헌 자료에서 열거되는 비단백질성 아미노산 6종은 다음과 같다.

- L-테아닌(茶氨酸)
- γ-아미노부티르산(γ-氨基丁酸, GABA)
- β-알라닌(β-丙氨酸)
- γ-글루타밀메틸아마이드(谷氨酰甲胺, N-methyl-L-glutamine, GMA)
- 天冬酰乙胺(N-ethyl-L-asparagine)
- 豆叶氨酸(pipecolic acid)

- 구성 아미노산: 리보솜에서 단백질을 이루는 표준 20종·단백질에 결합 된 형태로도, 유리 형태로도 존재 가능
- 유리 아미노산: 그 순간 단백질에 결합 되어 있지 않은 유리 형태의 아미노산으로, 구성 아미노산의 일부(L-글루탐산, 알라닌, 세린 등) + 비단백질성 아미노산의 합

아미노산은 찻잎에 소량 존재하지만, 식물의 생장과 질소대사 조절뿐 아니라 차의 기능성과 품질 형성에 중요한 역할을 한다. 차나무 잎의 유리 아미노산 함량은 건물 기준으로 약 1~4% 수준이며, 특정 품종이나 재배 조건에 따라 6~10% 이상으로 보고되기도 한다. 글루탐산(Glu) 및 글루타민(Gln), 아르기닌(Arg), 세린(Ser), 아스파르트산(Asp) 등은 비교적 높은 비중으로 검출된다.

아미노산은 주로 뿌리에서 합성되어 새싹 및 어린잎으로 수송되며, 그 함량은 질소 시비 형태 및 농도, 그리고 환경 요인(예: 차광 처리) 등에 따라 크게 달라진다. 차나무는 NH_4^+ 를 선호하는 경향이 보고되며, 적정 농도의 NH_4^+ 또는 혼합태 질소(NH_4^+ +NO_3^-) 공급은 잎의 유리 아미노산(특히 L-테아닌)축적에 유리한 것으로 보고된다.

한편, 아미노산은 제다 과정 중 마이야르 반응, 산화·분해 반응에서 다양한 향기 전구체(aroma precursors)로 작용하여, 차의 향기 성분 형성에 중요한 역할을 한다.

[표 3-1] 아미노산의 맛

Taste category	Key amino acids	Notes
Umami	Glutamic acid, Aspartic acid, Theanine	차의 감칠맛 핵심 성분군 Glu/Asp는 감칠맛에 기여 theanine은 감칠맛+부드러운 단맛
Sweet	Glycine, Alanine, Serine, Threonine, Proline	단맛/부드러운 맛에 기여
Bitter tendency	Valine, Leucine, Isoleucine, Lysine, Arginine, Histidine, Phenylalanine, Tyrosine, Methionine, Tryptophan	농도 상승 시 쓴맛 경향이 나타날 수 있음 발효·열처리 단계에서 스트레커-마이야르 반응을 통해 향기 전구체로 전환

[표 3-2] 아미노산의 향

Aroma note	Amino-acid precursor	Representative products
Floral/Rose (꽃향·장미향·꿀향)	Phenylalanine Tyrosine	Phe → Phenylacetaldehyde, 2-Phenylethanol (2-PE) Tyr → Tyrosol
Wine-like/Fermented (와인·발효·과일향)	Leucine, Isoleucine, Valine, Phenylalanine	Leu → isoamyl alcohol (3-methyl-1-butanol) Ile → 2-methyl-1-butanol Val → isobutanol Phe → 2-PE, Phenethyl acetate
Roasted/Nutty/Caramel (볶음·견과·카라멜·팝콘향)	환원당 + L-theanine(± Glutamic acid), Alanine, Glycine, Proline, Ornithine, Cysteine, Methionine	Maillard/Strecker → Pyrazines/Furans (예: 2,5-dimethylpyrazine) Proline/Ornithine + 당 → 2-Acetyl-1-pyrroline (2-AP) Cys → thiazoles, thiophenes (황함유 볶은 향) Met → methional (삶은 감자/감자껍질 같은 황함유 알데하이드) Met → DMDS/DMTS (양파·마늘/양배추 같은 유황 계열)

2-2. 탄소·질소 통합 대사: 아미노산·단백질 합성

광합성으로 고정된 탄소는 당(포도당 등) 형태로 축적될 수 있다. 이 당은 해당과정과 TCA 회로로 유입되면서 3-PGA, PEP, 피루브산, 옥살로아세트산(OAA), α-케토글루타르산(α-KG)과 같은 중심대사 중간체를 만들며, 이는 아미노산 합성에 필요한 탄소골격 전구체가 된다. 한편, 뿌리에서 흡수된 무기질소(NO_3^- 또는 NH_4^+)는 식물체 내에서 글루타민·글루탐산(Gln/Glu)으로 동화되어 아미노기를 공급함으로써 아미노산 합성을 가능하게 한다. 결과적으로 탄소골격에 아미노기가 더해져 다양한 아미노산이 합성되고, 이 아미노산들이 중합되어 단백질이 형성된다.

아미노산 합성은 하나의 단일 경로가 아니라, 그림과 같이 전구체에 따라 5가지 계열로 분기된다.

즉 ① α-KG/글루탐산 계열, ② OAA/아스파르트산 계열, ③ 피루브산 계열, ④ PEP-시킴산 계열, ⑤ 3-PGA 계열로 정리할 수 있으며, 각 계열의 대표 아미노산은 그림에 제시하였다.

2-3. 차광 재배에 따른 엽록체 단백질 변화와 유리 아미노산 증가

수확 전 차광 재배(교쿠로·말차 등)는 잎의 광 환경을 낮춰 엽록체의 기능과 단백질 대사의 변화가 일어날 수 있다. 이 과정에서 루비스코(RuBisCO)를 포함한 일부 엽록체 단백질은 Clp, Deg 계열 프로테아제에 의해 분해가 촉진될 수 있으며, 그 결과 펩타이드와 유리 아미노산이 방출된다. 방출된 아미노산은 잎 내에서 재동화(reassimilation) 되거나 다른 기관으로 이동되는 과정에서 일시적으로 축적될 수 있어, 차광 처리 잎에서 유리 아미노산 함량이 증가하는 현상이 나타난다. 이러한 유리 아미노산 증가는 단백질 분해 산물의 축적뿐 아니라, 차광 조건에서의 아미노산 합성·수송·분해 경로의 대사 변화가 함께 작용한 결과로 해석할 수 있다.

• Clp, Deg: 엽록체 단백질 분해에 관여하는 두 가지 주요 프로테아제

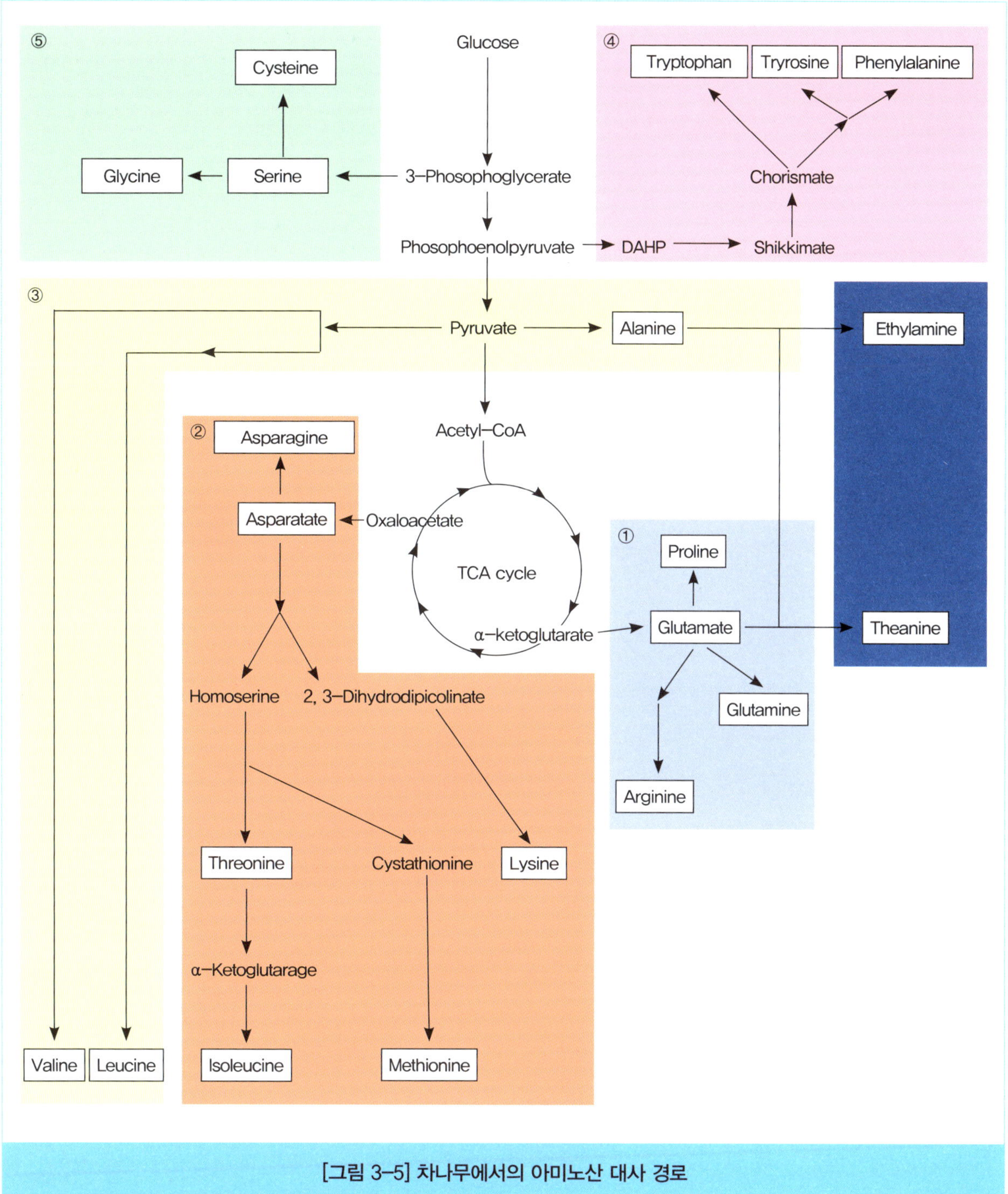

[그림 3-5] 차나무에서의 아미노산 대사 경로

① α-KG/글루탐산 계열: Glu, Gln, Pro, Arg

  Ethylamine + Glu → Theanine: 차 특이 합성 경로.

② OAA/아스파르트산 계열: Asp, Asn, Thr, Ile, Met, Lys

③ 피루브산 계열: Ala, Val, Leu

④ PEP/시킴산 계열: Phe, Tyr, Trp

⑤ 3-PGA 계열: Ser, Gly, Cys

· Glu=글루타메이트, Gln=글루타민, Arg=아르기닌, Pro=프로린, Thea=테아닌, Asp=아스파르트산, Thr=트레오닌, Lys=라이신, Ile=이

소류신, Aspn=아스파라긴, Val=발린, Leu=류신, Trp=트립토판, Phe=페닐알라닌, Tyr=티로신, Cys=시스테인, Gly=글리신, Ser=세린, Ala=알라닌
- TCA cycleC(itrc Acid Cycle): 미토콘드리아에서 피루브산을 분해·산화해 에너지(NADH·ATP)와 아미노산 합성 전구체(α-KG, OAA 등)를 만드는 중심 대사 회로
- α-KG(α-ketoglutarate)는 2-OG(2-oxoglutarate)와 동일 물질이며, 본문에서는 α-KG로 통일한다.

- 프로테아제(protease): 단백질을 잘라 펩타이드나 아미노산으로 분해하는 효소

2-4. 변이종 차나무 품종과 유리 아미노산 함량 특성

차나무(*Camellia sinensis*)는 생장·발달 과정에서 기후 및 생태 요인의 영향을 크게 받아 유전적 다양성이 폭넓게 형성되며, 엽록소 생합성과 엽록체 발달에 관여하는 유전적·발현적 변이에 따라 다양한 엽색 특성을 나타낸다. 대부분의 품종은 엽록소 형성이 정상적으로 유지되어 잎이 녹색을 띠지만, 일부 변이형에서는 엽록소 결핍 또는 엽록체 발달 이상으로 새순이 유백색 또는 황색을 띠는 백화현상이 나타난다. 이러한 백화현상은 그 기작에 따라 일반적으로 온도 민감형(temperature-sensitive)과 광(빛) 민감형(light-sensitive)의 두 유형으로 구분된다.

온도 민감형 백색계(temperature-sensitive, white-type/albino)는 대체로 약 20℃ 전후(또는 그 이하)에서 엽록소 생합성 관련 효소/유전자(예: CHLI, POR 등)의 발현·활성이 저하되어 백화현상이 나타난다. 반대로 기온이 22~25℃ 수준으로 상승하면 관련 대사와 엽록소 축적이 회복되면서 잎 색이 녹색으로 환원되고 광합성 기능도 정상화되는 경향이 보고된다. 안길백차의 주요 품종인 '백엽 1호(白叶1号)'는 대표적인 저온 민감형으로, 백화기에는 엽육은 백색이고 주맥·측맥은 연녹색을 띠는 것이 특징이다.

광(빛) 민감형 황색계(light-sensitive, yellow-type/chlorina)는 강광(예: $(1.5{\sim}6)\times10^4$ lx) 조건에서 전구체(protochlorophyllide)의 광산화 손상 및 엽록체 발달 저해가 발생하여 엽록소가 감소하고, 카로티노이드의 상대적 비율이 증가하면서 신초와 어린잎이 황색을 띠는 경향이 있다. 반대로 차광(또는 광도 저하)은 엽록소 재합성과 엽록체의 구조·기능적 발달을 촉진하여 잎 색이 녹색으로 회복될 수 있다. 다만 온도·광도의 임계값과 반응 강도는 품종 및 생육환경에 따라 달라질 수 있다. 이러한 백색계/황색계 변이 품종에서는 품종과 생육 조건에 따라 엽록체 발달 및 탄소·질소 대사의 균형이 변하면서, 유리 아미노산(특히 테아닌을 포함한 일부 성분)이 상대적으로 높아지는 경향이 보고된다.

또한 자색 차나무는 유전적 특성으로 표피 및 엽육 세포층에서 안토시아닌이 고농도로 축적되어 새싹·어린잎·여린 줄기까지 자색을 띤다. 자색차는 품종과 재배 조건, 분석 방법에 따라 안토시아닌 함량 범위가 달

라지며, 일부 품종에서 건중량 기준 약 1.7~2.1% 수준까지 보고된다. 자색차의 품질 특성은 유리 아미노산뿐 아니라 안토시아닌 축적에 따른 색 및 기능성까지 고려하여 판단하는 것이 바람직하다.

- CHLI: magnesium chelatase subunit. 엽록소 생합성에서 Mg^{2+} 삽입 단계에 관여
- POR: protochlorophyllide oxidoreductase(프로토클로로필리드 환원효소)
- protochlorophyllide: 엽록소 생합성 경로의 전구체로 POR에 의해 환원되어 chlorophyllide → chlorophyll로 전환됨

차나무의 유리아미노산 함량은 품종에 따라 크게 달라지며, 이는 엽록소 생합성과 엽록체 발달에 관여하는 유전적 요인과 발현 양상의 차이로 나타나는 엽색(leaf color) 특성과 밀접하게 연관된다. 백화 품종은 대체로 유리 아미노산 및 테아닌의 함량이 증가하는데, 이는 테아닌 생합성의 활성화라기보다는 아미노산 분해대사(catabolism)의 약화에 주로 기인하는 것으로 보고되었다. 이러한 특성은 백화 품종으로 가공한 차에 강한 감칠맛을 부여하고, 동시에 찻물에서의 떫은맛과 쓴맛을 완화하여 관능 품질을 개선한다.

백엽1호(白叶1号), 자연(紫娟), 황금국(黃金菊), 복정대백(福鼎大白) 등 네 가지 품종을 대상으로 생엽의 수침출물, 유리 아미노산, 티 폴리페놀, 카페인 함량을 분석한 표는 아래와 같다.

[표 3-3] 차나무 품종별 생화학 성분 함량 비교

품종	수침출물 (%)	유리 아미노산 (%)	총 폴리페놀 (%)	카페인 (%)	폴리페놀/ 아미노산 비
백엽1호	38.92±0.18[b]	4.56±0.30[a]	10.38±0.49[d]	3.42±0.20[c]	2.29±0.25[c]
자연	42.85±0.51[a]	1.86±0.07[c]	22.00±0.13[a]	4.35±0.21[a]	11.84±0.56[a]
황금국	37.65±0.24[b]	3.51±0.16[b]	18.22±0.20[b]	3.72±0.12[b]	5.19±0.25[b]
복정대백	35.69±0.19[c]	3.23±0.05[b]	17.45±0.10[b]	3.84±0.08[b]	5.39±0.10[b]

- 폴리페놀/아미노산 비(TP/AA): 차 폴리페놀 함량과 아미노산 함량의 비율로, 차나무 품종의 적합성을 결정하거나 판단하는 중요한 지표
- 백엽1호는 온도 민감형 백색계 차나무이고, 자연은 자색 차나무 품종이다. 황금국은 광 민감형 황색계 차나무이고, 복정대백은 일반 차나무 품종이다.

관련 연구를 종합하면, 빛 민감형이 평균적으로 유리 아미노산(특히 테아닌) 함량이 더 높다는 보고가 있고, 저온 민감형에서도 유리 아미노산/테아닌이 더 높게 관찰된 사례도 적지 않다. 이는 품종 특성, 채엽 시기, 광·온도·시비 등 재배 환경에 따라 결과가 크게 달라질 수 있음을 시사한다. 따라서 유형만을 기준으로 함량 비교를 단정하기보다, 재배 조건, 채엽 시기, 성숙도 등 주요 변수를 표준화한 상태에서 품종 간 비교를 수행하는 것이 필요하다.

3 테아닌(L-theanine, γ-glutamyl-L-ethylamide)

L-테아닌은 차나무에 특이적으로 존재하는 비단백질성 아미노산으로 1949년 Sakato에 의해 찻잎에서 새로운 아마이드 성분으로 보고되었고, 명칭은 차나무의 옛 학명인 Thea sinensis에서 유래한 것으로 알려져 있다.

테아닌은 차나무에서 가장 풍부한 유리아미노산으로, 차나무의 신초(new shoots) 건중량의 약 1~2.5% 수준이며, 전체 유리아미노산의 약 40~70%를 차지하는 것으로 보고되지만, 실제 함량은 재배 지역과 수확 시기, 차광 처리, 품종, 질소 시비 조건 등에 따라 크게 달라진다. 조직 분포는 일반적으로 어린잎 〉 뿌리 〉 성숙 잎 〉 줄기 껍질 〉 목질부 순으로 보고된다.

테아닌은 차의 감칠맛(umami)에 기여하는 차나무의 대표적 특이 대사산물이며, 카테킨과 카페인으로 유발되는 떫은맛과 쓴맛을 완화하는 역할을 한다.

테아닌은 주로 차나무에서 특징적으로 축적되지만, 예외적으로 Camellia 속 일부에서도 미량의 테아닌이 보고된다. 1984년에는 C. sasanqua와 C. japonica에서 종자 및 발아 초기 유묘 단계를 중심으로 미량의 테아닌이 확인된 바 있으며, 2017년에는 C. oleifera(유차나무), C. nitidissima(황동백나무) 등에서 소량 검출 사례가 보고되었다. 식물 이외에도 갈색산 그물버섯(Xerocomus badius) 및 옥수수(zea mays)에서 미량이나마 N-ethyl-γ-glutamine 등 테아닌 관련 화합물이 보고된 바 있다.

[표 3-4] 다양한 식물의 뿌리와 잎에서의 테아닌·에틸아민·주요 아미노산 함량

(n=3)

	Camellia sinensis		Camellia japonica		Camellia nitidissima		Zea mays	
	root	leaf	root	leaf	root	leaf	root	leaf
L-theanine (mg g^{-1})	16.43	1.96	0.31	0.31	0.89	0.53	trace	trace
L-glutamine (mg g^{-1})	0.75	0.29	0.12	0.05	0.20	0.0	0.07	0.48
L-glutamic acid (mg g^{-1})	0.30	0.40	0.37	0.43	0.93	0.60	0.07	1.80
L-alanine (mg g^{-1})	0.28	0.07	0.04	0.05	0.27	0.16	0.03	0.87
ethylamine (μg g^{-1})	420.44	31.50	4.39	1.58	1.86	1.08	8.05	5.32

3-1. 테아닌 대사 경로: 합성 → 수송 → 분해

차나무에서 테아닌 대사는 질소동화와 탄소 대사를 연결하는 핵심 경로이다. 생합성은 토양의 암모늄을 흡수하는 것에서 시작되며, 주로 NH_4^+ 형태로 흡수된 암모늄은 글루탐산 탈수소효소(GDH)에 의해 글루탐산으로 전환된다. GS/GOGAT 회로를 통해 글루타민(Gln)과 글루탐산(Glu)은 상호 전환되며, 이때 GS/GOGAT 회로는 Gln·Glu 가용량을 지속적으로 유지·보충함으로써 테아닌 합성에 필요한 Glu 공급을 간접적으로 뒷받침한다.

L-알라닌은 알라닌 탈탄산효소(AlaDC)에 의해 탈탄산되어 에틸아민(ethylamine, EA)으로 생성되는데, EA는 테아닌의 직접 전구체이다. 주로 뿌리에서 GS-like 계열의 테아닌 합성효소(theanine synthetase, CsTS)가 EA와 Glu의 축합 반응을 촉매하여 L-테아닌을 형성한다.

뿌리가 주요 합성 부위이기는 하지만, 일부 연구에서 어린잎의 세포질과 엽록체에서도 낮은 수준의 테아닌 생성이 일어날 수 있음을 보고한다.

- EA가 Ala의 탈탄산으로 생성된다는 견해가 널리 받아들여지고 있음에도, 최근 연구에서는 Ala가 EA의 직접 전구체가 아닐 수 있음을 시사한다. 대신 Ala가 글루탐산 매개 경로에 참여하여 L-테아닌 합성으로 이어질 가능성이 가설로 제기되었다.
- GS-GOGAT 회로: NH_4^+ → Gln → Glu로 전환해 아미노산·테아닌 합성의 기질(Glu) 기반을 마련하는 식물 질소동화 핵심 경로.
- GS: Glutamine Synthetase, GOGAT: Glutamate Synthase

뿌리에서 합성된 테아닌은 주로 목부(xylem)를 통해 잎과 새순으로 이동한다. 이 과정에서 일부 테아닌은 대사에 사용되거나 질소 저장 형태로 활용될 수 있다. 또한 목부–체관 사이의 순환 과정에 따라 테아닌이 목부 유세포(xylem parenchyma)로 유입되어 일시적으로 저장되거나, 체관 유세포(phloem parenchyma)로 이동해 체관 수송계로 전환될 수도 있다. 체관에서는 체관요소–동반세포 복합체(sieve element–companion cell complex)를 통해 동화산물의 수송이 이루어지며, 테아닌은 체관을 통해 성숙잎, 줄기·가지의 성장층, 생식기관, 저장성 조직 등 다양한 부위로 재분배될 수 있다. 이러한 수송은 생장기 동안 어린 조직에 질소를 효율적으로 전달하여 생장 촉진과 품질 형성, 질소 이용 효율 향상에 기여한다.

차 잎에서 테아닌은 L-테아닌 가수분해효소(L-theanine hydrolase)에 의해 효소적 가수분해가 일어나, 주요 생성물로 Glu과 EA을 생성한다. 이렇게 생성된 가수분해 산물은 이후 다른 아미노산, 단백질, 그리고 알데하이드·카테킨과 같은 중요한 2차 대사산물을 포함한 질소 함유 화합물의 생합성을 위한 대사 전구체로 활용 가능성이 제시된다. 이 분해과정에서 CsPDX2.1 또는 γ-글루타밀 전이효소(GGT) 관련 경로(예: CsGGT2) 등이 관여하는 것으로 보고되고 있다. 분해로 생성된 Glu는 GS/GOGAT-TCA 경로를 통해 질소·탄소 대사로 재편입되고, EA는 아민 산화효소에 의해 아세트알데하이드(및 NH_3, H_2O_2) 등으로 전환되어 후속 대사로 연결된다. 따라서 테아닌 분해 단계는 테아닌 축적과 질소·탄소 흐름의 균형을 조절하는 핵심 단계이다.

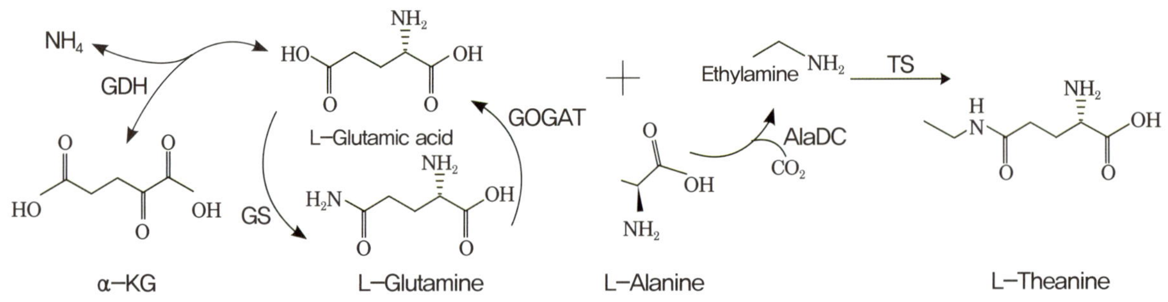

[그림 3-6] 뿌리에서의 테아닌 합성 경로

　　뿌리에서는 토양으로부터 흡수한 질소(NH_4^+ /NH_3)를 동화하여 L-테아닌 합성에 필요한 아미노산 전구체를 확보한다. 이 과정에서 GDH는 α-KG에 암모늄을 결합시켜 글루탐산(Glu)을 생성할 수 있으며, 동시에 GS/GOGAT 회로는 글루탐산과 글루타민의 상호전환을 통해 세포내 Glu 수준을 안정적으로 유지한다.

　　한편, 알라닌은 AlaDC에 의해 탈탄산되어 에틸아민(EA)으로 전환되며, 최종적으로 테아닌 합성효소(TS)가 Glu과 EA의 축합 반응을 촉매하여 테아닌을 생성한다. 즉, 뿌리에서의 테아닌 생합성은 Glu 공급 → EA 생성 → TS에 의한 결합으로 이루어진다.

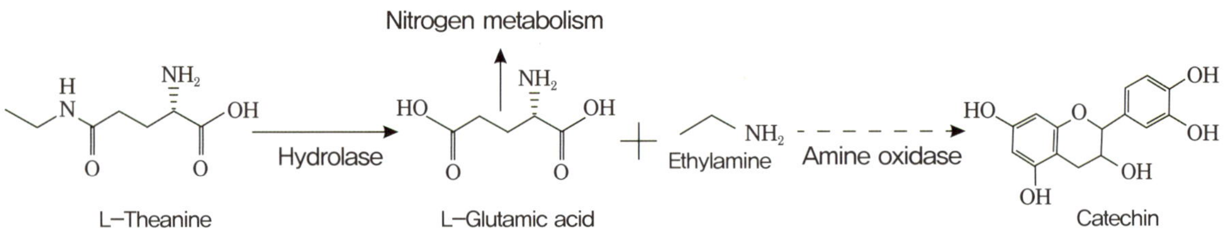

[그림 3-7] 잎에서의 테아닌 가수분해와 후속 경로

　　잎에서는 테아닌이 가수분해효소(hydrolase)에 의해 절단되어 글루탐산(Glu)과 에틸아민(EA)으로 전환될 수 있다. 이때 생성된 Glu는 질소 대사로 유입되어 다른 아미노산이나 단백질 합성에 재활용되는 흐름을 보인다. 한편 EA는 단순히 축적되는 것이 아니라 아민 산화효소(amine oxidase) 등에 의해 산화·전환되고, 이후 반응을 거쳐 카테킨과 같은 대사산물의 형성 경로와도 연결될 수 있음을 가설로 제시하고 있다.

- TS: 테아닌 합성효소, L-Theanine Synthetase
- AlaDC: 알라닌을 탈탄산하여 에틸아민(EA)을 생성하는 효소, Alanine Decarboxylase
- GS: 글루타민 합성효소, Glutamine Synthetase
- GOGAT: 글루탐산 합성효소, Glutamate Synthase
- GS/GOGAT 회로: NH_4^+ 를 Gln·Glu로 동화해 아미노산(질소)을 유지·보충하는 핵심 질소동화 경로
- GDH: 글루탐산 탈수소효소, glutamate dehydrogenase

3-2. 차나무에서 L-테아닌의 존재와 생합성

테아닌은 주로 뿌리에서 글루탐산과 에틸아민을 기질로 테아닌 합성효소(CsTS1, GS-like amide ligase)에 의해 합성된다. CsTS1은 글루타민 합성효소(GS) 계열과 유사한 GS-like 효소이지만, GS가 암모늄(NH_4^+)을 이용하는 것과 달리 EA를 기질로 선택적으로 활용한다는 점에서 기능적으로 구별된다.

글루탐산은 대부분의 식물에 널리 존재하지만, 에틸아민은 비교 식물 대비 차나무에서 현저히 높은 수준으로 존재하며, 차나무에서 테아닌 축적 수준을 좌우하는 핵심 전구체로 작용한다. 에틸아민은 알라닌 탈탄산효소(AlaDC)에 의해 L-알라닌으로부터 생성되며, 이 AlaDC 경로가 차나무의 테아닌 축적 능력과 밀접하게 연관되는 것으로 보고된다. 토양에서 에틸아민이 거의 검출되지 않는 점을 고려할 때, 에틸아민은 식물체 내 합성으로 해석된다. 뿌리에서 생성·축적된 에틸아민은 L-글루탐산과의 결합을 통해 테아닌으로 전환된다.

반면 다수의 다른 식물에서는 CsAlaDC 매개 에틸아민 생합성이 보고되지 않았거나 불충분하여 세포 내 에틸아민 농도가 낮고, 그 결과 테아닌 합성이 제한된다.

요약하면, ① 뿌리의 AlaDC 경로를 통한 에틸아민 합성, ② 에틸아민을 선택적으로 활용하는 테아닌 합성효소(TS)의 존재와 발현, ③ 생성된 테아닌의 이동과 어린잎으로의 축적이 연동되어, 차나무 고유의 테아닌 축적이 형성된다. 이러한 메커니즘은 2020년대 분자·유전학 연구에서 반복적으로 확인되었으며, AlaDC-에틸아민 전구체 경로와 TS의 기질 특이성의 결합이 차나무의 테아닌 고함량 축적에 기여한다.

- GS-like amide ligase: GS 계열에서 분화된 아미드 결합 형성 효소로, 암모늄 대신 에틸아민을 전구체로 사용하여 글루탐산과의 축합 반응을 촉매한다.
- GS(glutamine synthetase): L-글루탐산 + 암모늄(NH_4^+) → L-글루타민을 생성. 실제로 미생물이나 식물(차나무, 완두콩)에서 GS에 의해 L-글루탐산 + 에틸아민 → L-테아닌 반응을 촉매할 수 있다는 연구가 보고되고 있어 이는 TS와 GS가 유사한 효소활성을 가진다는 것을 의미한다.
- CsTS1: Camellia sinensis theanine synthetase 1
- CsAlaDC: Camellia sinensis alanine decarboxylase

3-3. 알비노(albino)형 차나무 잎에서 L-테아닌 고함량 축적의 기전

알비노형 차나무는 엽록소 축적과 광합성 기능이 일시적으로 저하되면서 탄소 동화 대사가 약화될 수 있다. 이로 인해 탄소 골격 공급이 제한되고 상대적으로 질소동화가 강화되면 질소가 유리아미노산 및 아마이드(예: 글루타민) 형태로 저장·축적되는 경향이 두드러질 수 있다

그 결과 알비노 잎에서는 유리아미노산, 특히 테아닌 함량이 높고, 카테킨·카페인의 상대적 비율이 낮게 관찰되는 경우가 많다.

테아닌 함량은 합성·수송·분해의 균형으로 결정된다. 알비노 잎에서는 테아닌의 공급이 비교적 안정적으로 유지되는 반면, 분해 경로(예를 들어 GGT 계열에 의한 테아닌 분해 및 에틸아민 관련 산화 경로)가 상대적으로 약화될 수 있어 테아닌의 감소가 크지 않다.

알비노 차 품종에서는 합성 증가가 아니라 가수분해 활성 저하가 테아닌 축적의 주요 원인으로 작용하는 것으로 보고되었다. 이 현상은 정상 녹엽 차나무에 비해 알비노 품종에서 테아닌 가수분해와 관련이 있는 효소인 CsPDX2.1 발현 수준이 상대적으로 낮다는 보고와 일치한다. 따라서 알비노 잎의 테아닌 고함량 축적은 공급 유지보다 분해가 억제되는 결과로 설명될 수 있다.

또 다른 테아닌 함량은 채엽 부위, 채엽 시기, 가공 유형, 품종에 따라 달라진다. 일반적으로 싹과 어린잎에서 함량이 높고 잎이 성숙할수록 감소하는 경향이 있으며, 계절에 따라서는 봄철 새순에서 상대적으로 높게 나타난다.

가공 유형별 함량 차이는 일반적으로 황차 〉 녹차 〉 백차 〉 우롱차 〉 홍차로 보고되지만, 제다 공정 중 산화·가열·용출 조건에 따라 테아닌의 잔존량이 달라질 수 있다.

또한 유전적 배경도 영향을 미치는데, 일부 계통에서는 테아닌 대사 관련 유전자(예: GS/TS 유사, GDH 등)의 발현 정도도 관련이 있는 것으로 보고된다.

마지막으로, 알비노 잎은 재배 환경 변화에 반응한다. 저온·강광에서는 엽록소 축적이 억제되어 테아닌의 상대적 비중이 커질 수 있고, 반대로 차광 확대나 온도 상승으로 잎이 녹색화되면 광합성·폴리페놀 합성이 회복됨에 따라 테아닌의 상대 비중은 감소하는 경향을 보일 수 있다. 요컨대, 알비노 잎의 테아닌 고함량은 탄소/질소 대사 균형의 재조정, 합성–분해경로 조절, 품종 특이적 유전자 발현 등이 복합적인 영향에 의해 결정되는 것으로 보고된다.

[표 3-5] 품종별 백차의 주요 품질 성분 함량 비교

Content (mg/g) n=3

화학성분	복정대백	황금아	백엽 1호
Total amino acids	11.13 ± 0.47^c	24.01 ± 0.67^a	17.13 ± 0.32^b
Theanine	4.25 ± 0.34^c	10.83 ± 0.28^a	9.08 ± 0.26^b
Caffeine	32.22 ± 0.41^b	35.28 ± 0.45^a	30.09 ± 0.41^c
Total catechins	54.74 ± 1.97^b	113.73 ± 1.85^a	50.58 ± 1.41^c
EGCG	19.60 ± 0.54^c	52.54 ± 0.52^a	21.33 ± 0.43^b

• 복정대백(FDDB): 일반 녹색을 띠는 차나무 품종
• 황금아(HJY): 강광에서 백화현상이 일어나는 빛 민감형 자연변이 품종
• 안길백차(BY1): 20℃ 이하 저온에서 백화현상이 일어나는 온도 민감형 자연변이 품종

동일한 차밭에서 재배된 세 가지 품종을 채엽하여 위조와 건조 등 백차 제다 방법으로 가공한 뒤 품질 성분을 정량한 결과, 황금아가 유리아미노산과 테아닌 함량이 가장 높았고(총 아미노산 24.01±0.67, 테아닌 10.83±0.28), 동시에 카테킨류와 EGCG도 가장 높게 나타났다. 백엽 1호는 아미노산과 테아닌이 복정대백보다 높으면서 카페인과 총 카테킨이 세 품종 중 가장 낮았다. 복정대백은 총 아미노산과 테아닌이 가장 낮았고, EGCG도 가장 낮은 수준이었다.

백엽 1호는 카테킨 총량과 카페인이 가장 낮아 찻물의 떫고 쓴맛이 상대적으로 약하고, 테아닌과 총 아미노산의 함량이 높아 감칠맛·부드러운 맛이 강화되는 경향을 보였다.

3-4. 차나무에서의 L-테아닌 대사의 비생물적 스트레스 반응

차나무는 온도, 광 조건, 가뭄, 대기중 CO_2 농도 상승, 무기영양 불균형, 중금속 노출 등 다양한 비생물적 스트레스(abiotic stress)에 반응하여 테아닌 대사를 조절하며, 이 과정에는 식물 호르몬 및 전사인자가 관여하는 것으로 알려져 있다.

온도 스트레스

온도는 테아닌의 합성·분해 균형을 크게 좌우하며, 일반적으로 15~25℃ 범위가 테아닌 축적에 유리한 조건으로 알려져 있다. 반면 35~38℃ 이상의 고온에서는 생합성 관련 유전자 발현과 효소 활성이 억제되고, 전구체(Glu) 공급도 감소하여 테아닌 합성이 약화되는 경향이 있다. 또한 고온은 가수분해 경로를 촉진할 수 있으며, CsPDX2.1의 활성은 35~40℃ 범위에서 높게 보고되어 잎에서의 테아닌 분해에 기여할 가능성이 제시된다.

한편, 저온에서는 생장과 전반적 대사 효율이 저하되면서 질소동화 및 아미노산 대사 흐름이 둔화될 수

있어, 조건에 따라 테아닌 축적 양상이 달라질 수 있다. 특히 양기능 효소인 CsGGT2는 온도에 따라 촉매 기능의 최적 조건이 달라, 비교적 온화한 조건에서는 합성 반응이, 더 높은 온도에서는 가수분해 반응이 상대적으로 우세해질 가능성이 제시된다.

• CsPDX2.1: pyridoxal-5′-phosphate biosynthesis protein 계열. 테아닌 → 글루탐산 + 에틸아민의 가수분해 활성이 보고된 테아닌 가수분해효소 후보군

광합성 관련 요인: 빛·CO_2

광 강도(light intensity)는 테아닌 대사를 조절하는 중요한 환경요인으로, 일반적으로 차광 처리에서 테아닌 합성과 관련된 유전자의 발현이 증가하고 새순에서의 테아닌 축적이 높아지는 경향이 보고된다. 특히 강광 조건에서는 빛 반응 전사인자 HY5가 활성화되어 CsGGT2 발현을 상향 조절하고, 그 결과 테아닌 가수분해가 상대적으로 증가할 수 있다. 반대로 차광 조건에서는 HY5 신호가 약화되면서 CsGGT2 발현이 낮아져 분해가 억제되고, 테아닌 함량이 증가하는 방향으로 작용할 가능성이 제시된다. 또한 차광은 AAP 계열을 포함한 아미노산 수송체의 발현에도 영향을 미쳐, 뿌리에서 합성된 테아닌의 장거리 이동과 잎·새순으로의 공급을 강화함으로써 최종 축적에 기여할 수 있다. 이러한 조절 양상은 유전형(genotype)에 따라 달라질 수 있는데, 알비노 품종 찻잎은 차광 중 테아닌 변동이 유의하지 않았고, 차광 종료 후 오히려 감소하였다는 일부 결과도 보고되고 있다.

한편, 대기 중의 CO_2 농도 상승은 광합성 및 탄소 동화를 변화시켜 탄소–질소(C/N) 균형을 재조정함으로써, 글루탐산 등 합성 전구체 공급에 간접적 영향을 줄 가능성이 있다. 일부 연구에서는 테아닌 생합성 관련 유전자(예: CsGS, CsTS) 발현이 상향되는 경향도 보고되지만, 이러한 반응은 질소 공급 수준, 온도 조건, 품종 등에 따라 달라질 수 있다.

정리하면, 빛(차광/강광) 조건은 HY5–CsGGT2 경로을 통한 분해 조절, 합성 관련 유전자 발현 및 전구체 가용량 변화, 그리고 아미노산 수송체 조절을 통해 테아닌의 축적을 좌우할 수 있으며, CO_2 상승은 탄소 동화와 C/N 균형 변화를 매개로 테아닌 대사에 간접적 영향을 더할 수 있다.

• CsGOGAT, CsAlaDC, CsTSI, CsGS1.1: 차나무에서 테아닌 생합성을 뒷받침하는 핵심 효소군
• HY5 → CsGGT2 경로: 테아닌 가수분해를 촉진하는 광 의존적 전사 조절 인자
• HY5(Elongated Hypocotyl 5): 식물의 대표적 빛 반응 bZIP 전사인자로, 차나무에서 CsGGT2의 발현을 조절해 테아닌 분해에 영향을 미친다.
• CsGGT2: Camellia sinensis gamma-glutamyltransferase 2. 테아닌 가수분해에 관여하는 효소
• AAP(Amino Acid Permease): 차나무에서 아미노산(테아닌 포함)의 세포막 수송을 매개하여 기관 간 재분배·축적에 관여하는 아미노산 수송체 계열

가뭄 스트레스

가뭄(수분 결핍)은 일반적으로 위조(wilting)를 동반하면서 L-테아닌 함량을 유의하게 감소시킨다. 이러한 감소는 테아닌 생합성과 관련된 유전자의 발현 하향 조절과 테아닌 가수분해 관련 유전자(예: ThYD, CsPDX2.1 등)의 발현 상향 조절이 복합적으로 작용한 결과일 수 있다. 수분 결핍은 질소의 기관 간 재분배 및 아미노산 수송 체계에도 영향을 줄 수 있어, 새순으로의 공급 및 축적 양상이 달라질 수 있다. 결과적으로 수분 결핍 조건에서는 합성 억제 + 분해 촉진(± 재분배 변화)이 병행되어 새순의 테아닌 축적이 감소하는 경향이 보고된다.

• ThYD(theanine hydrolase): 스트레스 조건에서 테아닌을 글루탐산과 에틸아민으로 분해하는 역할이 추정되는 효소 후보 유전자.
• CsPDX2.1: 테아닌 가수분해와 연관된 후보 효소/인자로 고온 조건에서 테아닌 대사 조절에 관여할 가능성이 높다.

무기원소의 불균형 및 중금속 스트레스

무기원소는 질소동화와 아미노산 대사의 흐름을 통해 테아닌 대사에 영향을 미치며, 적정 공급은 테아닌 합성·축적에 유리한 반면, 결핍·불균형 또는 과도한 질소 공급은 축적에 불리하게 작용할 수 있다. 일반적으로 N, P, K, Mg의 적정 수준은 질소동화와 전구체 형성에 유리하여 테아닌 합성에 유리하게 작용한다. 특히 NH_4^+ 공급은 뿌리에서의 질소동화 흐름을 빠르게 강화해 테아닌 축적을 높일 수 있으나, 질소 과다는 아르기닌 등 다른 질소 저장형 아미노산의 축적을 상대적으로 증가시켜 테아닌의 비중이나 품질 지표 측면에서 불리하게 작용할 가능성이 있다. 또한 Mg의 적정 공급은 저질소 조건에서 CsGS1.1 발현을 포함한 질소 대사를 보완하여 새순과 뿌리에서 테아닌 합성·축적을 높일 수 있으며, Mg 결핍은 관련 대사 흐름을 제한할 수 있다.

반면 중금속 스트레스는 대체로 테아닌 대사에 부정적 영향을 미치는 것으로 보고된다. 예를 들어 Cd/Cr/Pb 등은 광합성 및 대사 기능을 저해해 기질·에너지 공급을 제한함으로써 합성을 약화시키고, Al/Mn/Cu는 산화 스트레스 유발과 합성 효소 기능을 저해하여 테아닌 합성을 낮추는 것으로 보고된다. 다만 Al 효과는 조건·품종에 따라 억제와 증가가 모두 보고되어 상반된 결과가 존재한다.

3-5. 차나무 in vivo에서 알라닌의 테아닌 기여 재해석

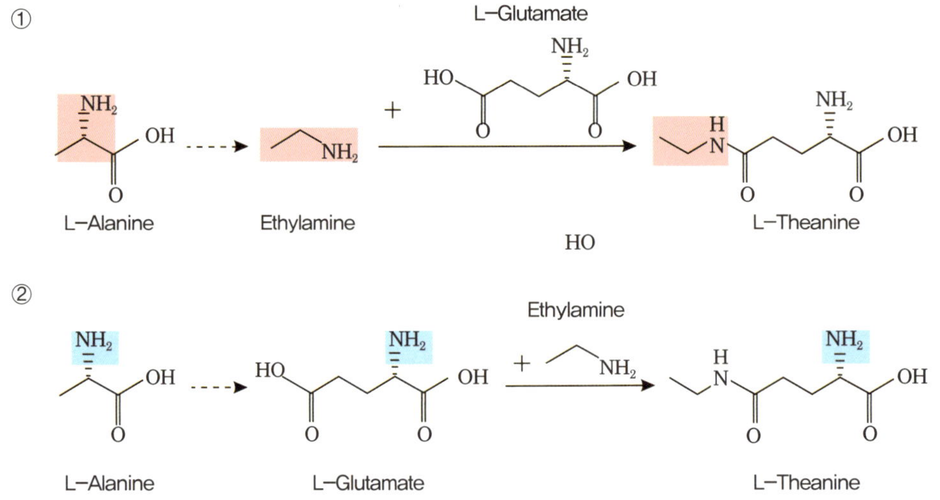

[그림 3-8] 차나무에서 L-알라닌 유래 L-테아닌의 가설적(제안된) 생합성 경로

차나무에서 테아닌은 글루탐산과 에틸아민(EA)의 결합으로 합성된다. 기존에는 EA가 L-알라닌이 CsAlaDC에 의해 탈탄산되며 생성되고, 이 EA가 테아닌 합성을 뒷받침한다는 가설이 널리 인용되어 왔다(위 그림의 ①번 경로). 그러나 Xiumin Fu et al.은 차 유묘를 대상으로 한 in vivo 동위원소 추적에서, 알라닌이 EA의 직접 전구체로 작용한다는 해석에 재검토가 필요함을 제시하였다(위 그림의 ②번 경로). Fu et al.에 따르면, 동위원소로 표지한 알라닌을 처리했을 때 알라닌 유래 EA 또는 그로부터 유래한 표지 테아닌이 뚜렷하게 검출되지 않았다고 보고하였다. 반면 알라닌은 알라닌 아미노전이효소(AlaAT)를 통해 글루탐산으로 전환되었고, EA를 함께 제공했을 때 표지된 테아닌이 생성되었다. 이 결과는 in vivo에서 알라닌이 EA의 직접 전구체라기보다 글루탐산의 전구체로 기능하며, 최종적으로 글루탐산과 에틸아민의 결합 반응을 통해 테아닌이 합성된다고 해석하였다.

전구물질과 효소의 세포 내/조직 내 분포 역시 이러한 해석을 보조적으로 뒷받침한다. 보고에 따르면 알라닌은 뿌리 세포의 특정 소기관(예: 액포·미토콘드리아)에 분포하는 반면, CsAlaDC는 주로 세포질에 존재하여, 효소-기질의 공간적 공존이 제한될 가능성이 제기된다. 또한 EA는 뿌리의 피층+표피(cortex with epidermis)에 상대적으로 집중된 분포를 보였으며, 차밭 토양에서는 검출되지 않아 EA가 뿌리의 특정 조직에서 생성·유지될 가능성을 제시하였다.

다만 EA의 정확한 생합성 기원(식물 고유 효소계인지, 내생/공생 미생물 기여가 있는지)은 직접 증거가 충분히 확립되지 않았으며, Fu et al. 도 미해결 과제로 정리하였다.

요약하면, Fu et al.은 차나무 in vivo에서 전구체의 흐름을 'L-알라닌 → (AlaAT 경유) Glu 생성 → (Glu + EA) → 테아닌'으로 제시하였고, EA는 테아닌 합성에 필수지만 그 기원과 공급 메커니즘은 후속 규명 대상임을 강조하였다.

- 표지 테아닌: ^{13}C 또는 ^{15}N 같은 동위원소가 들어가 '표시(라벨)'된 테아닌(^{13}C-테아닌, ^{15}N-테아닌)으로, LC-MS 등으로 생성·이동·분해를 추적하거나 정량의 내부 표준으로 쓰는 테아닌
- AlaDC-EA 경로는 'EA를 만들 수 있는 효소학적 가능성'을, Fu et al.은 'in vivo에서 알라닌 탄소가 테아닌으로 편입되는 주된 흐름'을 다루므로, 두 결과는 같은 질문에 대한 답이 아니라 서로 다른 증거 수준을 제공하고 있다.

4 GABA(γ-aminobutyric acid, $C_4H_9NO_2$)

GABA는 탄소 4개를 갖는 비단백질성(non-proteinogenic) 수용성 아미노산($C_4H_9NO_2$)으로, 원핵생물과 진핵생물 전반에 유리 아미노산 형태로 널리 존재한다. GABA는 동·식물·미생물에 보편적으로 존재하며, 포유류에서는 신경계 및 전신 생리의 중요한 조절 인자로 식물에서는 스트레스 적응과 대사 완충의 핵심 조절자로 알려져 있다.

포유류에서 GABA는 중추신경계(CNS)의 대표적 억제성 신경전달물질로, 신경 흥분성을 낮추는 방향으로 작용하여 행동·인지 기능 및 스트레스 반응 등 신경계 항상성 조절에 관여한다. 또한 GABA 수용체(GABA_A, GABA_B 등)를 표적으로 하는 약물들이 불안장애, 간질, 고혈압, 불면 등 여러 질환 치료에 사용되어 왔다.

식물에서는 비생물적 스트레스(저산소, 고온/저온, 가뭄, 염·삼투 스트레스 등) 또는 생물적 스트레스(초식/상처, 감염 등) 등에 반응해 급격히 축적되며, 이 축적은 ROS 생성 억제/소거에 따른 산화 스트레스 완화, 탄소·질소 대사의 재분배, 세포 내 pH 완충, 성장·발달 및 항산화 방어능 증진과 같은 대사·생리 조절 효과로 이어진다.

미생물에서도 다양한 균주가 GABA를 생산하며, 특히 유산균(LAB)이 대표적 가바 생산 미생물로 이용된다. 요컨대, GABA는 동·식물·미생물에 보편적으로 존재하며, 식물에서는 스트레스 적응과 대사 완충의 핵심 조절인자, 포유류에서는 신경계 및 전신 생리의 중요한 조절 인자로 알려져 있다.

4-1. GABA의 발견 역사

- 1883년: 최초로 합성되었으나 초기에는 주로 식물·미생물의 대사산물로 인식함.
- 1949년: Steward, Thompson, Dent가 감자 괴경(potato tuber)에서 자연 상태의 가바를 성분으로 보고(Science, 1949)한 것이 '식물에서의 발견'으로 널리 인용.
- 1950년: Awapara, Roberts & Frankel (J Biol Chem, 1950)에 의해 포유류 뇌에서 독립적으로 가바가 존재함을 보고하고 글루탐산으로부터 가바가 형성되는 경로를 제시함.

- 1957년: 캐나다 연구팀이 억제성 요인의 정체가 GABA임을 화학적으로 확인.
- 1959년~1960년대: 신경전달기능에 대한 다양한 연구가 진행되면서 억제성 신경전달물질로 정착됨.
- 1970~1980년대: 가바 수용체의 발견 및 수용체 단백질 구조·유전자 수준의 본격 규명이 이루어짐.
- 1990년 이후: GABAergic 기능장애가 정신 질환 및 신경계 질환과 연관됨이 밝혀져 기능성 식품 및 의약품 개발에 GABA가 활용되기 시작.

4-2. 가바차(GABA tea)의 탄생

가바차는 수확 후 찻잎을 질소(N_2) 또는 이산화탄소(CO_2)로 치환한 무산소(혐기) 조건에서 일정 시간 처리하여, 잎 내 L-글루탐산이 글루탐산 탈탄산효소(glutamate decarboxylase, GAD)에 의해 GABA로 전환·축적되도록 만든 기능성 차이다.

1980년대 중반 일본 농림수산성(MAFF) 소관 국립 차 연구기관 연구진(예: Tojiro Tsushida 등)은 이번차(二番茶) 찻잎의 활용 방안을 모색하던 중, 질소 충전 보관한 생엽에서 GABA의 비정상적인 축적을 확인하였고, 이를 차 가공에 적용하였다.

Tsushida et al.(1987)은 찻잎을 약 6시간 질소 혐기 처리한 뒤 제다한 녹차에서 GABA 함량이 150 mg/100 g을 초과함을 보고하였으며, 이러한 공정이 정리·표준화되면서 1980년대 후반부터 '가바론(Gabaron) 차'로 불리며 제품화·보급이 확산되었다.

가바차는 일본을 시작으로 대만·한국·중국 등지에서도 가바녹차·가바청차(우롱차)·가바홍차 등 다양한 유형으로 제품화되어 판매되고 있다.

가바차 제다 방법

식물에서 가바는 주로 글루탐산을 기질로 하는 GABA 션트(GABA shunt)를 통해 생성되며, 핵심 효소는 글루탐산 탈탄산효소(GAD)이다. GABA 션트는 GAD → GABA-T → SSADH 순으로 진행되며, 이 과정에서 가바는 GABA-T에 의해 SSA로 전환된 뒤 SSADH에 의해 숙신산으로 산화되어 TCA cycle에 연결된다. 또한 조건에 따라 폴리아민 분해 경로(polyamine degradation pathway)도 가바 생성에 기여할 수 있는 경로로 보고된다. GAD는 세포질 산성화 조건에서 활성이 증가하는 효소로 알려져 있어, 저산소·기계적 손상 등 스트레스 상황에서 pH가 낮아지는 환경은 가바 축적에 유리하게 작용할 수 있다. 이러한 특성을 이용해 생엽을 질소 또는 이산화탄소로 치환하거나 진공 보관, 수중 침지 등의 방식으로 무산소 조건에 두는 혐기 처리(anaerobic treatment)는 가바차 제다의 핵심 전처리 공정이다. 혐기처리 동안 세포질 산성화가 유도·유지되면 GAD 반응이 촉진되어 글루탐산으로부터 가바 전환이 증가하고, 동시에 스트레스 조건에서는 가바의 분해 대사가 상대적으로 제한될 수 있어 가바의 순축적이 증가할 수 있다.

N₂/CO₂ 치환 또는 저온 무산소 처리를 적용했을 때 생엽 대비 가바가 약 10~20배 증가한 사례가 보고되었고, 조직별로는 잎보다 줄기에서 함량이 더 높게 나타났다는 보고도 있다. 또한 공정 측면에서 혐기-호기 반복 처리는 단일 혐기 처리보다 가바 함량을 높일 수 있으며, 제다과정 중 발생할 수 있는 이취(off-odor)을 완화하는 데에도 유리한 것으로 보고된다. 더 나아가 유산균 등 미생물 발효를 결합한 후처리는 가바 함량의 추가 증가와 풍미 개선에 기여할 가능성이 제시된다. 관능품질 면에서 가바 자체는 대체로 무취·무미에 가까워, 유리 아미노산, 카테킨/탄닌 및 카페인 등의 비휘발성 성분 조성과, 산화·가열 및 관련 반응을 통해 형성되는 휘발성 향기 성분에 의해 주로 결정된다.

생엽의 혐기처리는 유리 아미노산, 특히 테아닌의 축적에 유리하게 작용할 수 있다. 일반적인 유산소 가공에서는 카테킨 산화로 생성된 o-퀴논이 아미노산과 부가·축합 반응을 일으켜 유리 아미노산의 감소를 유발할 수 있으나, 혐기조건에서는 PPO에 의한 효소적 산화가 억제되어 이러한 반응이 약화되고 아미노산 감소폭이 상대적으로 작게 나타날 수 있다. 다만 혐기처리 및 건조 과정에서 아미노산 조성은 변동할 수 있으므로, 최종 품질을 위해서는 혐기 및 유념 조건(시간·강도)과 건조 온도의 제어가 가바를 포함한 아미노산 및 테아닌 함량에 영향을 미칠 수 있음을 고려해야 한다. 또한 가바청차 및 가바홍차에서 총 아미노산 함량이 일반 청차·홍차보다 높게 나타난 사례도 보고되어, 테아닌을 포함한 주요 유리 아미노산이 유지·축적될 가능성을 시사한다.

4-3. 가바의 생합성 및 대사경로

GABA는 일반적으로 글루탐산 탈탄산효소(glutamate decarboxylase, GAD)에 의해 합성되며, 이 효소는 PLP를 보조인자(cofactor)로 사용한다. GAD는 L-글루탐산의 비가역적 α-탈탄산화를 촉매하여 GABA를 생성하며, 이 과정에서 CO_2가 방출된다.

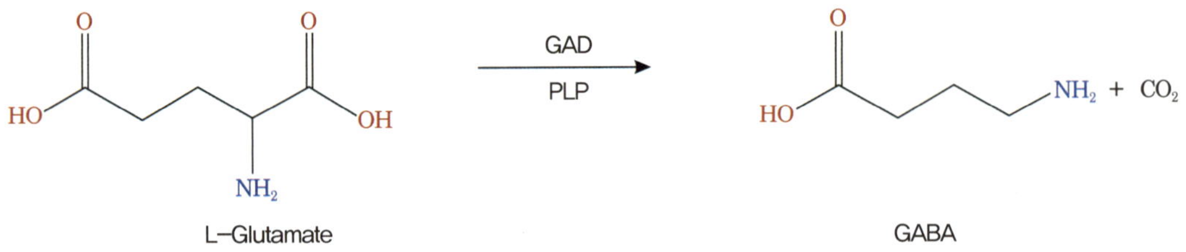

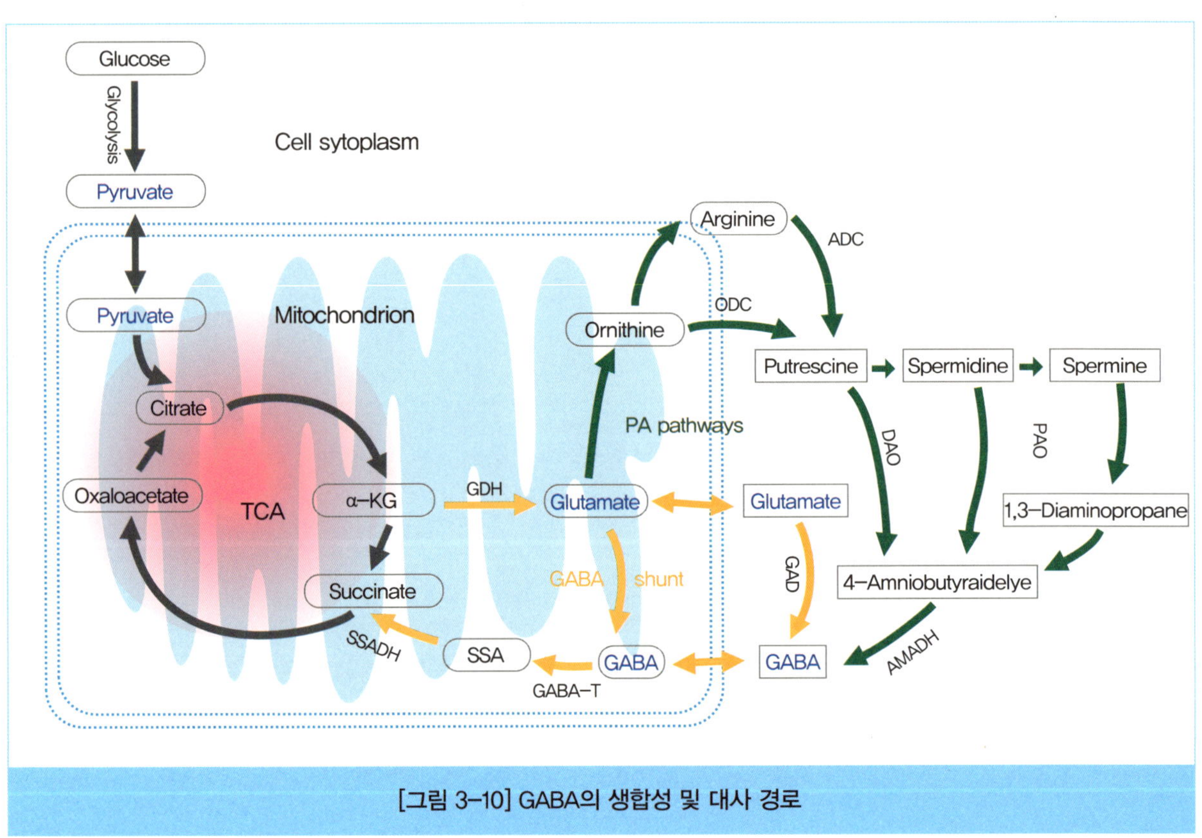

[그림 3-9] GABA 합성 반응: GAD/PLP에 의한 L-글루탐산의 탈탄산화

- PLP: Pyridoxal 5′-phosphate 피리독살-5′-인산

비타민 B6(피리독신, 피리독살, 피리독사민)의 활성형으로, 생체 내에서 아미노산 대사 반응에 필수적인 조효소 역할. AlaDC, GAD, AlaAT/ AspAT 등 효소는 모두 PLP-의존형 효소

[그림 3-10] GABA의 생합성 및 대사 경로

GABA shunt: GAD → GABA−T → SSADH 경로

GABA shunt는 세포질에서 생성된 GABA가 미토콘드리아의 GABA-T·SSADH를 거쳐 숙신산으로 전환되어 TCA 회로에 유입되는 대사 경로이다. 먼저 GDH는 α-케토글루타르산(α-KG, 2-OG)을 환원적 아미노화(reductive amination)하여 글루탐산을 형성한다. 이어 GAD가 Glu의 비가역적 α-탈탄산화를 촉매하여 GABA와 CO_2를 생성하며 이 과정에서 H^+가 소모된다. 이후 미토콘드리아에서 GABA-T는 2-OG를 아미노수용체로 사용하여 GABA를 숙신산 세미알데하이드(SSA)로 전환하면서 Glu를 재생성하고(GABA + 2-OG $\rightleftharpoons$ SSA + Glu), SSADH는 SSA를 산화하여 숙신산으로 만들어 TCA 회로로 유입시킨다. 결과적으로 GABA shunt는 스트레스 조건에서 탄소·질소 대사를 연결하고, TCA 보조 및 세포의 산화환원 균형 유지에 간접적으로 기여한다.

- GABA 션트: α-KG(2-OG) → (GDH) → Glu → (GAD) → GABA → (GABA-T) → SSA → (SSADH) → succinate → TCA

- GDH (glutamate dehydrogenase): 글루탐산 탈수소효소. α-KG + NH_4^+ → Glutamate 기질을 보충하는 보조 경로. 글루탐산은 미토콘드리아의 GDH(α-KG+NH_4^+ →Glu) 및 GS/GOGAT에 의해 보충된다.
- GAD(glutamate decarboxylase): 글루탐산탈탄산효소, 세포질에 위치
- GABA-T(GABA Transaminase. 가바 트랜스아미나아제): PLP 의존성 아미노기 전이효소, 미토콘드리아에 위치- GABA + α-KG $\rightleftharpoons$ SSA + Glu(GABA-T, PLP)
- GABA-T는 PLP을 보조인자로 사용해 GABA의 아미노기를 α-KG에 전달하여 SSA와 Glu을 생성하는 가역적(transamination) 반응을 촉매한다. 여기서 생성되는 글루탐산은 α-KG(또는 pyruvate)가 아미노기를 받아 생기는 생성물
- SSA: succinic semialdehyde
- SSADH(succinate semialdehyde dehydrogenase): 숙신산 세미알데하이드 탈수소효소. 미토콘드리아에 위치

폴리아민 분해경로(Polyamine degradation pathway, PA 경로)

폴리아민(polyamine)은 두 개 이상의 아민기(−NH_2) 또는 이민기(−NH−)를 포함하는 지방족 아민(aliphatic amine)으로, 원핵 및 진핵 세포 모두에 널리 분포한다. 대표적인 폴리아민으로는 푸트레신(putrescine), 스퍼미딘(spermidine), 스퍼민(spermine)이 있다.

폴리아민 분해 경로(PA pathway)에서의 중심 물질은 푸트레신이며 DAO와 PAO가 γ-아미노부티르알데하이드(γ-aminobutyraldehyde)의 생성을 촉매한다. 폴리아민 분해 경로는 GABA 생산을 보완하는 보조 경로로 간주된다.

글루탐산은 다단계를 거쳐 오르니틴(ornithine)으로 전환되고, 오르니틴은 ODC에 의해 탈카복실화되어 푸트레신을 형성한다. 이어 DAO가 푸트레신을 4-아미노부티르알데하이드(4-aminobutyraldehyde)로 산화하고, 이 중간체는 AMADH에 의해 GABA로 전환된다. 생성된 GABA는 미토콘드리아의 GABA shunt를 거쳐 숙신산으로 전환되어 TCA 회로에 편입된다. 한편, 오르니틴으로부터 생성된 아르기닌(arginine)도 ADC 경로를 통해 푸트레신으로 전환되어 동일한 DAO → AMADH → GABA 경로로 연결된다. 폴리아민

유래 GABA 생성은 평상시 기여도가 크지 않지만, 발아, 저산소/무산소, 기계적 상해 등 특정 스트레스 조건에서 상대적으로 증가한다. 따라서 이 PA 경로는 GABA 생합성의 보조 경로이며, 질소·아미노산 대사의 균형 유지 및 조건에 따라 TCA 중간체 보충과 산화환원 항상성에 간접적으로 기여할 수 있다.

- PA 경로: Ornithine → (ODC) → Putrescine → spermidine/spermine → (DAO/PAO) → 4-aminobutyraldehyde → (AMADH) → GABA→ TCA로 유입

  (또는 Arginine —(ADC) → Putrescine 보조 경로)

- ODC(ornithine decarboxylase): 오르니틴 탈카복실화효소
- ADC: arginine decarboxylase
- DAO(diamine oxidase): 다이아민 산화효소. 스트레스/가공 조건에서 DAO 경로가 활성화되면 GABA 함량이 증가
- PAO: polyamine oxidase, 폴리아민 산화효소
- AMADH: 4-aminobutanal dehydrogenase
- ODC·ADC 등은 PLP 의존적 효소

요약하면, 세포질의 GAD가 Glu에서 GABA를 직접 만들고, 폴리아민(putrescine) 분해가 4-aminobutyraldehyde을 거쳐 GABA로 전환되며, 생성된 GABA는 미토콘드리아 GABA shunt로 들어가 succinate →TCA로 연결된다.

[표 3-부록] GABA차 유형별 잠재적 향기 화합물 및 주요 향 특성

	compounds	Compound class	Odor descriptors
GABA 녹차	β-Damascenone	terpenoid	Fruity, Flowery
	Linalool	terpenoid alcohol	Woody, Flowery, Fruity, Sweet
	Cis-jasmone	jasmonate-derived	Flowery, soft/Tender (부드러운 꽃향)
	1-Octen-3-ol	fatty acid - derived alcohol	Clean, Fatty
	Decanal	aldehyde	Sweet-orange
GABA 홍차	β-Ocimene	terpenoid	Woody, Flowery
	D-Limonene	terpenoid	Flowery, Lemony
	Anethole	aromatic ether	Licorice(감초향)
	L-4-Terpineol	terpenoid alcohol	Woody, Flowery
	Decanal	aldehyde	Sweet-orange
	Hexanal	aldehyde	Fruity, Honey
	cis-3-Hexenyl valerate	ester	Clean, Refreshing
	Hexanoic acid, (Z)-3-hexenyl ester	ester	Fruity
	Benzaldehyde	aromatic aldehyde	Nutty, Flowery, Fruity
	Naphthalene, 2-methyl	aromatic	Licorice(감초향)
	Benzene, 1,2,3,5-tetramethyl	aromatic	Camphoric 캠퍼(장뇌향)
GABA 백차	β-Damascenone	terpenoid	Fruity, Flowery
	Linalool	terpenoid alcohol	Woody, Flowery, Fruity, Sweet
	β-Myrcene	terpenoid	Fatty
	Geraniol	terpenoid alcohol	Flowery

세 종류의 GABA차(녹차·홍차·백차)에서 공통적으로 테르페노이드 계열이 향 형성의 핵심 축으로 나타났으며, 특히 β-damascenone과 linalool은 모든 유형에서 반복적으로 검출되어 꽃·과일 향의 공통 핵심 분자로 작용하였다. GABA 녹차는 β-damascenone-linalool-cis-jasmone 조합을 중심으로 꽃향·과일향이 두드러졌고, GABA 홍차는 decanal/β-ocimene/D-limonene/benzaldehyde 및 에스터류가 함께 관여하여 시트러스·꿀/과일·견과·감초 계열이 복합된 향기를 형성하는 경향을 보였다. GABA 백차는 linalool-geraniol 중심의 플로럴 노트에 β-damascenone이 과일향을 보강하여, 백차 특유의 산뜻하고 우아한 꽃향을 나타내었다.

04

지질(Lipid)

지질은 물에는 거의 녹지 않고 유기용매에 잘 녹는 소수성(친유성) 생체 성분의 총칭으로, 식물에서는 막의 구조성분, 에너지 저장 물질, 신호 전달·스트레스 반응 매개체, 잎 표면 보호(큐티클) 등 다양한 기능을 수행한다. 찻잎 지질은 크게 양친매성을 띠는 막지질(인지질·당지질 등)과 소수성의 중성지질(TAG, 왁스 등)로 구분되며, 특히 엽록체 틸라코이드 막을 포함한 세포막의 구조·기능 유지에 중요한 역할을 한다.

제다 과정에서 지질은 효소적 지질 대사(LOX-HPL 등)와 열 유도 비효소적 산화를 거치며, 이때 생성되는 분해 산물은 여러 휘발성 향기 성분의 전구체가 되어 차의 향기와 품질 형성에 영향을 미친다. 또한 저장 중에는 잔존 효소 활성과 온도·습도·산소·광 조건에 따라 지질의 산화가 지속되어 신선도 저하, 산패취·묵은내 형성 등 풍미 변화의 원인이 될 수 있다.

본 장에서는 차나무 잎과 씨(종자) 지질의 구성·분류를 정리하고, 가공 및 저장 과정에서 지질의 변화가 향기 형성과 품질에 미치는 영향을 체계적으로 살펴본다.

• 소수성(hydrophobic): 물과의 결합·혼합을 피하고 비극성 환경을 선호하는 성질
• 양친매성(amphipathic): 한 분자에 친수성 머리와 소수성 꼬리를 함께 가져 물·기름 계면에서 스스로 배열되는 성질

1 지질의 분류

지질은 구성성분과 화학구조에 따라 전통적으로 단순지질, 복합지질, 유도지질로 분류된다.

1-1. 단순지질(simple lipids)

단순지질은 지방산이 알코올(글리세롤 또는 장쇄 1차 지방알코올)과 에스터 결합한 지질군으로, 대표적으로 중성지방(triacylglycerol, TAG)과 왁스(wax esters) 가 있다. 중성지방은 글리세롤 골격에 지방산 3개가 에스터 결합한 비극성 저장지질로, 차나무의 종자에서는 지질의 대부분을 차지하며 주로 에너지 저장 형태로 축적된다. 왁스는 지방산과 장쇄 1차 지방알코올이 에스터 결합한 물질로 찻잎 표피의 큐티클 왁스 구성성분 중 하나이며 수분 증발 억제와 미생물·해충 등 생물적 스트레스에 대한 방어에 기여한다.

• 알코올: −OH를 가진 화합물
• 글리세롤: 알코올의 한 종류로 그 중 대표적인 3가 알코올(프로판-1,2,3-트리올)을 뜻함

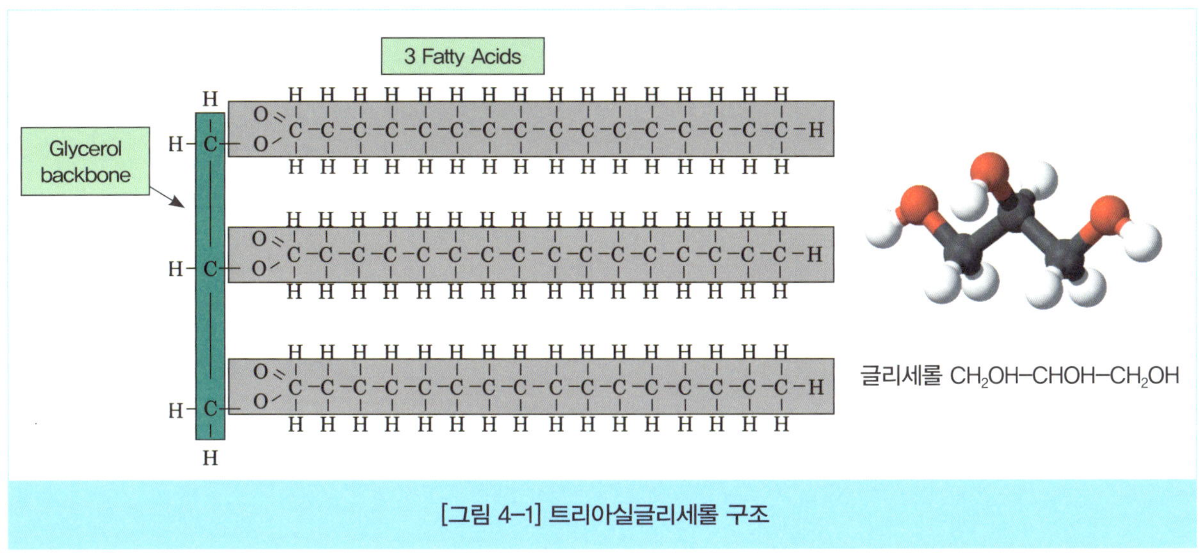

[그림 4-1] 트리아실글리세롤 구조

• 트리아실글리세롤(TAG, Triacylglycerol): 글리세롤 골격의 3개의 하이드록실기(-OH)에 지방산이에스터 결합한 중성지방

1-2. 복합지질(complex lipids)

복합지질은 지질 골격에 인산기 또는 당과 같은 극성 머리부가 결합한 지질로, 식물 잎에서는 글리세로인지질과 갈락토지질이 주요 구성요소이다. 인지질(phospholipids)은 세포막과 세포 소기관 막을 이루는 주요 성분이며, 차나무 잎에서는 PC, PE, PG, PI 등의 글리세로인지질이 대표적이다(특히 엽록체/틸라코이드에서는 PG의 중요성이 크다). 글리세로인지질은 글리세롤 골격에 지방산 2개와 인산기 및 친수성 머리부가 결합한 구조를 갖는다. 당지질로는 MGDG와 DGDG가 대표적이며, SQDG는 설포화당 머리부(설포퀴노보스)를 갖는 설포지질로서 엽록체 막지질의 중요한 성분이다.

이들 지질은 틸라코이드 막에 풍부하여 광합성 막의 구조유지와 광합성 단백질 복합체의 안정성을 유지하고, 강광 스트레스 완화에 기여한다.

제다 과정에서는 조직 손상과 효소 작용(lipase, phospholipase A 등)으로 막지질이 부분적으로 분해되어 유리지방산(α-리놀렌산 C18:3, 리놀레산 C18:2 등)과 라이소인지질(LPC, LPE 등)이 증가할 수 있으며, 방출된 불포화지방산은 LOX-HPL 경로를 거쳐 GLVs(green leaf volatiles) 등 휘발성 향기 화합물 생성의 전구체로 활용된다.

• 설포화당(sulfo-sugar): 당의 설포기($-SO_3^-$)가 붙은 수식어

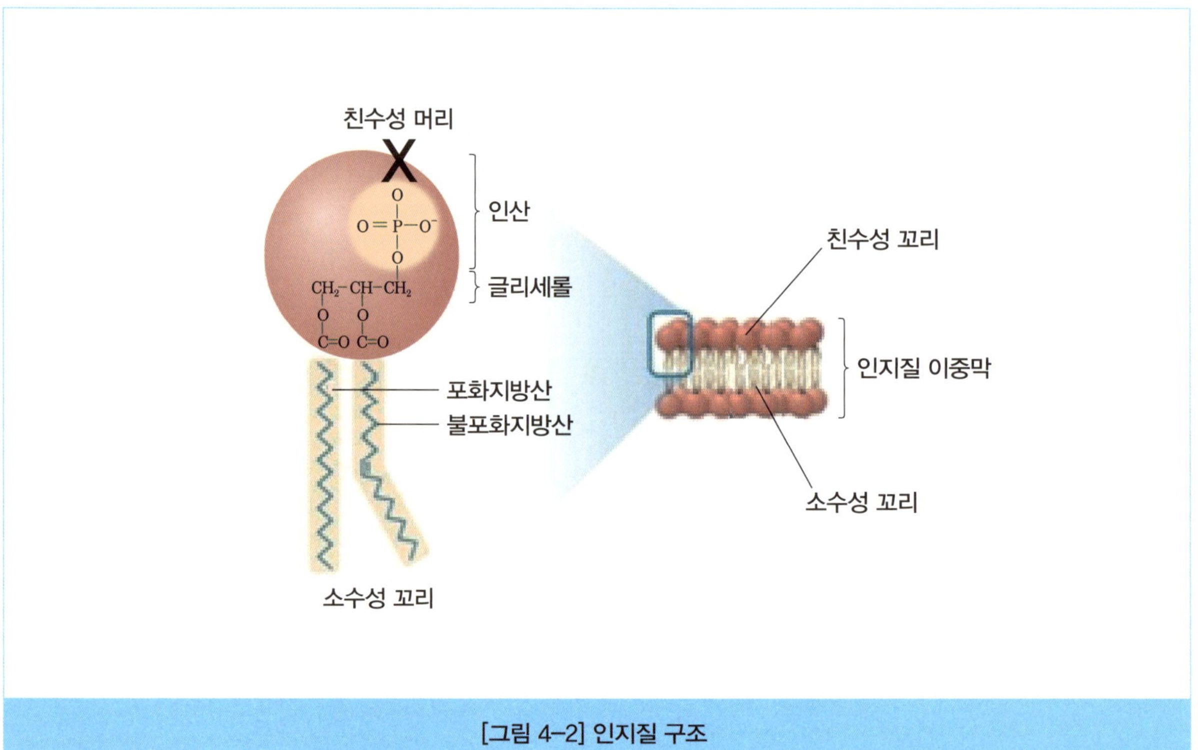

[그림 4-2] 인지질 구조

- 인지질(phospholipids): 세포막을 구성하는 대표적인 인지질 2중층의 주요 성분으로 친수성 머리기(X)에 붙는 알코올의 종류에는 PC, PE, PG, PI 등이 있다.
  - PC(phosphatidylcholine): 포스파티딜콜린
  - PE(phosphatidylethanolamine): 포스파티딜에탄올아민
  - PG(phosphatidylglycerol): 포스파티딜글리세롤
  - PI(phosphatidylinositol): 포스파티딜이노시톨
- 당지질(glycolipids): 디아글리세롤(DAG) 골격에 당 머리그룹이 글리코시드 결합한 막지질
  - MGDG(Monogalactosyldiacylglycerol): 글리세롤에 갈락토오스 한 분자가 결합된 단일지질
  - DGDG(Digalactosyldiacylglycerol): 글리세롤에 갈락토오스 두 분자가 결합된 이당지질
  - SQDG(Sulfoquinovosyldiacylglycerol): 머리그룹으로 설포퀴노보스(황기를 포함한 당)를 가지고 있는 설포지질(sulfolipid)
- lipase: 지질(특히, TAG)을 가수분해해서 유리 지방산과 MAG/DAG/글리세롤로 분해하는 지질가수분해 효소
- phospholipase A(PLA): 인지질을 가수분해하는 지질 가수분해 효소
- 라이소인지질: 막 인지질(PC/PE)이 한쪽 지방산을 잃어 라이소(lyso-) 형태가 된 분자. LPC, LPE
  - LPC: Lysophosphatidylcholine
  - LPE: Lysophosphatidylethanolamine
  - LOX-HPL 경로: LOX가 불포화지방산을 하이드로퍼옥사이드(HPODE/HPOTE)로 산화한 뒤, HPL이 이를 절단해 C6/C9 알데하이드를 생성하는 대표적인 지질 산화 경로

1-3. 유도지질(derived lipids)

유도지질은 단순지질이나 복합지질이 가수분해 또는 산화·재배열 등 대사적 전환을 거쳐 생성되는 지용성 성분이다. 차나무 잎에는 유리지방산, 라이소인지질, 모노/디아실글리세롤(MAG/DAG) 그리고 옥실리핀(예: JA, MeJA) 등이 여기에 해당한다. 이들 성분은 제다 과정에서 향기 화합물 생성의 전구체가 될 뿐 아니라, 식물체 내에서는 생체 신호 및 대사 조절 인자로도 작용한다.

- MAG(monoacylglycerol): 글리세롤 + 지방산 1개
- DAG(diacylglycerol): 글리세롤 + 지방산 2개
- JA(자스몬산, jasmonic acid), MeJA(메틸 자스몬산, methyl jasmonate): 잎에서 α-리놀렌산(C18:3) 유래 옥시리핀 경로(LOX-AOS-AOC 등)로 생성되는 대표적 지질 유래 신호물질

2 지방산(fatty acids)의 정의 및 구조

지방산은 탄소사슬에 이중결합이 존재하는지 여부에 따라 포화지방산과 불포화지방산으로 구분된다. 포화지방산은 탄소사슬에 이중결합이 전혀 없는 형태인 반면, 불포화지방산은 탄소사슬에 한 개 이상의 이중결합을 가진다. 불포화지방산은 이중결합 수에 따라 다시 나뉘며, 단일 불포화지방산은 이중결합이 1개인 경우를, 다중 불포화지방산은 이중결합이 2개 이상인 경우를 말한다. 예를 들어 리놀레산(linoleic acid)은 탄소수 18개에 이중결합 2개를 가지며(18:2), 이중결합 위치는 Δ9,12로 표기된다(18:2 Δ9,12). 리놀렌산(linolenic acid)은 탄소수 18개에 이중결합 3개를 갖는 지방산으로 이중결합 위치가 Δ9,12,15로 나타난다(18:3 Δ9,12,15).

식물 잎에서는 이러한 불포화 결합이 대체로 cis 형태로 존재한다. 차나무 잎의 대표적 PUFA인 리놀렌산과 리놀레산은 주로 막지질에 에스터화된 형태로 결합해 있으나, 제다 과정 중 가수분해로 유리지방산이 방출되면, LOX-HPL 등 지질 산화 경로를 통해 GLVs(green leaf volatiles) 같은 향기 성분 생성에 필요한 전구체로 활용되어 차 향기 형성에 기여한다.

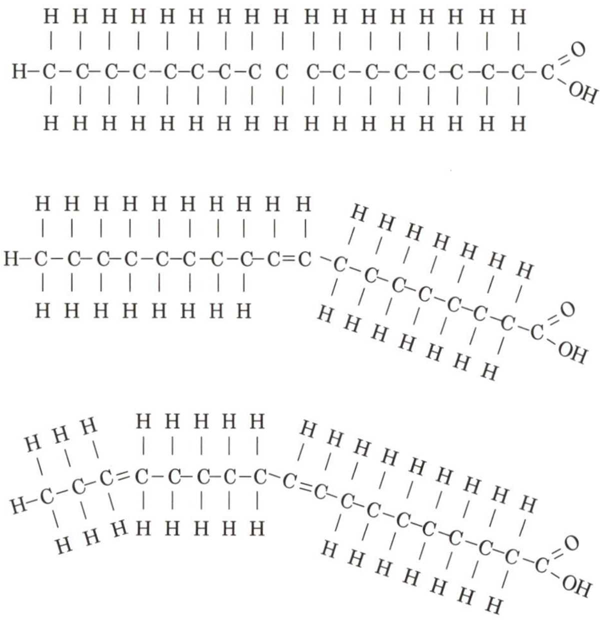

포화지방산: 스테아르산(18:0)

단일불포화지방산: 올레산(18:1)

다중불포화지방산: 리놀레산(18:3)

[그림 4-3] 지방산의 종류

- SFA(saturated fatty acids): 팔미트산 C16:0, 스테아르산 C18:0
- MUFA(monounsaturated fatty acids): 올레산 C18:1
- PUFA(polyunsaturated fatty acid): 리놀레산 C18:2, α-리놀렌산 C18:3

3 차나무 잎과 차나무 씨(종자)의 지질 조성

차나무 잎의 지질은 엽록체 틸라코이드 막을 구성하는 당지질(갈락토지질: MGDG, DGDG)이 큰 비중을 차지한다. 보고된 바에 따르면 신선한 찻잎의 총 지질 함량은 건조중량 기준 대략 4~9%이며, 크게 당지질, 인지질, 중성지질(neutral lipids)로 구분된다, 여러 연구에서 당지질이 약 50%로 가장 큰 비중을 차지하고, 중성지질이 약 35%, 인지질이 약 15% 수준으로 보고되지만, 이러한 조성비는 채엽 시기와 잎의 성숙도, 광 조건, 질소 시비, 추출·분리 방법 등에 따라 달라질 수 있다. 따라서 조건 변화에 따라 총 지질 함량뿐 아니라 각 지질군의 상대적 비율과 지방산 조성도 함께 변화한다.

어린잎에서는 인지질 비중이 상대적으로 높고, 잎이 성숙할수록 중성지질은 증가하는 반면 당지질은 감소하는 경향이 보고된다. 예를 들어 봄철 1차 수확기에 채엽한 신초(tea shoots)의 총 지질 함량이 약 4.3%(dw)로 보고된 연구에서 지질 조성비는 당지질:인지질:중성지질 = 50:30:20으로 제시되었으며, 잎이 성숙할수록 중성지질의 비중이 커지고 당지질과 인지질은 상대적으로 감소하는 경향이 보고되었다. 이러한 변화는 잎의 노화 과정에서 갈락토지질이 감소하고 큐티클 관련 중성지질이 상대적으로 축적되기 때문으로 해석된다.

또한 어린잎은 리놀렌산 함유 막지질이 상대적으로 풍부해 제다 과정에서 지질 유래 휘발성 화합물 형성에 더 유리할 수 있다. 반면 성숙엽이나 노엽은 세포조직이 경화되고 유리지방산의 축적 및 산화가 상대적으로 진행되기 쉬워, 제다 또는 저장 중 hexanal, (E)-2-nonenal 등 묵은내(stale odor) 관련 성분이 두드러질 가능성이 있다. 이와 함께 성숙엽의 세포벽 발달과 큐티클 증가는 침출 시 추출 속도에 영향을 미쳐 향과 감칠맛의 강도를 낮출 수 있다.

차광(그늘 재배) 조건에서는 광합성 활성이 저하되면서 엽록체 발달이 억제되고, 엽록소와 갈락토지질이 감소하는 경향이 보고된다. 그 결과 잎의 막지질(당지질+인지질) 구성과 불포화지방산 조성이 변할 수 있으며, 이는 제다 과정에서 형성되는 지질 유래 휘발성 향기 성분의 조성에도 영향을 줄 수 있다. 다만 차광 이후 광 복구가 이루어지면 엽록체 기능이 회복되면서 갈락토지질 조성이 부분적으로 회복되거나 MGDG/DGDG 비율 등이 재조정될 수 있으며, 그 정도는 차광기간·차광도·복구기간에 따라 달라진다.

질소 시비 역시 새싹과 성숙엽의 지질 조성과 함량에 영향을 미치며, 특히 갈락토지질의 비중을 증가시키는 경향이 보고된다. 적정 수준의 질소 시비는 불포화 지질의 축적을 촉진해, 제다 과정에서 형성되는 향기 성분의 구성과 균형을 조절함으로써 품질 향상에 기여할 수 있다. 반면 과도한 질소 시비는 리놀렌산 계열 전구체가 과잉 축적되어 가공 과정에서 GLVs 등 풋내(grassy)를 증가시켜, 최종 향 품질을 저하시킬 가능성도 있다.

차 종자는 건물 기준 약 20~30%의 오일을 함유하며 대부분 저장성 중성지질 형태로 존재한다. 종자유의 지방산 조성은 일반적으로 올레산 50~60%, 리놀레산 20~25%, 팔미트산 10~20%가 주를 이루며, 소량의 리놀렌산, 스테아르산, 일부 인지질을 포함한다. 종자 지질은 발아 시 에너지원이자 세포막·지질 합성의 전구체로 사용되어 초기 유묘 생장에 기여한다.

- 신초(新梢, shoot): 올해 자란 새순/새가지 전체(정아 + 여러 잎 + 연한 줄기)
- 중성지질(neutral lipids): 인산기나 당과 같은 극성(친수성) 머리부가 거의 없어 비극성(소수성) 성격이 강한 지질을 통칭하며 대표적으로 중성지방, 왁스 에스터, 스테롤 에스터 등이 포함된다.
- 막지질(membrane lipids): 막지질은 세포막/세포소기관막(특히 엽록체 틸라코이드막)을 구성하는 지질로 인지질, 당지질로 구성되어 있다.
- 노엽의 당 성분: 가용성당(자당/포도당/과당) + 전분 + 세포벽 다당(셀룰로스·헤미셀룰로스·펙틴)의 합을 의미

4 차나무 잎에서 포도당 유래 탄소가 막지질로 전환되는 경로

잎에서 포도당은 해당과정(glycolysis)을 통해 트리오스 인산(triose phosphates)과 피루브산을 생성하며, 이 과정에서 막지질 합성에 필요한 글리세롤 골격과 지방산 사슬의 전구체가 동시에 마련된다. 먼저 트리오스 인산은 디하이드록시아세톤 인산(DHAP)으로 전환될 수 있고, DHAP의 환원을 통해 생성된 G3P는 글리세롤지질(glycerolipids) 합성에 필요한 글리세롤 골격을 제공한다.

한편, 해당과정에서 유래한 탄소는 엽록체(플라스티드)로 유입되어 acetyl-CoA를 형성하고, 엽록체 내부에서 ACCase와 FAS에 의해 de novo 지방산이 합성된다. 엽록체에서 합성된 지방산 유래 아실기는 G3P 골격에 단계적으로 에스터화되어 포스파티드산(phosphatidic acid, PA)과 디아실글리세롤(DAG) 같은 핵심 중간체를 거친 뒤, 최종적으로 잎의 주요 막을 이루는 갈락토지질(MGDG, DGDG) 및 인지질(phospholipids) 등 다양한 막지질로 전환된다. 따라서 잎의 막지질 형성은 포도당에서 유래한 G3P(골격)와 엽록체에서 합성된 지방산(아실기)이 결합하여 엽록체 막과 세포막을 구성하는 글리세롤지질을 만들어 내는 과정으로 요약할 수 있다.

- DHAP: dihydroxyacetone phosphate
- G3P: glycerol-3-phosphate
- ACCase: acetyl-CoA carboxylase
- FAS: fatty acid synthase

5 차 저장 중 지질 산화에 의한 품질 변화

차를 저장하는 동안 나타나는 품질 저하와 묵은내(stale odor)는 여러 요인의 영향을 받지만, 그 중 하나가 지질 산화이다. 저장 조건에서는 주로 자가산화, 잔존 효소에 의한 산화, 광산화가 관여하며, 이 과정에서 생성·축적되는 산화 분해산물이 이취(off-flavor) 형성에 기여한다.

자가산화(autooxidation)는 불포화지방산이 효소의 관여 없이 산소와 반응하여 라디칼 연쇄반응(개시-전파-종결)으로 진행되는 산화 과정이다. 이 과정에서 지질 퍼옥시라디칼(LOO·)과 지질 하이드로퍼옥사이드(LOOH)가 형성되고, 이어지는 2차 분해를 통해 알데하이드·케톤·산 등 휘발성 산물이 축적된다. 자가산화는 온도, 산소 노출, 저장 기간에 의해 촉진되며, 저장이 길어질수록 신선한 향은 약화되고 산패취(rancid, cardboard-like)가 두드러질 수 있다.

효소적 산화(enzymatic oxidation)는 녹차의 경우 살청으로 효소 활성이 크게 억제되지만, 살청이 불충분하거나 저장 중 수분이 상대적으로 높아지는 조건에서는 LOX 등 지질 산화 효소의 활성이 영향을 미칠 수 있다. 이때 불포화지방산이 산화되어 hexanal, (Z)-3-hexenal 등 C6 계열 화합물이 증가할 수 있으며, 과다 축적되면 green/grassy 특성이 이취로 느껴질 수 있다.

광산화(photooxidation)는 빛(특히 자외선/가시광), 광감작제(photosensitizer), 산소가 함께 존재할 때 진행된다. 엽록소 함량이 높은 녹차에서는 엽록소 및 그 유도체가 광감작제로 작용할 수 있으며, 빛을 흡수한 광감작제로부터 싱글렛 산소($^1O_2$)가 생성되어 불포화지방산의 산화를 촉진한다. 그 결과 조건에 따라 푸란류·카보닐류(예: 2-pentylfuran, 1-octen-3-one/-ol, (E)-2-heptenal, hexanal) 등이 증가하며, 해조류·건초·버섯/흙내 같은 이취가 강화되어 전반적인 품질 저하로 이어질 수 있다.

오래 저장된 녹차에서 감지되는 퀴퀴한 묵은내(stale odor)는 지질 산화로 생성된 이취 성분의 축적과 관련이 있으며, hexanoic acid, hexanal, (E)-2-nonenal 등이 주요 기여 물질로 보고된다. 저장 중 찻잎이 산소·온습도·빛에 노출되면 α-리놀렌산 등 불포화지방산이 자가산화, 효소적 산화, 광산화($^1O_2$)를 거치며 알데하이드·케톤·산·푸란류 등이 증가하고 이들이 복합적으로 묵은내를 증가시킨다.

• 이취(off-flavor): 노취(stale odor), 산패취(rancid odor), cardboard-like, beany, waxy 등을 포함하는 총칭

[표 4-1] 지질 산화 유래 묵은내(stale odor) 화합물

화합물	향기 특성	생성 경로 / 원인
Hexanal	오래된 종이, 골판지/산패취 cardboard–like, rancid	리놀레산 산화(LOX – HPL 또는 자가산화) → 알데하이드 초기 신선, 고농도 저장 시 산패취
(E)–2–Nonenal	오래된 종이 내, 묵은내 cardboard–like, papery, stale	저장 중 지질 산화로 생성되는 묵은내의 대표 지표
Hexanoic acid	시큼한 치즈, 땀냄새, 기름진/산패된 지방취 cheesy, sweaty, fatty/rancid	지질 산화 및 미생물 대사산물로 산패취 유발 녹차 stale odor 기여 성분
2–Pentylfuran	콩비린내, 풋내, 흙내(해조류 뉘앙스) beany/legume–like, green, earthy, (seaweed–like)	광감작제 + 빛 + O_2 → $^1O_2$ → 리놀레산 광산화 → 볕향/일광취 → 해조류 향으로 묘사되기도 함
1–Octen–3–one 1–Octen–3–ol	버섯, 흙내, 금속 뉘앙스 mushroom–like, earthy, metallic	리놀레산 산화 분해 산물
(E,E)–2,4–Heptadienal	기름지고 튀긴 냄새, 지방취, 동물성 지방취 oily/fried, fatty, tallowy	α–리놀렌산(C18:3) 산화 생성물, 녹차 저장 시 이취 성분
(E,E)–2,4–Nonadienal	지방취, 튀긴 기름 냄새 fatty, fried/oily	리놀레산 산화 → 알데하이드
1–Penten–3–one	자극적인 톡 쏘는 냄새, 풋내, 금속성 비린내 pungent, green, metallic–fishy	α–리놀렌산 산화 → 불포화 케톤

05

색소(Pigment)

색소(pigment)란 생물체가 생산하는 유색 물질로 특정 파장의 빛을 흡수하고 나머지 빛을 반사·투과함으로써 고유한 색을 나타낸다. 식물에서 색소는 광합성에 필요한 빛 에너지를 흡수·전달하는 기능뿐 아니라, 과도한 광에너지로부터 광합성계를 보호하는 역할도 한다.

차나무 잎의 주요 색소는 크게 엽록소, 카로티노이드, 플라보노이드계 색소로 구분할 수 있다. 엽록소는 잎의 녹색을 결정하는 핵심 광합성 색소이며, 카로티노이드는 황색-주황색 계열의 지용성 보조색소로서 빛 흡수 범위를 보완하고 광보호에 기여한다. 플라보노이드계 색소는 무색~옅은 황색의 플라보놀류와 붉은색~자주색을 띠는 안토시아닌 등을 포함하며, 특히 안토시아닌은 환경 스트레스 조건에서 축적이 증가하는 경향이 보고된다.

차의 색은 생엽에 본래 존재하는 색소 물질과 제다 과정에서 새로 형성되는 색소 성분이 함께 건차의 색, 찻물색, 우린잎의 색에 영향을 미친다. 제다 과정에서는 카테킨을 중심으로 한 폴리페놀이 효소적 산화와 중합을 거치면서 새로운 색소 물질이 생성되는데, 대표적으로 테아플라빈, 테아루비긴, 테아브라우닌 등 색소성 물질이 형성되며 황적색·적갈색·암갈색 계열의 찻물색과 우린잎의 색 형성에 기여한다.

[표 5-1] 차의 색에 영향을 미치는 주요 화학성분

구　분		화합물	색
지용성 색소	엽록소 및 엽록소의 화학 반응에 의해 형성된 색소 물질	엽록소 chlorophylls	청록색~황록색
		페오피틴 pheophytins	회록색~황갈색
	카로티노이드 carotinoids (엽록체)	카로틴 carotenes	주황색
		잔토필 xanthophylls	황색
수용성 색소	플라보노이드 flavonoids (액포)	플라보놀 및 플라본 배당체 flavonol & flavone glycosides	황색~황녹색
		안토시아닌 anthocyanins	산성: 홍색 중성: 자색 알칼리: 청색

자색 차나무 품종

녹색 차나무 품종

황색 차나무 품종

1 엽록소(Chlorophyll)

1-1. 엽록소의 구조 및 특성

엽록소는 엽록체(chloroplast) 내부의 틸라코이드막(thylakoid membrane)에 존재하는 광합성 색소로, 차나무의 광합성에 필수적이며 녹차의 외관 색과 우린잎 색 형성에 중요한 기능을 한다. 엽록소 분자는 크게 클로린형 매크로고리(chlorin macrocycle)와 피틸 곁사슬(phytyl side chain)로 이루어진다. 클로린형 매크로고리는 네 개의 피롤 고리가 결합한 테트라피롤 계열의 고리 구조이며, 중심에 마그네슘 이온(Mg^{2+})이 결합해 빛 에너지 흡수와 에너지 전달에 핵심적인 역할을 한다. 피틸 곁사슬은 지용성이 강한 C20 디테르페노이드(피톨 유래)로, 고리의 측쇄와 에스터 결합을 통해 연결되어 엽록소가 틸라코이드막에 안정적으로 고정될 수 있도록 돕는다.

차나무 잎의 엽록소는 주로 엽록소a와 엽록소b의 두 형태로 존재하며, 두 분자는 클로린 고리의 특정 위치 치환기 차이로 구분된다(엽록소 a: 메틸기 –CH₃, 엽록소 b: 알데하이드기 -CHO). 이 작은 구조적 차이는 두 분자가 서로 다른 파장대의 빛을 흡수해 광 이용 효율을 높이는데 기여한다. 광합성 체계에서 엽록소a는 반응중심(reaction center)의 핵심 색소로서 광에너지 흡수와 전자 전달 개시에 직접 관여하고, 엽록소b는 주로 광수확복합체(LHC)에 포함되어, 흡수하는 빛의 파장 범위를 넓혀 광합성 효율을 증가시키는 보조색소 역할을 한다. 특히 그라나(grana) 영역에는 광계 II(PSII)와 결합한 LHCII가 풍부하며, 단백질-색소 복합체 형태로 여러 분자의 엽록소가 결합해 효율적인 에너지 전달을 가능하게 한다.

엽록소a:b의 비율은 약 2~3:1 범위이며, 총 엽록소 함량은 건물질 총량(dw)의 약 0.3~0.8% 수준이다. 다만 이 비율과 함량은 품종, 채엽 시기·잎의 성숙도, 광환경·온도 등 재배 조건에 따라 달라질 수 있으며, 제다·저장 과정에서도 변동될 수 있다.

- 광계(photosystem): 틸라코이드막에 있는 반응중심(RC) + 안테나복합체로 이루어진 광화학 장치(PSII, PSI). 빛을 전자로 바꾸는 출발점
- 광수확복합체(Light-Harvesting Complex, LHC): 단백질-색소(주로 엽록소+카로티노이드) 복합체로 빛을 흡수해 생성된 에너지를 반응중심으로 전달하는 안테나 역할을 한다.

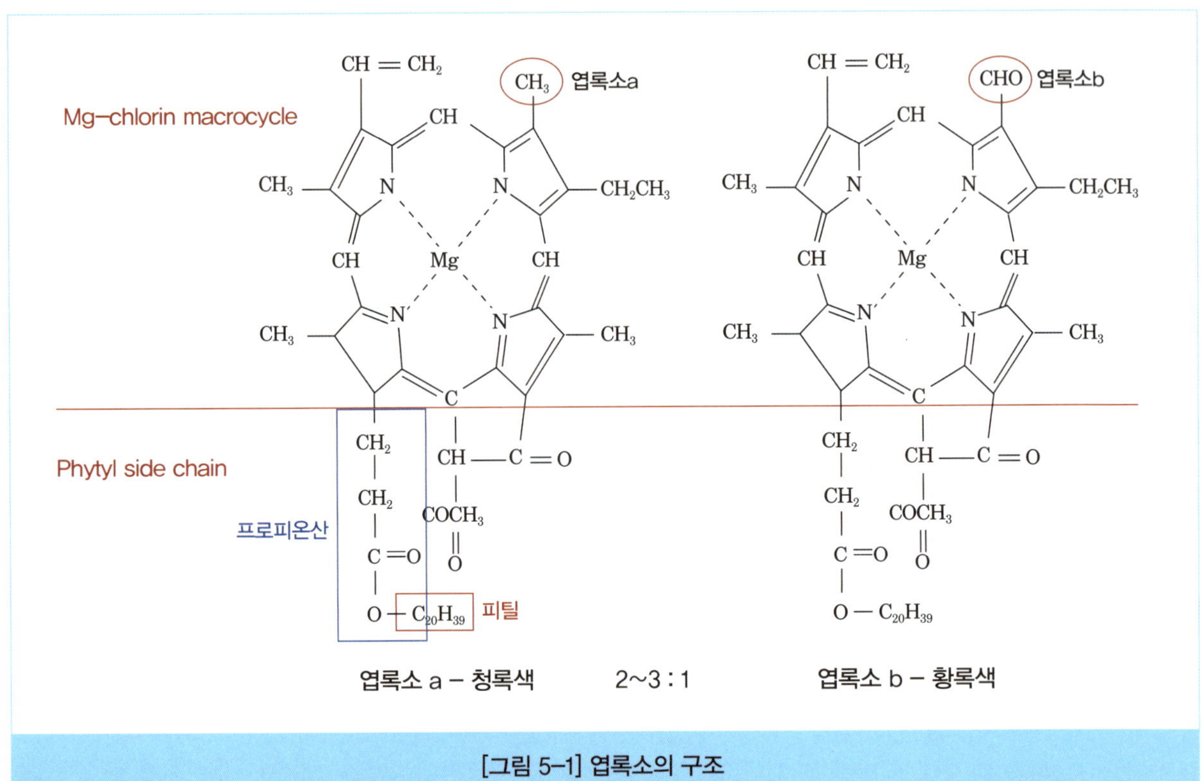

[그림 5-1] 엽록소의 구조

• 엽록소(Chl a/b) = Mg-클로린 매크로고리 + 피틸 곁사슬(프로피온산과 에스터화)

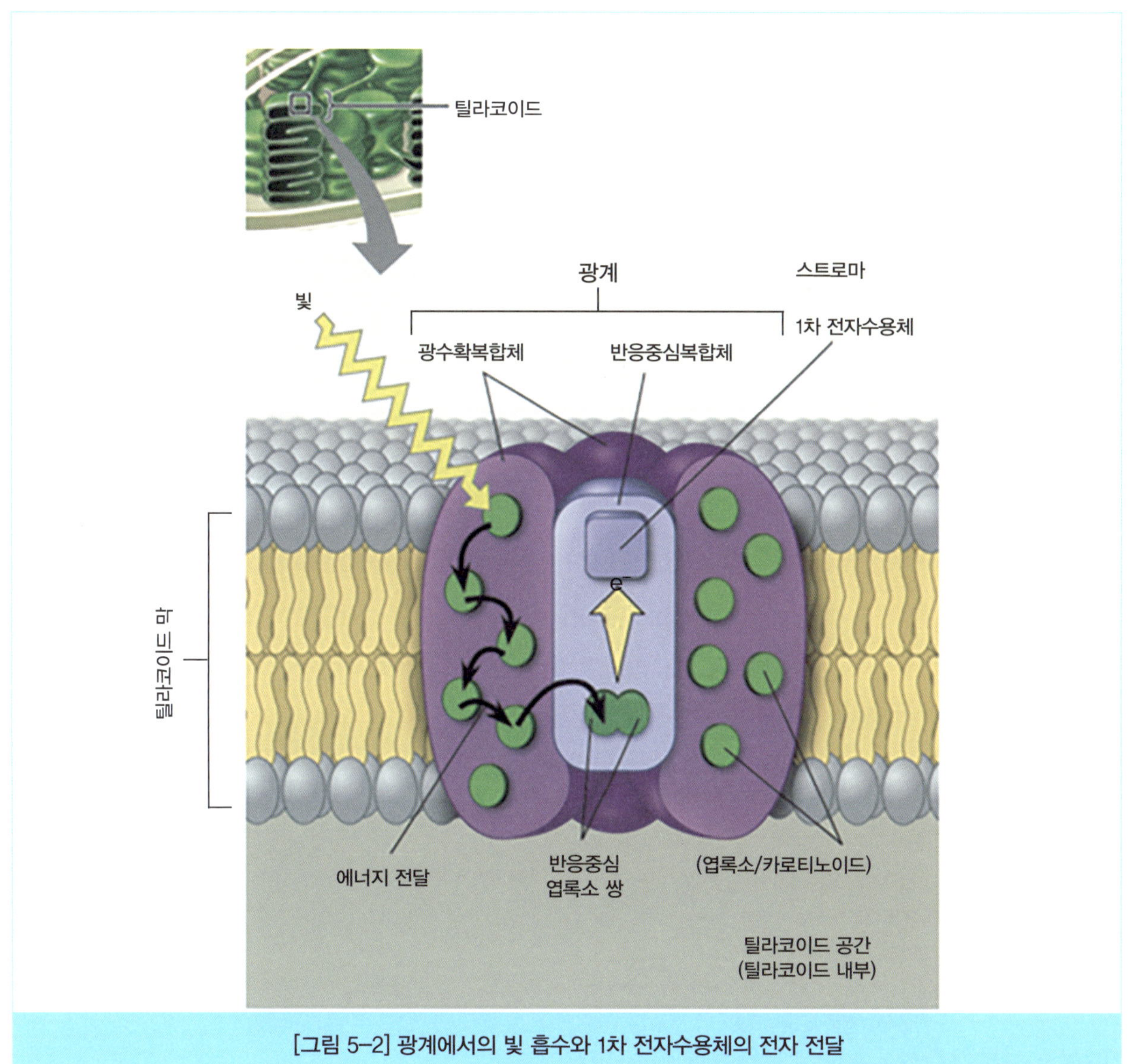

[그림 5-2] 광계에서의 빛 흡수와 1차 전자수용체의 전자 전달

광합성 막에 존재하는 광화학반응계는 광수확복합체(LHC)와 반응중심(RC)으로 구성된다. 빛이 들어오면 LHC에 결합한 엽록소 a·b와 보조색소가 먼저 빛을 흡수해 들뜬 상태가 되고, 이때 생성된 여기 에너지는 전자 자체가 이동하는 것이 아니라 색소들 사이를 거쳐 반응중심으로 전달된다. 반응중심에는 특별한 엽록소 쌍(dimer)이 존재하며, 충분한 에너지를 받으면 전하 분리가 일어나 전자가 반응중심을 떠나 1차 전자수용체로 이동하면서 전자 전달이 시작된다. 즉, LHC는 다양한 파장의 빛을 넓게 흡수해 에너지를 모으는 '안테나' 역할을 하고, 반응중심의 엽록소 a는 그 에너지를 이용해 전자 이동을 개시하는 핵심 색소로 기능한다.

1-2. 엽록소 생합성 경로(Chlorophyll Biosynthesis)

엽록소 생합성은 여러 효소 반응이 연속적으로 진행되는 테트라피롤 대사 경로로, 글루탐산이 tRNA에 결합한 글루타밀-tRNA에서 출발하여 최종적으로 엽록소 a와 b가 형성된다. 주요 단계를 살펴보면,

① 글루탐산 → ALA

② ALA → Proto IX → Mg-Proto IX

③ Mg-Proto IX → Pchlide → Chlide a → 엽록소 a(→ 엽록소 b)

먼저 GluTR과 GSA-AM의 작용을 통해 글루탐산으로부터 δ-아미노레불린산(ALA)이 생성된다. ALA는 포르피린 전구체 단계를 거쳐 프로토포르피린 IX(Proto IX)로 전환되며, Mg-chelatase가 Mg^{2+} 를 삽입하여 Mg-Proto IX를 형성한다. 이후 메틸화·고리화 단계를 거쳐 프로토클로로필라이드(Pchlide)가 만들어지고, POR에 의해 클로로필라이드 a(Chlide a)로 환원된다. Chlide a는 ChlG에 의해 피틸기가 에스터화되면서 엽록소 a로 완성된다. 한편 CAO는 Chlide a를 Chlide b로 산소화하며, 생성된 Chlide b도 ChlG에 의해 에스터화되어엽록소 b가 형성된다. 엽록소 a와 b는 측쇄 차이로 흡수 파장대가 달라 광 흡수 범위를 넓히는 데 기여하며, 전체 경로에는 포르피린 공통 단계를 포함해 15종 이상의 효소가 관여한다.

- GluTR(glutamyl-tRNA reductase): 글루타밀-tRNA 환원효소
- GSA-AM(glutamate-1-semialdehyde aminomutase(=HemL)): GSA 아미노뮤테이스
- ALA: 5-aminolevulinic acid
- Mg-chelatase(MgCh): Mg^{2+} 삽입효소
- POR(protochlorophyllide oxidoreductase): 엽록소 생합성에서 빛에 의해 본격적으로 녹색 색소가 만들어지는 핵심 관문
- ChlG(Chlorophyll synthase): 엽록소 합성효소
- CAO(chlorophyllide a oxygenase): 클로로필라이드 a 산소화효소

1-3. 엽록소 분해 경로(Chlorophyll Catabolism during Tea Processing)

차의 제다 과정에서는 세포 구조 변화와 pH·온도·산소·광 조건의 영향으로 엽록소가 효소적 반응과 비효소적 반응을 통해 단계적으로 분해·전환된다.

먼저 효소활성이 유지되는 조건에서는 엽록소 중심의 Mg^{2+} 가 제거(Mg-dechelation)되고 H^+ 로 치환되어 페오피틴이 형성될 수 있으며, 이어 페오피티나제(PPH, pheophytinase)에 의해 피틸 곁사슬이 제거되어 페오포르바이드로 전환될 수 있다. 또한 가공 조건에 따라 클로로필라아제(CLH)가 먼저 작용해 엽록소에서 피틸기가 제거된 클로로필라이드가 형성되고 이후 중심 Mg^{2+} 가 H^+ 로 치환되면서 페오포르바이드로 이어질 수 있다.

비효소적 분해는 주로 약산성 및 가열 조건에서 촉진되며 Mg^{2+} 가 H^+ 로 치환되면서 페오피틴화가 진행된다. 열처리가 강화되거나 고온 조건이 지속되면 $C13^2$-탈메톡시카르보닐화(demethoxycarbonylation)가 일어나 피로페오피틴 a와 같은 열 유래 유도체가 증가할 수 있으며, 이러한 지용성 색소의 축적은 건차색과 우린잎 색을 녹황색에서 올리브색, 더 나아가 갈색 계열로 변화시키는 데 기여한다.

한편, 가공·저장·광노출 과정에서는 산소와 빛에 의해 산화 엽록소(oxidized chlorophylls) 유도체가 형성될 수 있으며, 이 과정은 주로 비효소적 산화로 진행되지만, 조건에 따라 효소적 산화가 함께 작용할 가능성도 제시된다.

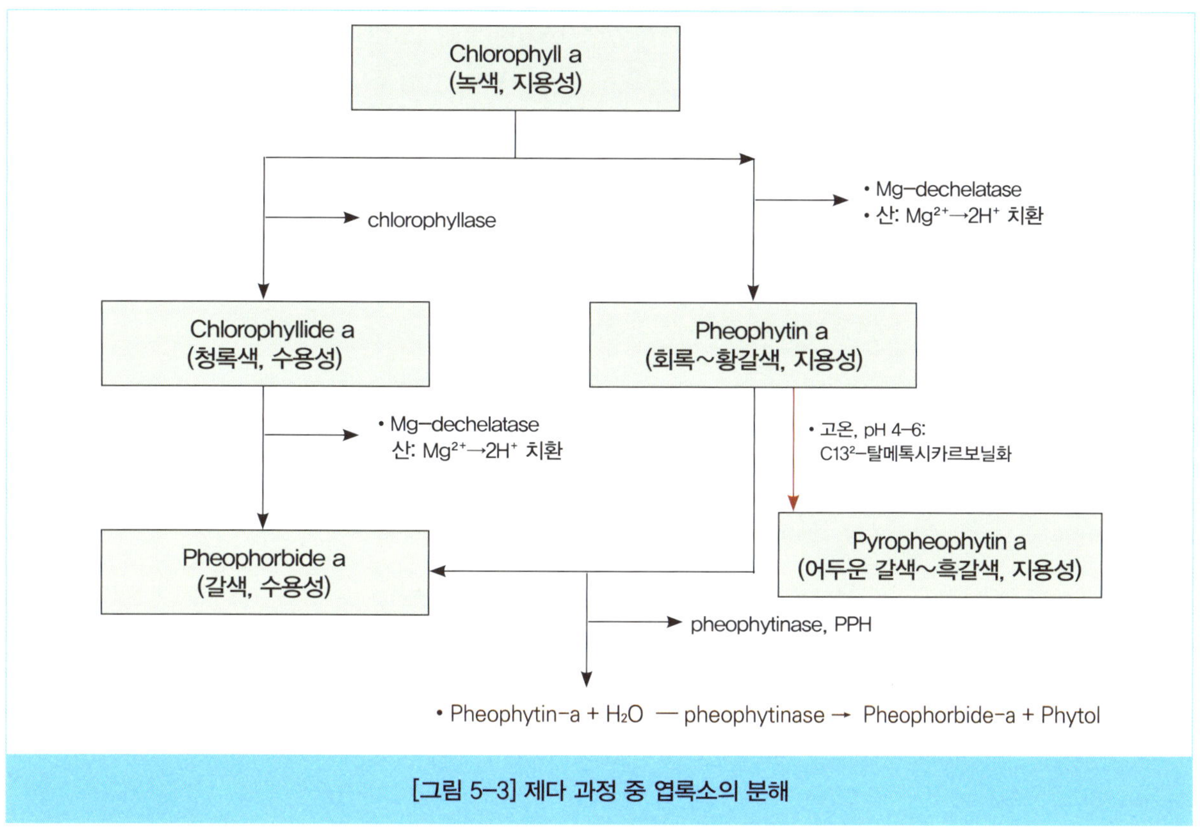

[그림 5-3] 제다 과정 중 엽록소의 분해

- CLH(Chlorophyllase): 엽록소의 피톨 사슬을 절단하는 효소
- PPH: Pheophytinase
- 피로페오피틴(pyropheophytin, PPP): 엽록소 a의 Mg^{2+} 탈착으로 생긴 페오피틴 a가 가열(특히 >100 ℃)·약산성 조건에서 13^2-탈메톡시카르보닐화되어 생기는 열분해 산물로, 차의 후발효/건조·제향 단계에서 증가할 수 있다.
- Mg-dechelatase: 엽록소 중심의 Mg^{2+}를 제거해 페오피틴 a 형성, 또는 Chlide a에서 Pheophorbide a로 분해
- 산화 엽록소 대표 물질: 가공/저장 중 산소·열·빛 혹은 POX 등으로 산화형 엽록소 유도체 형성
  - ○ 13^2-하이드록시-클로로필/페오피틴
  - ○ 15^1-하이드록시-락톤-페오피틴

1-4. 차광 재배에 따른 엽록소 함량 변화와 조절 메커니즘

　차광 재배 찻잎으로 가공한 대표적인 녹차인 말차(Matcha)와 옥로(Gyokuro)는 일반적인 비차광 녹차에 비해 엽록소 함량이 높은 것으로 알려져 있다. 신초의 엽록소 함량과 엽색, 관련 유전자 발현은 차광 강도와 처리 기간에 따라 달라지며, 차광 조건은 전반적으로 엽록소 축적을 증가시키는 방향으로 작용한다. 선행 연구에 따르면 차광 환경에서는 광수용체 하부 신호전달 경로가 변화하고, 이 과정에서 광신호에 반응하는 전사인자인 CsHY5를 중심으로 한 전사 조절 경로의 조정이 일어난다. 이러한 조절 변화는 엽록소 생합성의 핵심 효소인 CsPOR을 포함한 관련 유전자의 발현 증가와 연관되어, 결과적으로 엽록소 축적을 촉진하는 것으로 해석된다.

　한편, 동일한 차광 조건에서 재배된 녹차라 하더라도, 말차와 옥로 사이에는 엽록소 함량 및 조성에서 차이가 관찰되는데, 이는 차광 처리 방식뿐 아니라 제다공정의 차이에 따른 영향이 복합적으로 작용한 결과로 볼 수 있다. 특히 말차는 찻잎 전체를 분말화하여 이용하는 특성상, 제다 과정에서의 열·산 노출 및 가공 형태 차이가 엽록소 유도체로의 전환 정도에 영향을 미칠 가능성이 있다. 요약하면, 차광 재배는 광신호 전달 경로의 조절을 통해 엽록소 생합성을 촉진하며, 제다공정 조건과의 상호작용에 따라 최종 녹차의 엽록소 함량과 색 품질에 유의미한 영향을 미친다.

- CsHY5: 빛을 받으면 찻잎의 색·항산화 성분(안토시아닌/플라보놀)을 늘리고 상황에 따라 엽록소 합성을 조절하는 전사인자
- CsPOR: protochlorophyllide oxidoreductase

[표 5-2] 일본 녹차 종류별 엽록소 함량

(mg/kg dw)

항목	Matcha(평균, n=3)	Gyokuro	Sencha	Green tea(비차광)
Total chlorophylls	14,210.00	11,974.62	5,608.84	1,060.22
Chlorophyll a	6,073.50	3,891.98	1,840.28	122.35
Chlorophyll b	3,742.11	2,917.18	1,278.77	197.79
a/b ratio (Chl 만)	1.62	1.33	1.44	0.62
Chlorophyllide (a/b)	a 24.86 / b 31.91[†]	a 38.53 / b NR	a 61.47 / b NR	a 0.45 / b 0.66
Pheophorbide (a/b)	a 44.82 / b 14.77[†]	a 159.33 / b 7.04	a 243.68 / b NR	a 6.15 / b NR
Pheophytin (a+b)	4,291.63	5,023.16	2,183.81	730.49

- Matcha는 3시료 평균값만 제시(±SD 생략)
- NR: 원문에 미보고
- †: 해당 항목은 단일 시료값을 사용(평균 아님)
- a/b는 Chlorophyll a/b만으로 계산

2 카로티노이드(Carotenoid)

카로티노이드는 찻잎에서 엽록소와 함께 존재하는 대표적인 지용성 보조색소로, 잎의 황색-주황색 계열의 색을 나타내며 광합성 및 광스트레스 대응에 관여한다. 카로티노이드는 일반적으로 C40 테트라테르페노이드(8개의 아이소프렌 단위) 골격을 갖는 천연 색소군으로, 구조에 따라 탄화수소만으로 이루어진 카로틴류(carotenes)와 산소를 포함하는 잔토필류(xanthophylls)로 구분된다. 카로틴류는 β-카로틴(β-carotene), α-카로틴(α-carotene) 등이 포함되며, 리코펜(lycopene)은 생합성 경로의 중간체로서 조건에 따라 소량 검출될 수 있다. 잔토필류에는 루테인(lutein), 제아잔틴(zeaxanthin), 비올라잔틴(violaxanthin), 네오잔틴(neoxanthin) 등이 보고된다.

찻잎의 카로티노이드는 β-카로틴과 루테인이 주요성분이며, 비올라잔틴, 네오잔틴도 주요 잔토필로 알려져 있다. 신초의 일아이엽 혹은 성숙엽 기준으로 총 카로티노이드는 건조중량 0.036~0.073% dw(=0.36~0.73 mg/g dw) 수준에서 보고되며, 품종·재배조건·잎의 성숙도 및 분석조건에 따라 변동 폭이 달라진다. 카로티노이드는 엽록소가 흡수하지 못하는 파장의 빛 에너지를 보조적으로 흡수하여 광합성 효율을 높이고, 특히 강한 빛 조건에서 광산화 스트레스로부터 식물을 보호하는 광보호 기능을 수행한다. 루테인·제아잔틴 등 잔토필은 강광 조건에서 과잉 흡수된 빛 에너지를 열로 소산(NPQ)시키는 광보호 기능과 ROS 억제에 관여한다

또한 카로티노이드는 ABA(앱시스산, abscisic acid)와 스트리고락톤(strigolactones) 생합성의 전구체로도 작용한다. ABA는 에폭시카로티노이드가 NCED에 의해 절단되는 경로를 통해 형성되는 대표적 식물호르몬으로, 가뭄·염·저온 등 스트레스 조건에서 기공 조절과 생장·휴면 조절에 관여한다. 스트리고락톤은 뿌리 유래 식물호르몬으로, 분지 발달을 억제하고, 균근균과의 공생 형성에 관여하는 신호물질로 작용한다.

- NPQ(Non-photochemical quenching): 광합성에서 남는 빛 에너지를 광화학 반응으로 쓰지 못할 때, 그 에너지를 안전하게 열로 바꿔서 방출(소산)하는 광보호 메커니즘
- 소산(dissipation): 빛 에너지가 화학에너지로 가지 않고 무해한 열 형태로 분산되어 외부로 빠져나간다는 뜻
- NCED: 균근균. 균근을 형성하는 곰팡이

제다 과정에서 효소적 절단(주로 CCD/NCED 계열) 또는 산화·열분해 같은 비효소적 반응을 통해 분해되며, 그 결과 β-이오논(β-ionone), β-다마세논(β-damascenone), (β-)사이클로시트랄(β-cyclocitral), 테아스피론 등 향기 기여도가 큰 아포카로티노이드가 생성될 수 있다. 예를 들어 β-카로틴 유래 β-이오논은 제비꽃 계열의 특징 향기성분으로, 이러한 휘발성 아포카로티노이드는 특히 청차·홍차의 향기 형성에 중요한 영향을 미친다.

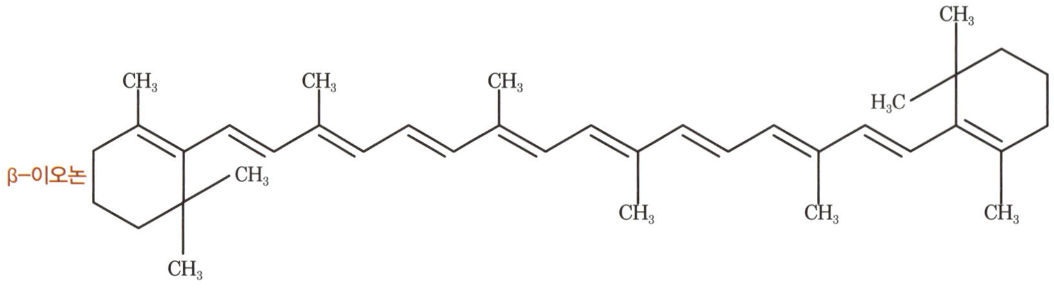

[그림 5-4] 카로티노이드 색소 분자 구조(β-카로틴)

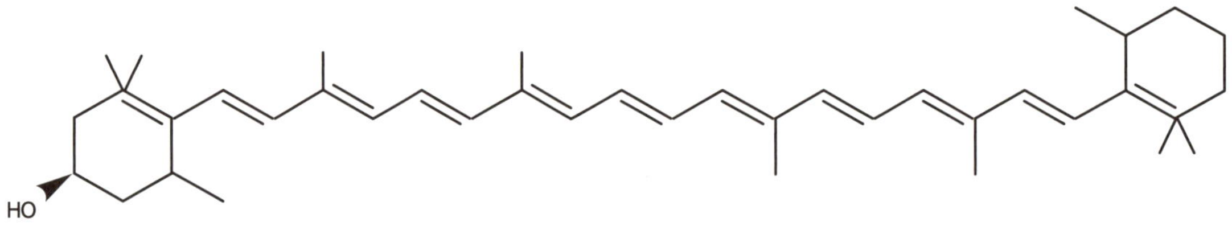

[그림 5-5] 카로티노이드 색소 분자 구조(크립토잔틴, 잔토필)

2-1. 카로티노이드의 합성 및 분해 경로

식물의 카로티노이드 생합성 경로는 축합, 탈포화/이성질화, 고리화, 수산화, 에폭시화/탈엑엑포시화 등 일련의 생화학 반응으로 구성된다.

카로티노이드는 엽록체에서 GGPP를 출발물질로 하여 합성되며, 피토엔(phytoene)-리코펜을 거쳐 β-카로틴과 α-카로틴으로 분기한다. 이후 하이드록실화·에폭시화 반응을 통해 루테인, 제아잔틴, 비올라잔틴 등 주요 잔토필이 형성·조절되며, 비올라잔틴-제아잔틴으로 전환되는 잔토필 사이클은 강광 조건에서 NPQ 조절을 통해 광보호에 기여한다. 한편, 카로티노이드는 CCD 계열 효소에 의해 절단되어 β-ionone, β-cyclocitral 등 향기 전구체성 아포카로티노이드를 생성할 수 있으며, NCED 경로를 통한 에폭시카로티노이드 절단은 ABA 형성에도 연결된다.

종합하면, 카로티노이드는 차의 색과 향 형성뿐 아니라 광보호·항산화를 통해 차나무의 스트레스 대응과 품질 형성에 관여하는 핵심 색소이다.

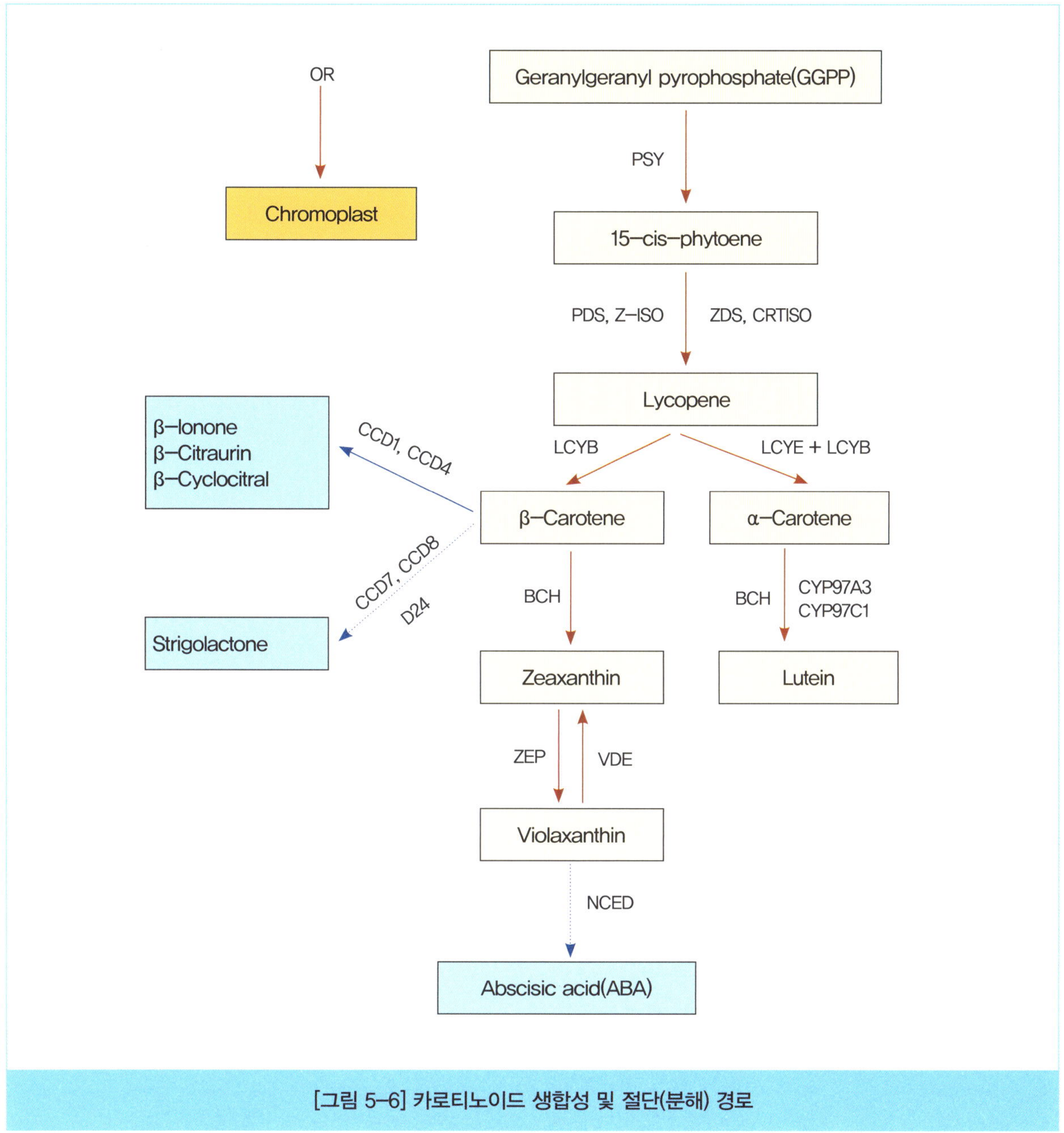

[그림 5—6] 카로티노이드 생합성 및 절단(분해) 경로

• 카로티노이드 생합성 경로(붉은 화살표)
  ○ GGPP → (PSY) 피토엔 → (PDS, Z-ISO, ZDS, CRTISO) 라이코펜 → (LCYB) → β-카로틴 → (BCH) 제아잔틴 ↔ (ZEP) 비올라잔틴
  ○ 리코펜 → (LCYE+LCYB) α-카로틴 → (BCH/CYP97A3/CYP97C1) 루테인
• 카로티노이드의 분해(파란 화살표)
  ○ β-카로틴 → (CCD 류) → β-ionone, β-citraurin, β-cyclocitral → (D27 + CCD7 + CCD8) → strigolactone 등
  ○ 비올라잔틴 → (NCED) → ABA
• OR(Orange) 유전자: 카로티노이드 축적을 증가시키는 쪽으로 작용하는 조절 유전자
• 플라스티드(plastid): 식물(및 일부 조류) 세포에서 색소·대사·저장 기능을 수행하는 엽록체·유색체·백색체 등을 포함한 소기관군의 총칭
• 엽록체(chloroplast): 엽록소를 갖고 광합성이 중심(녹색)
• 유색체(chromoplast): 카로티노이드 축적 중심(노랑/주황/빨강)

- GGPP(geranylgeranyl pyrophosphate): 제라닐제라닐이인산, 카로티노이드 생합성의 전구체

- PSY(phytoene synthase): 피토엔 합성효소

- PDS / Z-ISO / ZDS / CRTISO: 탈수소화·이성화에 관여하는 효소

- LCYB(β-cyclase), LCYE(ε-cyclase): α-카로틴과 β-카로틴 생성에 관여하는 효소

- BCH(β-carotene hydroxylase): 카노티노이드의 B-고리를 수산화해 β-카로틴 → 제아잔틴 및 α-카로틴 → 루테인 경로의 비고리 수산화에 관여하는 효소

- CYP97A3 / CYP97C1, BCH: 루테인 합성에 관여하는 효소

- ZEP(zeaxanthin epoxidase): 제아잔틴 에폭시화효소, 비올라잔틴 생성

- VDE(violaxanthin de-epoxidase): 비올라잔틴 → 제아잔틴(역방향) 탈에폭시화 효소(잔토필 사이클)

- CCD(carotenoid cleavage dioxygenase; CCD1/CCD4 등): 카로티노이드를 절단해 β-ionone, β-cyclocitral 등 아포카로티노이드 생성.

- NCED(9-cis-epoxycarotenoid dioxygenase): 9-cis-에폭시카로티노이드(비올라잔틴, 네오잔틴)를 산화적으로 절단하여 잔토신을 생성하며 잔토신은 후속반응을 거쳐 ABA로 전환된다.

[표 5-3] 자색·녹색·황색 차나무 잎의 카로티노이드 함량 비교

unit: μg g^{-1}, dry weight

Carotenoids	Purple leaves(P)	Green leaves(G)	Yellow leaves(Y)
Lutein	585.0	893.0	395.0
α-Carotene	10.9	35.8	11.6
β-Carotene	226.0	495.0	274.0
(E/Z)-Phytoene	9.35	7.96	10.7
Zeaxanthin	20.2	39.0	60.5
Violaxanthin	2.2	3.41	1.33
Neoxanthin	20.8	22.3	8.8
β-Cryptoxanthin	23.2	45.9	17.1
Total carotenoids	905.9	1553.8	790.3
Chl a(mg / g, dw)	1.24	1.44	0.58
Chl b(mg / g, dw)	0.56	0.71	0.12
Total Chl (a+b)	1.80	2.15	0.70

- 카로티노이드 총량은 본 논문의 19종 카로티노이드를 합산한 총량으로, 위 표에는 중요한 8종의 카로티노이드만 정리하였다.
  - P값은 자색 잎 9개 품종을 동일 비율로 혼합한 시료에서 측정한(3반복 평균) 각 카로티노이드의 농도이다.
  - G값은 녹색 잎 3개 품종을 동일 비율로 혼합한 시료에서 측정한(3반복 평균) 각 카로티노이드의 농도이다.
  - Y값은 황색 잎 3개 품종을 동일 비율로 혼합한 시료에서 측정한(3반복 평균) 각 카로티노이드의 농도이다.

[표 5-4] 자색 잎으로 가공한 녹차(GT)·백차(WT)·홍차(BT)의 주요 카로티노이드 함량 비교

Carotenoids	Absolute concentration (µg·g−1) n=3			
	Fresh leaves	GT	WT	BT
α−Carotene	28.1	19.77	2.61	2.53
β−Carotene	412	386	142.67	50.93
(E/Z)−Phytoene	17.9	13.83	5.75	2.64
Zeaxanthin	11.2	4	4.8	1.32
Violaxanthin	5.29	−	0.53	−
Neoxanthin	48.6	2.89	17.37	5.53
Lutein	873	392	298	129.33
β−Cryptoxanthin	41.3	8.2	7.98	1.96
Total	1447.92	830.14	483.19	195.28

• Total은 참고문헌 Table S2에 보고된 전체 카로티노이드(17종) 합계이며, 19종 중 일부 성분은 미검출/정량불가로 제외되었다. 본 표에는 주요 8종만 정리하였다.

• 값은 평균(n=3)이며, 표준편차(±SD)는 생략하였다.

3 안토시아닌(anthocyanin)

안토시아닌은 플라보노이드 계열의 수용성 색소로서 식물의 대표적인 2차 대사산물이며, 주로 액포에 축적되어 꽃·과실·잎 등에 적색·자색·청색 계열의 색을 나타낸다. 화학적으로 안토시아닌은 안토시아니딘(anthocyanidin) 골격에 당이 결합한 배당체(glycoside) 형태가 일반적이며, 당이 결합하지 않은 비배당체를 안토시아니딘이라 구분한다.

안토시아닌은 식물이 자외선이나 강한 광에 의해 유발되는 활성산소종(ROS, reactive oxygen species)의 스트레스로부터 자신을 보호하는 대표적인 방어 물질이다. 특히 자유 라디칼(free radical)을 제거하고, 광 필터(photofilter)의 기능을 통해 세포 내 주요 광합성 기관을 보호하는 데 핵심적인 역할을 한다.

3-1. 품종별 안토시아닌의 함량 및 배당체 조성

차나무의 일반 녹색 잎에서는 안토시아닌이 건물(dry weight) 기준 대체로 약 0.01%를 차지하고, 자색차나무 품종의 경우 약 3.02~6.97 mg/g dw(= 0.302~0.697% dw) 범위로 보고된다. 자색 차나무 품종은 일반 녹색 품종보다 신초와 잎이 뚜렷한 자주색을 나타내는 것이 특징이다. 차나무 품종에 따라 존재하는 안토시아닌 배당체(glycoside)의 종류가 다르며, 생엽의 성숙도에 따라서도 함량 차이가 뚜렷하게 나타난다. 현재까지 자색 차나무 품종에서 20종 이상의 다양한 안토시아닌이 보고되었으며, 주성분으로 델피니딘(delphinidin), 시아니딘(cyanidin), 펠라고니딘(pelargonidin) 및 이들의 배당체가 보고되었다. 최근의 연구에서는 페투니딘(petunidin)이 차나무에서 네 번째 주요 안토시아닌 성분으로 추가 확인되었다. 자색 찻잎에서 가장 많이 존재하는 주요 안토시아닌은 delphinidin-3-O-galactoside 및 cyanidin-3-O-galactoside로 확인되고 있다.

차나무에서 안토시아닌 함량과 조성은 일반적으로 채엽 시기, 잎의 성숙도, 품종, 추출 및 검출 방법 등 여러 요인의 영향을 받는다. 자색 찻잎(PTLs, purple tea leaves)에서 안토시아닌 농도는 봄철에 가장 높고, 여름과 가을로 갈수록 감소하는 경향이 있다. 어린잎, 특히 1엽과 2엽은 일반적으로 안토시아닌 함량이 더 높고, 잎이 성숙함에 따라 감소한다. 예를 들어 Zijuan 품종에서는 1엽과 2엽의 안토시아닌 수준이 각각 0.602 및 0.576 mg/g으로, 4엽과 5엽에서의 0.176 및 0.099 mg/g보다 유의하게 높게 나타났다.

현재, 자색을 띠는 차나무 품종은 중국(Zijuan, Ziyan 등), 일본(Sunrouge), 스리랑카(TRI 2043), 케냐(TRFK 306) 등에서 활발히 육종되어 세계적으로 다양한 품종이 보고되고 있다.

• delphinidin-3-O-galactoside: delphinidin(안토시아니딘 골격)에 galactose(갈락토스)라는 당이 3번 위치(3-OH)에 O-글리코시드 결합(O-glycoside)으로 붙은 특정 안토시아닌

[표 5-6] 자색/녹색 잎의 화학성분 비교

	PTLs	GTLs
Anthocyanins	3.02~6.97 mg/g	Almost undetectable
Total catechins	127.66~181.62 mg/g	116.65~167.69 mg/g
Total flavonoids	20.4 mg/g	15.8 mg/g
Total amino acids	33.77~45.43 mg/g	33.40~44.31 mg/g
Caffeine	35.84~40.07 mg/g	37.87~45.69 mg/g

3-2. 안토시아닌의 생합성 경로(Biosynthesis Pathway)

안토시아닌 축적은 생합성 경로의 전구체 공급, 구조 유전자(structural genes)의 발현 수준, 전사인자(transcription factors)에 의한 전사 조절뿐 아니라 수송·액포 저장 과정이 복합적으로 작용한 결과로 결정된다. 또한 품종 고유의 유전적 특성과 재배지 환경 요인이 서로 작용하여 최종적으로 안토시아닌 함량에 영향을 미친다.

차나무에서 안토시아닌은 플라보노이드 생합성 경로의 하위 대사산물이다. 생합성은 플라보노이드 대사계 내에서 카테킨 합성과 분리된 독립적 가지(branch) 경로를 구성하며, 공통 전구체를 공유하기 때문에 두 경로 사이에는 기질 경쟁이 발생한다.

안토시아닌은 전반적으로 두 단계로 합성된다.

① 페닐프로파노이드 경로(Phenylpropanoid Pathway)

안토시아닌 생합성은 아미노산 L-페닐알라닌(L-phenylalanine)에서 시작한다. 먼저 PAL이 페닐알라닌을 탈아미노화하여 시나믹산(cinnamic acid)을 생성하고, C4H에 의해 p-쿠마르산(p-coumaric acid)으로 전환된다. 이후 4CL이 이 물질을 활성화하여 플라보노이드 경로의 공통 전구체인 p-coumaroyl-CoA를 형성한다. 이 단계까지를 페닐알라닌으로부터 유래한 전구체 형성 단계인 페닐프로파노이드 경로라 한다.

② 플라보노이드 경로 및 안토시아닌 특이적 형성 단계

형성된 p-쿠마로일-CoA는 CHS/CHI에 의해 나린제닌(naringenin)으로 이성질화된다. 이후 F3H의 작용으로 dihydrokaempferol(DHK)이 형성되며 이 DHK는 하이드록실화 효소의 활성에 따라 다음 두 가지 주요 경로로 분기된다.

FLS(Flavonol synthase) 작용 시 kaempferol 등 플라보놀로 전환되거나, F3′H가 우세할 경우 dihydroquercetin(DHQ), F3′5′H가 우세할 경우 dihydromyricetin(DHM)으로 하이드록실화 된다. 이렇게 형성된 DHQ, DHM은 DFR에 의해 무색의 류코안토시아니딘(leucoanthocyanidin)으로 환원된 후, ANS의 산화반응을 통해 시아니딘, 펠라고니딘, 델피니딘 등의 유색 안토시아니딘으로 전환된다.

안토시아니딘은 아글리콘 상태에서 매우 불안정하므로, UGT가 안토시아니딘의 3-위치에 hexose(glucose나 galactose)를 결합시켜 안정적인 안토시아닌 배당체로 전환한다. 안토시아닌의 구조적 다양성은 배당화·메틸화·아실화 등의 효소 반응으로 형성되며, 이렇게 생성된 배당체는 GST, ABC 또는 MATE 매개 수송체를 거쳐 액포로 수송되어 저장된다.

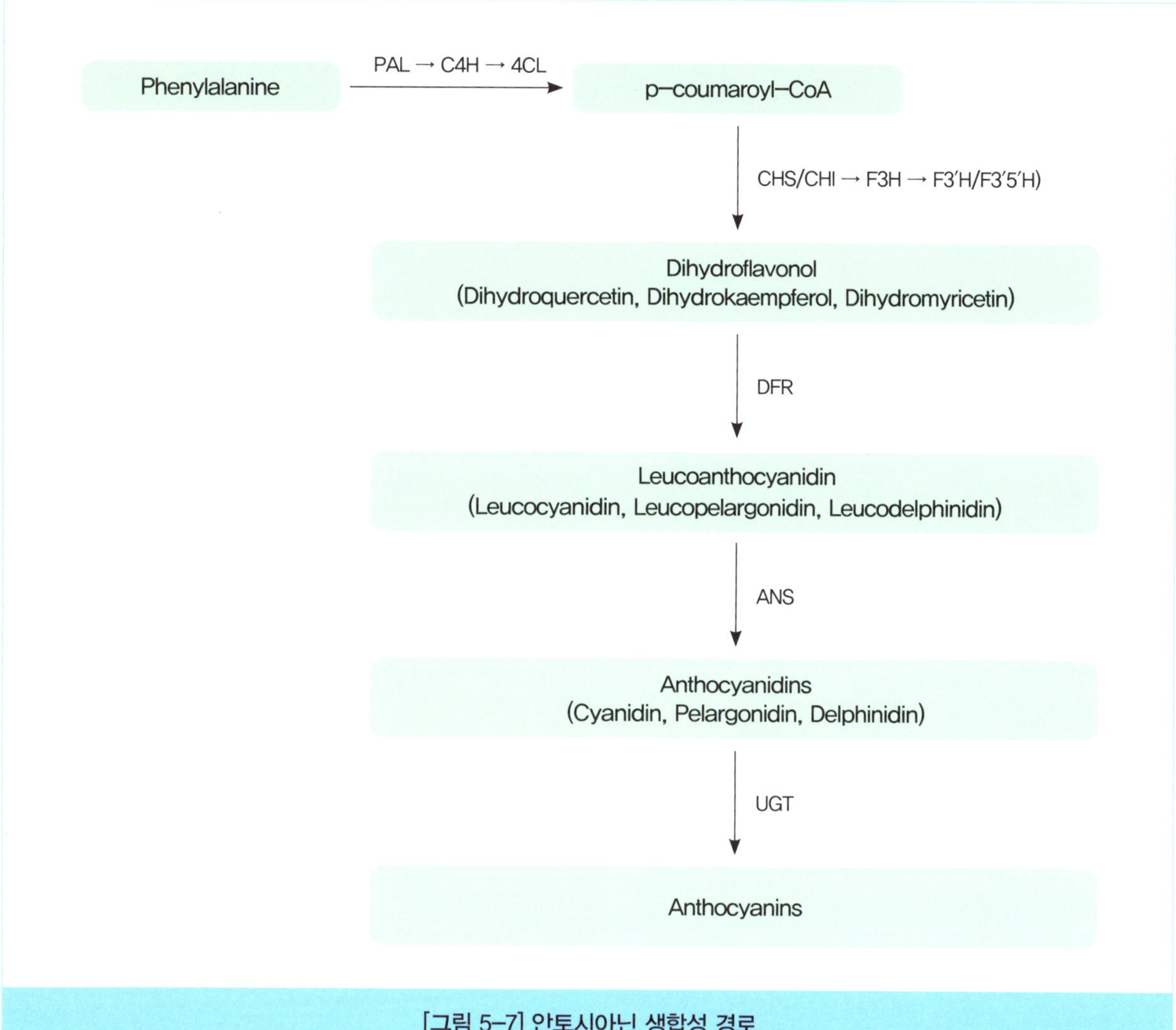

[그림 5-7] 안토시아닌 생합성 경로

- PAL: phenylalanine ammonia-lyase
- C4H: cinnamate 4-hydroxylase
- 4CL: 4-coumarate-CoA ligase
- CHS: chalcone synthase
- CHI: chalcone isomerase
- F3H: flavanone 3-hydroxylase
- F3′H: flavonoid 3′-hydroxylase
- F3′5′H: flavonoid 3′,5′-hydroxylase
- DFR: dihydroflavonol 4-reductase
- ANS: anthocyanidin synthase = LDOX(leucoanthocyanidin dioxygenase)
- UGT: UDP-glycosyltransferase

3-3. 자색 차나무 품종의 안토시아닌 생합성의 특성

자색 차의 안토시아닌 생합성 경로는 페닐알라닌을 출발점으로 하여 페닐프로파노이드 경로 → 플라보 노이드 경로 → DFR-ANS-UGT 를 차례로 거쳐 GST-ABC-MATE와 같은 수송체를 통해 다양한 안토시아 닌을 생성하고 축적하는 특징을 지닌다. 이 전체 과정은 여러 구조 유전자와 전사 인자들에 의해 조절되며, 특히 같은 플라보노이드 전구체를 공유하는 카테킨(catechin) 생합성 경로와 기질 경쟁 관계에 있다는 점 에서 생리적 및 화학적 특이성을 나타낸다.

- 안토시아닌 생합성은 크게 두 종류의 유전자군에 의해 조절된다.
- 구조 유전자(structural genes): 안토시아닌 생합성 효소를 암호화하는 유전자로, 초기 생합성 유전자(CHS, CHI, F3H, F3′H, F3′5′H 등)와 후기 생합성 유전자(DFR, ANS, UGT) 등으로 구분된다.
- 전사인자(transcription factors, TFs): DNA에 결합하여 표적 유전자의 전사를 활성화 또는 억제하는 조절 단백질이며, 안토시아닌 생합 성 조절에는 MYB 및 bHLH 계열 전사인자가 대표적으로 관여한다.
- GST: glutathione S-transferase
- ABC 수송체: ATP-binding cassette transporter
- MATE 수송체: multidrug and toxic extrusion transporter

DFR에 의해 생성된 류코안토시아닌과, ANS에 의해 산화되어 만들어진 안토시아니딘의 일부는 LAR와 ANR 경로를 거쳐 플라반-3-올(카테킨류)로 전환된다. LAR는 류코안토시아닌을 (+)-카테킨(또는 (+)-갈로 카테킨)으로 직접 환원하고, ANR은 안토시아니딘을 (−)-에피카테킨(또는 (−)-에피갈로카테킨)으로 환원하 여 차의 주요 카테킨 성분을 형성한다. 이처럼 안토시아닌(당화형)·안토시아니딘(아글리콘)과 카테킨류는 공 통 전구체를 공유하는 분지 대사경로를 이루므로, 안토시아닌 쪽 합성이 과도하게 활성화되면 일부 카테킨 합성은 감소할 수 있다.

다만 자색 차(purple tea)에서는 상위 경로(PAL-CHS-CHI-F3H, F3′H/F3′5′H 등)와 전반적 플라보노이드 대사 흐름이 증가하거나, 조직·시기별 발현 조절로 인해 안토시아닌과 카테킨이 동시에 높게 축적되는 경우가 적지 않다. 따라서 안토시아닌 증가가 카테킨 감소로 이어지는 것으로 단정할 수 없으며, 자색 차 는 두 계열의 동시 고함량으로 항산화 특성 등 기능성이 더욱 강조되는 사례가 보고된다.

3-4. 안토시아닌 축적에 영향을 미치는 주요 요인

빛, 온도, 수분, 비료를 포함한 환경 요인은 안토시아닌 대사에서 중요한 역할을 한다. 특히 어린잎이나 신초에서 이러한 요인들이 비생물적 스트레스(abiotic stress)로 작용할 때 안토시아닌 생합성이 촉진되는 경향이 보고된다.

광(빛)은 안토시아닌 축적과 밀접한 연관성을 가진다. 강한 광도 또는 UV-A 파장은 안토시아닌 함량을 증가시키는 반면, 차광은 안토시아닌을 감소시킨다. 또한 가시광 중에서도 청색광 및 적색광 처리가 안토시아닌 생합성 유전자를 유도하여 축적을 증가시키는 사례가 보고 되었다. 이러한 광 의존적 안토시아닌 축적은 엽조직에서 과도한 광의 일부를 흡수·여과하여 광산화 스트레스로부터 식물 조직을 보호하는 광보호(photoprotection) 전략으로 해석된다.

- UV-A: 315~400 nm, UV-B: 280~315 nm
- 청색광: 450~495 nm, 적색광: 620~700 nm
- 차나무를 비롯한 녹색 식물 잎이 녹색으로 보이는 이유는, 주 광합성 색소인 엽록소가 청색과 적색 빛을 강하게 흡수하는 반면, 녹색(약 550 nm 전후)은 상대적으로 덜 흡수되어 반사 및 투과가 비교적 커지기 때문이다.
- 안토시아닌은 자외선 및 가시광 일부(특히 500~600 nm 부근)를 흡수·여과하여 엽록체를 보호하는 광 보호막 역할을 한다.

온도 역시 안토시아닌 축적에 중요한 환경 요인이다. 자색 차나무에서는 일반적으로 저온 환경(약 15~20℃)에서 안토시아닌 함량이 높고, 고온 환경(25~35℃ 이상)에서 낮아지는 경향이 보고되었는데, 저온은 ANS 발현을 강화하는 반면 ANR과 LAR 유전자를 억제하였고, 고온은 세 유전자 모두를 억제하였다. 이는 온도에 따라 안토시아닌 생합성 관련 유전자 및 경쟁 경로 유전자의 발현이 달라지기 때문으로 해석된다. 수분 결핍 스트레스는 항산화 효소가 활성산소종을 제거하는 과정에서 안토시아닌을 이용하게 하므로 안토시아닌 수준을 감소시키며, 반대로 질소 결핍은 CHS, F3H, ANS와 같은 유전자의 상향 조절을 통해 안토시아닌 축적을 촉진한다.

또한 Zijuan 품종의 생엽을 서로 다른 재배지(YN-ZJ, QJ-ZJ, ES-ZJ)에서 비교한 연구에서도 안토시아닌을 포함한 특징 대사체가 유의하게 달라, 동일 계통이라도 광·온도 등 기후 요인과 재배관리 조건을 포함한 생육 조건에 의해 안토시아닌 축적이 크게 달라질 수 있음을 보고하였다.

[표 5-7] 다른 재배 지역의 자연차 주요 화학성분 비교

content	운남(YN-ZJ)	기장(QJ-ZJ)	이성(ES-ZJ)
수용성 추출물 (%)	55.1	43.82	44.0
총 폴리페놀 (%)	24.15	14.45	17.67
카페인 (mg/g)	19.39	40.26	32.22
총 유리 아미노산 (mg/g)	15.86	44.48	10.98
테아닌 (mg/g)	13.33	33.85	7.14
총 카테킨 (mg/g)	119.76	59.29	90.6
EGCG (mg/g)	44.15	25.08	31.33
ECG (mg/g)	37.17	9.84	14.55
총 당 (mg/g)	18.04	15.44	10.04
안토시아닌 (mg/g)	0.40	0.23	0.70

운남성 농업과학원 차학연구소의 차밭(위도 21°59′ N, 경도 100°24′ E)에서 2015년 1년생 자연 품종의 차나무 삽목표를 충칭시 이성(Ersheng, 위도 29°28′ N, 경도 106°44′ E)과 기장(Qijiang, 위도 28°57′ N, 경도 106°36′ E) 지역에 이식하여 자연적인 조건에서 재배하였다. 2020년 4월 각 지역의 1아 2엽을 수확한 시료로 분석한 결과를 보면 이처럼 동일한 삽목묘를 서로 다른 재배지에서 재배했을 때 안토시아닌 함량이 달라진 결과는, 차나무의 안토시아닌 축적이 광·온도 등 기후 요인과 재배 관리 조건을 포함한 생육 조건에 의해 크게 영향을 받을 수 있음을 시사한다.

3-5. 자색잎 차나무 품종들의 화학성분

자색 잎 차 품종(purple foliage tea cultivar)은 안토시아닌이 잎 조직에 다량 축적되는 것이 특징이며, 품종의 유전적 특성과 환경적 요인에 따라 안토시아닌의 구성 성분과 함량이 크게 달라진다.

① Chuanzi 3호(川紫三號, ZZ): ZY × ZJ 자연수분 교배종

Chuanzi 3호(ZZ)는 2015년 중국 쓰촨성에서 Ziyan(ZY)품종의 자연 수분(natural pollination)에 의해 얻어진 실생 개체(ZYF1-801)에서 선발된 품종이며, 후속 유전적 계통 분석 결과 Zijuan(紫娟, ZJ)이 부본일 가능성이 높다고 보고되고 있다. ZZ는 안토시아닌 함량이 약 6.97 mg/g dw을 나타내어 현재까지 보고된 자색 잎 품종 중 가장 높은 수준을 나타낸다. 이 수치는 Zijuan(ZJ)의 약 3.14배, Ziyan(ZY)의 약 1.93배에 해당한다. 다만, 안토시아닌 생합성 경로로의 대사 흐름 증가로 인해 카테킨(catechin) 등 기타 폴리페놀 함량은 상대적으로 낮으며, 총 폴리페놀 함량 또한 일반 녹색 차나무 대비 다소 낮게 나타나는 경향이 보인다. 카페인(caffeine) 함량은 일반 품종과 비슷한 수준이다.

• 자연 수분(natural pollination): 곤충, 바람 등에 의해 인위적인 개입 없이 수분이 일어난 것. 사람의 개입 없이 자연적으로 꽃가루가 암술에 옮겨지는 교배 방식

② Zijuan(紫娟, ZJ): 운남 대엽종 계열 대표 자색 품종

Zijuan(ZJ)은 1985년 중국 윈난성에서 운남 대엽종(Camellia sinensis var. assamica) 개체군 내 자연변이에 의해 발견된 품종이다. ZJ의 총 폴리페놀 함량은 건중량 기준 29~31% 수준으로 일반 녹차 품종과 비슷하거나 약간 낮으며, 총 아미노산 함량은 약 2.8% 정도로 보고된다. ZJ의 안토시아닌 함량은 약 2.22 mg/g dw이며, 주요 안토시아닌 구성은 시아니딘(cyanidin) 계열이 약 49%, 델피니딘(delphinidin) 계열이 약 39%를 차지한다. 카페인은 약 3%로 일반 녹차와 유사하다.

③ Ziyan(紫嫣, ZY): 사천 중소엽종 자색 품종

Ziyan(ZY)은 중국 스촨농업대학에서 사천 지역의 중소엽종 집단에서 단주를 선발·육성하여 얻은 관목형

중소엽종 품종??으로, 2018년 중국 농업부 품종 등록을 완료하였다. 차 폴리페놀 20.4%, 아미노산 4.4%, 카페인 4.0%이며 ZY의 총 안토시아닌 함량은 3.61 mg/g dw로 ZJ 품종보다 높으며, 특히 델피니딘 계열이 많아 ZJ보다 더욱 선명한 보라색을 나타낸다. 주요 안토시아닌 구성은 델피니딘과 시아니딘 유도체로 구성된다.

• 참고: ZZ, ZJ, ZY의 안토시아닌 함량 데이터는 봄철 1아 2엽 기준이며, 여름철 1아 1엽 기준 ZZ의 안토시아닌 함량은 9.07 mg/g dw로 ZJ 및 ZY 대비 각각 4.45배와 1.79배 높은 것으로 나타났다.

④ Sunrouge(サンルージュ, 일본)

Sunrouge 품종은 일본 농업연구기관(NARO)이 2009년에 발표한 일본 최초의 자색 차 품종으로, 茶中間母本農6号(Camellia taliensis와 C. sinensis)의 자연 교배 종자에서 선발되었다. Sunrouge의 안토시아닌 함량은 일본 주요 품종인 야부키타(Yabukita)에 비해 약 8.4배 높으며, 실제 분석된 총 안토시아닌 함량은 0.86~2.17 mg/g dw 수준이다(2012년 자료). Sunrouge의 주요 안토시아닌 구성은 델피니딘과 시아니딘의 당지질 유도체를 포함한 총 6종이며, 첫 번째 잎에서 델피니딘 계열의 비율이 71.9%, 줄기에서는 88.9%로 매우 높다. 카테킨 및 총 폴리페놀 함량은 일반 녹차 품종과 유사하며, 카페인 함량은 2.4~3.4% 범위로 보고된다.

⑤ TRI 2043(스리랑카)

TRI 2043품종은 스리랑카 차연구소(TRI)가 1958년에 아싸미카와 라시오칼릭스(lasiocalyx)의 교배를 통해 육성한 품종이다. 엽신(葉身)에서의 안토시아닌 함량은 건중량 기준 약 0.856 mg/g dw으로 줄기의 안토시아닌 함량(약 0.459 mg/g)보다 약 2배 높았다. 엽신에서는 시아니딘 유도체 비중이 높게 나타났고, 줄기에서는 델피니딘 유도체 비중이 더 높아 총 안토시아닌의 69.6%를 차지하였다. 카테킨 함량, 특히 EGCG는 다른 품종보다 낮으며, 카페인은 일반 홍차 품종과 같거나 약간 높은 것으로 보고되었다.

• 엽신: 엽병을 절단한 뒤 남는 '편평한 잎 부분 전체'(주맥 포함)를 뜻한다.

⑥ TRFK 306/1(케냐 퍼플 티)

TRFK 306/1은 케냐 차엽연구소(TRFK)가 개발한 아프리카 최초의 자색 차나무 품종이다. 이 품종의 안토시아닌 주성분은 델피니딘, 말비딘(malvidin), 펠라고니딘 배당체 등으로 구성되며, 총 안토시아닌 함량은 4.0~6.5 mg/g dw로 보고되고 있다.

총 폴리페놀 함량은 연구·재배 조건에 따라 약 20% 대로보고되며 표준 품종 대비 높거나 비슷한 경향이 보고되었다. 총 카테킨 함량 역시 일반 품종(16.75%)의 절반 수준인 약 10.02% 정도이다. 카페인 함량은 일반 품종(3.02%) 대비 낮아 약 1.94% 수준으로 나타난다.

　이는 TRFK 306 에서 안토시아닌 생합성 경로(anthocyanin synthase)가 유도되고, 카테킨 생합성 경로가 억제되었을 가능성이 보고된다. 이러한 특성은 카테킨 생합성 경로와의 경쟁으로 인해, 안토시아닌 합성 경로로 대사 물질이 더욱 많이 전환되었기 때문으로 해석된다.

06

카페인(Caffeine)

1 알칼로이드 개요와 퓨린계 알칼로이드

알칼로이드(alkaloids)는 식물체에 널리 존재하는 질소 함유 염기성 유기화합물로, 비교적 강한 생리·약리 작용과 독성을 나타내는 경우가 많다. 대표적인 알칼로이드로 모르핀, 코카인, 니코틴, 카페인 등이 있으며, 차나무, 커피나무, 카카오 등은 퓨린계 알칼로이드(purine alkaloids) 형태로 존재하며, 대표적인 성분이 카페인이다.

찻잎에는 퓨린계 알칼로이드인 카페인, 테오브로민(theobromine), 테오필린(theophylline) 등이 존재하며, 이들 메틸잔틴류(methylxanthines)는 차의 쓴맛과 각성 효과, 다양한 생리활성에 기여한다. 이들은 차의 특징적인 쓴맛을 형성하는 주요 요소 중 하나이며 카페인은 일반적으로 차 건물 중량의 2~5%, 커피는 1~2%를 차지하는 것으로 알려져 있다.

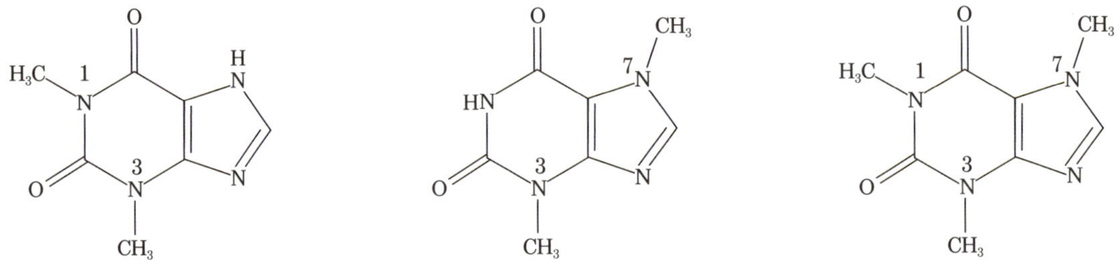

$$C_7H_8N_4O_2$$
테오필린

$$C_7H_8N_4O_2$$
테오브로민

$$C_8H_{10}N_4O_2$$
카페인

[그림 6-1] 알칼로이드의 종류 및 구조

• 알칼로이드는 퓨린계 / 피리딘계 / 인돌계 / 이소퀴놀린계 등으로 분류하는데, 카페인, 테오브로민, 테오필린 등은 차나무에 존재하는 퓨린계 알칼로이드 계열에 속한다.

2 카페인(1,3,7–trimethylxanthine, $C_8H_{10}O_2N_4$)의 발견과 분포

- 1820년: 독일의 화학자 F. Runge와 Von Giese가 커피콩에서 카페인을 처음 분리.
- 1827년: 영국의 Oudry가 スーチョン茶(Souchong tea)에서 유사물질을 발견하여 '테인(theine=茶素)' 라 명명.
- 1838년: C. Jobst, G. J. Mulder 등에 의해 카페인과 테인이 동일 물질임이 확인됨.
- 1843년: 프랑스 화학자 Péligot, E에 의해 당시 유통되던 하이슨(Hyson), 건파우더(Gunpowder) 등에서 테인(카페인) 함량 2.4~4.1%(건조 중량 기준)이 보고되었다.

카페인은 커피나무와 차나무에서 발견되었으며, 현재까지 100종 이상의 식물에서 검출되는 것으로 알려져 있다. 그 중 Camellia 속과 Coffea 속은 상대적으로 높은 카페인 함량을 지니며 대표적인 예는 다음과 같다.

- *Coffea arabica*(아라비카 커피나무): 1~2%
- *Camellia sinensis*(차나무): 2~5%
- *Theobroma cacao*(카카오나무): 0.03%
- *Cola acuminata*(콜라나무): 1.5%
- *Ilex paraguariensis*(마테나무): 0.7%

3 테오브로민과 테오필린

3-1. 테오브로민(theobromine, 3,7-dimethylxanthine)

테오브로민은 카페인 생합성 대사 경로의 직접적인 전구체로 퓨린 고리의 N-1 위치 메틸기 한 개가 부족한 구조를 가진다. 차나무에서는 잔토신을 출발점으로 하여 '잔토신 → 7-메틸잔토신 → 7-메틸잔틴→ 테오브로민 → 카페인'으로 이어지는 연속적인 N-메틸화 경로를 통해 테오브로민과 카페인이 합성되는 것으로 알려져 있으며, 이 과정에서 테오브로민 합성효소(CsTbS) 가 핵심적인 역할을 한다.

코코아(Theobroma cacao)에서는 테오브로민이 주 알칼로이드로서 비교적 높은 농도로 존재하지만, 차나무에서는 일반적으로 함량이 낮아 어린잎 기준 건물질의 약 1.0% 미만 수준으로 보고된다.

3-2. 테오필린(theophylline, 1,3-dimethylxanthine)

테오필린은 차나무와 코코아 콩 등에 자연적으로 존재하나, 그 함량은 매우 낮다. 대사 경로상 테오필린은 카페인 분해의 중간체로, 카페인이 단계적인 탈메틸화(demethylation)를 거치면서 테오필린으로 전환되고, 이어서 '3-메틸잔틴 → 잔틴 → 요산 → 알란토인'으로 분해되는 경로가 제안되어 있다.

카페인 및 그 유도체인 테오브로민·테오필린은 모두 질소 저장 및 스트레스 방어에 관여하는 것으로 알려져 있다. 예를 들어 커피나무에서는 카페인이 잉여 질소를 저장하는 주요 질소 화합물로 작용하며, 필요 시 알란토인(allantoin) 등으로 분해되어 질소를 재활용할 수 있다. 차나무 체내에서도 어린잎·종자에서의 고농도 카페인은 곤충·병원균에 대한 외부 환경에 대한 방어와 주변 식물의 생장을 저해하는 알로파시 효과(allelopathy)에 기여하는 것으로 보고된다.

테오브로민과 테오필린은 모두 쓴맛을 유발하는 알칼로이드이며, 함량은 카페인보다 낮으나 쓴맛의 강도는 오히려 강한 편이다. 일부 연구에서는 테오브로민 함량이 높을수록 쓴맛 지수가 다소 증가하는 경향이 보고되었다. 건강 기능성 측면에서 테오브로민이 카페인보다 중추신경계 부작용은 약하면서도 완만한 각성, 혈관 확장, 이뇨 등의 효과를 나타내며, 테오필린 역시 천식 등 폐질환 치료제로 사용될 만큼 강한 약리 활성을 갖고 있지만, 차 음용을 통해 섭취되는 테오필린의 양은 미량이므로, 실제 차에서 쓴맛과 생리활성에 기여하는 알칼로이드는 카페인과 테오브로민으로 알려져 있다.

• CsTbS: *Camellia sinensis* theobromine synthase
• 알란토인(allantoin): 질소 재활용과 스트레스 완화에 관여하는 저분자 질소 화합물
• 알로파시 효과(allelopathy): 한 식물이 내놓는 화학 물질이 주변 식물의 발아·생장을 억제하거나 촉진하는 현상

[표 6-1] 차·커피·카카오의 퓨린계 알칼로이드

(%)

퓨린계 알칼로이드	차	커피		카카오
		Arabica	Robusta	
Caffeine	2.0–5.0	1–1.5	2–2.7	1.5
Theobromine	0.06–1.0	Trace	Trace	1.8
Theophylline	0.05	Trace	Trace	Trace

4 차나무 질소 대사와 카페인 합성

차나무에서 토양으로부터 흡수된 무기 질소(NH_4^+, NO_3^-)는 GS/GOGAT 회로를 통해 글루탐산(Glu)과 글루타민(Gln)으로 동화되며, 이렇게 형성된 Glu/Gln은 단백질, 유리 아미노산, 테아닌 및 퓨린계 알칼로이드(카페인 등) 합성에 공통적인 질소 공급원으로 작용한다. 카페인은 질소 원자 4개를 포함하는 퓨린계 알칼로이드이고, 테아닌 역시 질소 함량이 높은 유리 아미노산으로, 두 성분 모두 차나무에서 비단백성 질소 형태(non-protein nitrogen)로 존재한다. 싹과 어린잎은 세포분열, 엽록체 형성, 단백질 합성 등이 활발하게 일어나는 부위로, 특히 질소를 많이 필요로 하는 생장 부위이다.

뿌리와 성숙 잎에서 흡수·동화된 무기 질소는 먼저 Glu/Gln 형태로 축적된 뒤, 한쪽 경로에서는 테아닌과 기타 유리 아미노산·저장형 질소 화합물로, 다른 경로에서는 퓨린 염기 및 카페인과 같은 퓨린계 알칼로이드로 전환된다.

따라서 차나무에서 테아닌과 카페인은 모두 Glu/Gln을 공통 모체로 하는 질소화합물이기 때문에, 질소가 풍부한 어린잎일수록 두 성분이 동시에 고농도로 축적되는 경향을 보인다고 해석할 수 있다.

5 광 강도에 따른 차나무의 카페인 대사 조절

광 강도(light intensity)는 찻잎의 카페인 축적에 영향을 미치는 핵심 환경 요인이다. 차나무는 광 민감성 식물로서, 플라보노이드, 테아닌, 엽록소, 카페인 등의 축적은 직사광·차광 여부, 차광 강도와 기간 등 광 환경에 크게 좌우된다. 특히, 단기 약광·차광에서는 카페인 함량이 증가하는 반면, 장기간 강한 차광에서는 오히려 감소하는 등, 광 조건에 따른 카페인 대사 조절 양상은 상당히 복합적이다.

일반적으로 노지 직사광 조건에서는 차광 재배에 비해 카페인 생합성이 상대적으로 활발하다. 특히 새 순은 카페인 합성 유전자 발현이 증가하고, 분해 관련 유전자 발현이 상대적으로 낮아, 강광 환경에서도 비교적 높은 카페인 함량을 나타낸다. 반면, 강광 환경이 지속되면 플라보노이드, 특히 플라보놀류 계열의 축적이 증가하는 반면, 카페인 등 퓨린 알칼로이드 함량은 감소하는 경향을 보인다. 이는 강광 조건에서 CsXDH1 등의 발현이 유도되어 카페인·테오브로민·잔틴의 분해가 촉진되기 때문으로, 특히 성숙엽과 황색계 변이종 차나무에서 카페인 감소 경향이 뚜렷하게 나타난다. 테오브로민은 광도가 증가할수록 카페인보다 더 큰 감소 폭을 나타내어, 강광 스트레스가 퓨린 알칼로이드 분해를 강화하는 요인으로 보고되고 있다.

이와 대조적으로, 차광 또는 약광 조건에서 일정 기간 일정 수준의 차광이 유지되면 테아닌을 포함한 유리 아미노산 축적과 더불어 카페인 생합성 경로의 N-메틸전달효소 유전자 발현이 증가하여 카페인 생합성이 활성화되고, 결과적으로 찻잎의 카페인 함량이 증가하는 양상이 보고되었다. 그러나 차광 기간이 지나치게 길어지면 차나무의 광합성과 탄소·질소 동화 대사가 저하되어 오히려 카페인이 감소하며, 여름철 약 40일간 차광한 LA·LSU 처리에서도 카페인 함량이 감소하는 결과가 나타나, 단기간·고강도 차광에서 보고된 '카페인 증가'와는 상반된 양상을 보였다.

- CsXDH1: inosine/xanthine dehydrogenase gene in tea plant. 이노신/잔틴 탈수소효소계 유전자
- 강광에서의 카페인은 합성과 분해가 동시에 일어날 수도 있고, 어느 쪽이 우세한가에 따라 "함량이 증가/감소"로 이어진다.

6 제다 공정 중의 카페인 증가

위조 과정에서의 카페인 함량 증가는 단순한 수분 감소에 의한 농축 효과뿐 아니라, 아미노산·탄수화물·핵산 대사에 의한 화학적 변화와도 관련이 있다. 홍차 제다 공정에서 위조단계에서 확인되는 카페인 증가는 크게 두 가지 요인으로 설명할 수 있다.

첫째, 위조가 진행되면서 잎의 수분이 감소함에 따라 수용성 성분의 농도가 상대적으로 상승하는 물리적 농축 효과가 나타난다. 둘째, 위조 스트레스로 단백질과 핵산이 부분적으로 분해되면서 퓨린 골격과 메틸기 공급에 관여하는 아미노산과 뉴클레오티드/뉴클레오시드 등의 전구체 농도가 증가하여 카페인 생합성이 촉진될 수 있음이 보고되고 있다.

통상적인 홍차 제다 공정에서 25~30℃ 전후의 위조 조건에서는 이러한 물리적 농축과 대사 활성화가 겹쳐 카페인 함량이 서서히 증가하는 경향을 보인다. 그러나 위조 온도가 38℃를 상회하거나 위조 시간이 과도하게 길어지면 찻잎 세포막의 손상과 관련 효소의 활성이 저하되어, 카페인 함량이 더 이상 증가하지 않거나 오히려 감소하는 사례도 보고된다. 따라서 위조 시 온도, 지속 시간, 수분 감소 속도는 카페인 함량 변화에 영향을 미치는 중요한 조절 인자로 볼 수 있다.

- 단백질 분해 → 대표 아미노산 → 퓨린 골격 형성 / SAM-의존 N-메틸화 → 카페인
- 핵산 분해 → 뉴클레오티드 → (탈인산) → 뉴클레오시드 → 카페인
- 뉴클레오티드(nucleotide): 뉴클레오시드 + 인산으로 이루어진 화합물(예: AMP, IMP, XMP 등)
- 뉴클레오시드(nucleoside): 퓨린 염기 + 당으로 이루어진 화합물(예: 잔토신, xanthosine)

7 카페인의 합성과 분해경로

차나무에서의 카페인 생합성은 잔토신을 전구체로 하는 단일 경로로 정리할 수 있다.

즉 xanthosine → 7-methylxanthosine → 7-methylxanthine → theobromine → caffeine으로 이어지는 일련의 반응을 통해 카페인이 형성되며, 이 과정에서 세 단계의 N-메틸화 반응과 뉴클레오시다아제에 의한 뉴클레오시드 분해가 순차적으로 일어난다.

잔토신은 주로 de novo 퓨린 합성 경로에 의해 형성되며, 이와 더불어 AMP와 GMP 등 퓨린 뉴클레오티드가 AMP → IMP → XMP → xanthosine으로 전환되는 보조 경로를 통해서도 잔토신 형성에 간접적으로 관여한다.

한편, 잔토신을 출발점으로 하는 카페인 합성 과정에서 진행되는 세 단계의 N-메틸화 반응에는 메틸기 공여체 SAM이 필요하며, 이 SAM은 메티오닌-SAM-SAH 순환에 의해 지속적으로 보충된다

- 메티오닌-SAM-SAH 순환 경로: Methionine → (SAMS) → SAM →(메틸기 전달) → SAH → methionine ⋯

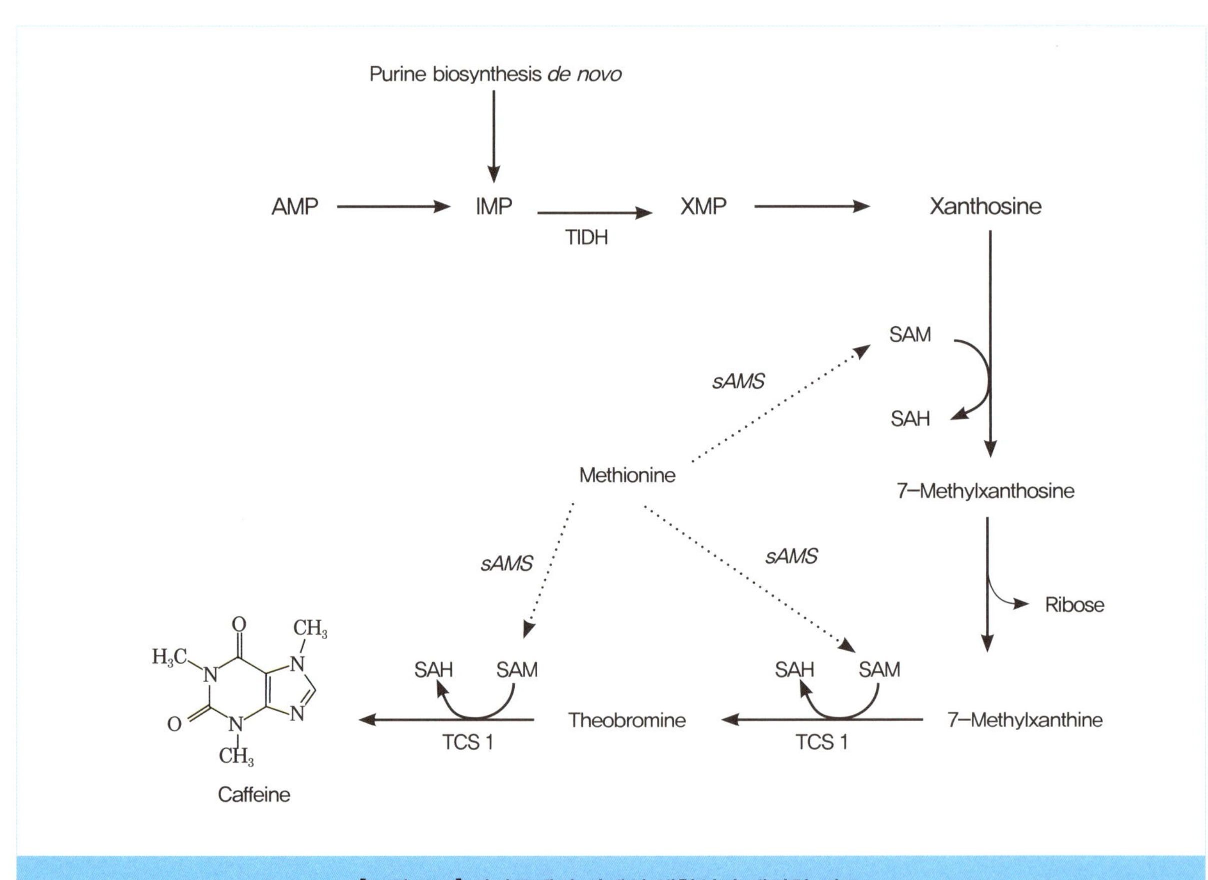

[그림 6-2] 차나무에서 카페인 생합성과 메틸화 경로

• AMP → IMP → XMP → xanthosine으로 이어지는 잔토신 경로

IMP는 de novo 퓨린 합성 경로와 AMP 분해 경로에서 모두 생성되며, TIDH에 의해 산화되어 XMP를 형성한다. 이어 5'-nucleotidase에 의해 인산(Pi)이 제거되면서 잔토신이 합성된다.

• AMP(adenosine 5´-monophosphate): 아데노신 키나제(ADK, Adenosine kinase)에 의해 아데노신으로부터 전환됨
  ○ de novo 퓨린 합성 경로: PRPP를 출발점으로 IMP를 합성하는 경로
  ○ PRPP(5-phosphoribosyl 1-pyrophosphate): 뉴클레오티드 생합성에 사용되는 활성화된 리보스 인산 전구체.
  ○ IMP(inosine monophosphate): 이노신 일인산
  ○ TIDH(tea IMP dehydrogenase): 차 IMP 탈수소효소(=IMPDH)
  ○ XMP: xanthosine 5'-monophosphate
  ○ SAMS(S-adenosylmethionine synthetase): S-아데노실메티오닌 합성효소 메티오닌을 SAM으로 전환하는 과정을 촉매
  ○ SAM(S-adenosyl-L-methionine, S-아데노실-L-메티오닌): 메틸기($-CH_3$)를 기질에 전달하는 활성화된 메티오닌 유도체
  ○ SAH(S-adenosyl-L-homocysteine, S-아데노실-L-호모시스테인): SAM이 N-methyltransferase 반응을 통해 메틸기($-CH_3$)를 기질에 전달한 후 생성되는 산물
  ○ TCS1(tea caffeine synthase 1): 차 카페인 합성효소

카페인 생합성을 위한 잔토신 공급경로(4가지)

① de novo 경로: PRPP → IMP → XMP → 잔토신

② AMP 경로: AMP → IMP → XMP → 잔토신

③ SAH/아데노신 salvage 경로: SAH → adenosine → adenine → AMP → IMP → XMP → 잔토신

④ GMP 경로: GMP → guanosine → 잔토신

카페인 분해(catabolism)

차나무에서 카페인은 생합성과 더불어 분해도 동시에 일어난다. 차나무에서 카페인의 99% 이상은 잎 조직에 존재하며, 이 가운데 신초의 어린잎에는 카페인 분해 효소 활성도가 매우 낮아 카페인이 안정적으로 축적된다. 실제로 여러 연구에서 새순의 카페인 함량은 위조나 다양한 환경 스트레스에도 거의 감소하지 않는 것으로 보고되었으며, 이는 이 부위에서 카페인 분해에 관여하는 효소 활성 및 관련 대사 경로의 기여도가 낮기 때문으로 해석된다. 반대로, 성숙엽·노엽과 뿌리 조직에서는 카페인 분해가 상대적으로 활발하여, 테오필린·3-메틸잔틴·잔틴 등으로의 전환이 어린잎에 비해 보다 뚜렷하게 관찰된다.

동위원소 추적 및 대사 분석 연구를 통해, 차나무에서의 카페인 분해 경로는 다음과 같이 제안되어 있다.

caffeine → theophylline → 3-methylxanthine → xanthine → uric acid → allantoin → allantoate → CO_2 + NH_3

즉, 카페인은 단계적인 N-탈메틸화와 퓨린 고리의 산화·분해를 거쳐 최종적으로 무기 탄소·질소 형태(CO_2와 NH_3)로 전환되는 것으로 보고된다. 이 과정에는 N-탈메틸화효소, 잔틴 탈수소·산화효소 및 요산·알란토인 분해 관련 효소들이 관여하는 것으로 알려져 있다.

특히 차나무에서 동정된 CsXDH1 유전자는 잔틴(xanthine) 산화를 촉매하여, 퓨린 알칼로이드의 제거를 촉진하는 역할을 한다. 강광 조건에서 CsXDH1 발현이 증가하고, 카페인·테오브로민 농도가 감소하는 현상은, 광 스트레스가 카페인 분해 경로를 활성화하여 퓨린계 알칼로이드의 분해를 유도하는 중요한 조절 요인으로 작용할 수 있음을 시사한다.

- N-탈메틸화효소: N-demethylase(NDM)
- 잔틴 탈수소효소/산화효소: xanthine dehydrogenase/oxidase(XDH)
- 신초(新梢, shoot): 올해 자란 새순/새가지 전체(정아 + 여러 잎 + 연한 줄기)
- 새순(嫩梢, young shoot tip): 신초 중에서도 정아 + 상부 1~2엽 정도를 포함한 단위로 표현
- 눈(芽, bud): 차나무의 생장점, 정아(頂芽)와 측아(側芽)를 포괄하는 용어
- 정아(頂芽, apical bud): 신초의 끝에 위치한 정단아(頂端芽)
- 측아(側芽, axillary bud): 잎겨드랑이에 형성되는 눈[芽]

8 차나무 잎의 카페인 함량

카페인 함량은 품종·재배 환경, 잎의 부위, 수확 시기, 제다 공정 등 여러 요인의 영향을 받는다. 카페인은 소엽종보다 대엽종 찻잎에서 높은 함량을 나타내고, 눈(芽, bud)과 어린잎에 많이 축적되며 성숙엽, 노엽에서는 감소하는 경향을 보였다. 정아의 카페인 함량은 약 38.3 mg/g DW로 가장 높으며, 잎이 성숙할수록 감소해 1아1엽(37.6), 1아2엽(33.7), 1아3엽(30.9) 순으로 보고된다. 한편, Tai et al.은 눈의 카페인이 47.50 mg/g으로, 신초 잎(5엽 기준) 전체 평균 30.50 mg/g보다 현저히 높다고 보고하였다.

일조량, 질소 시비, 수분 스트레스 등 환경 요인 역시 카페인 생합성을 조절한다. 이와 함께 재배 지역(지리적 조건)과 수확 시기(계절)에 따라서도 카페인 함량의 차이가 나타난다.

다양한 분석 방법에 따른 6대 차류의 카페인 함량에는 절대값의 차이가 있었으나, 상대적 순서는 백차 〉 황차 〉 홍차〉 우롱차〉 녹차 순으로 큰 변화는 나타나지 않았다.

[표 6-2] 차의 주요 화학성분 함량 비교

(mg/g, DW)

Compounds	Content in buds	Average content in leaves
Total catechins	189.00	181.00
C	5.65	4.79
GC	5.54	7.57
EC	17.40	18.90
EGC	38.20	57.70
ECG	0.52	22.10
EGCG	4.98	69.90
Theanine	2.50	0.25
Caffeine	47.50	30.50
Anthocyanins	0.51	0.00

- 1아 5엽을 채엽기준으로 작성한 건물질 함량표이다.
- Total catechins은 연구자가 HPLC에서 검출된 모든 카테킨 계열의 함량을 합산한 값으로 그 안에서 주요 단량체 카테킨 6종은 개별적으로 정량한 값으로 약 67.6 mg/g이다.

[표 6-3] 차 종류별 기능성 성분의 함량

(mg/g, DW)

	백차	청차(오롱차)	녹차	황차	홍차
EGCG	32.40~58.40	37.60~61.80	58.02~119.68	41.70~67.50	3.90~13.10
Total catechins	101.40~153.90	72.60~114.30	96.24~190.79	74.90~128.90	13.60~35.90
Caffeine	34.30~43.10	17.10~28.50	21.30~47.47	29.80~38.00	20.58~24.22
tea polysaccharides	1.30	1.80~1.95	0.99~1.30	3.60	1.65~2.09
Flavonols	2.30~18.90	3.89~5.02	5.85~11.93	–	15~26
L-Theanine	3.57~8.00	0.73~5.25	3.07~21.18	8.26~10.72	0.89~17.27
Total free amino acids	8.48~27.07	2.45~11.20	7.94~31.52	11.44~15.51	7.93~29.48

9 크림다운(cream down, 冷后混)

크림다운은 고온의 찻물이 냉각되는 과정에서 카페인·폴리페놀 등이 복합체를 이루어 티크림(tea cream)이 형성되는 현상을 말하며 백탁(白濁)현상, 백상화(白想化)라고도 불린다. 티크림은 크림다운 과정에서 찻물 속 각종 화학 성분들이 서로 결합하여 소수성이 큰 침전 형태로 전환되면서 형성되는 유백색의 침전물이다.

1940년대 Bradfield가 홍차 티 크림에서 카페인과 폴리페놀(테아플라빈, 테아루비긴, 카테킨 산화 축합물)을 검출한 이후, 티 크림에 관한 연구가 본격적으로 이루어졌다.

홍차에서 나타나는 티 크림 형성의 핵심은 테아플라빈과 테아루비긴을 중심으로 한 갈로일형 폴리페놀-카페인-금속이온 복합체의 형성에 있다. 구체적으로는

① 티 폴리페놀-카페인,

② 티 폴리페놀-단백질·다당류,

③ 티 폴리페놀-금속이온(Ca^{2+} 등)의 상호작용이 복합적으로 이루어져, TF와 TR에 카페인과 Ca^{2+}, 단백질·다당류가 결합한 고분자 복합체가 형성되고, 이들이 냉각 과정에서 응집·침전하여 티 크림이 형성된다고 볼 수 있다. 일반적으로 티 크림의 형성 온도는 40℃ 전후이며 찻물의 농도가 증가할수록 티 크림의 형성 온도도 함께 상승하는 경향을 보인다.

녹차도 저온에서 티 크림을 육안으로 확인할 수 있다. 찻물의 온도가 약 20℃ 정도 낮아지면 눈으로 식별 가능한 침전물이 발생하며, 특히 EGCG·ECG 함량이 높고, 카페인 농도가 높은 진한 차에서 크림다운이 더 잘 관찰된다. 녹차 티크림 역시 여러 화학성분이 함께 관여하는 복합 현상이지만, 카테킨과 카페인이 티 크림 형성에 가장 큰 영향을 미치는 핵심 성분으로 알려져 있다. 실제 녹차 추출액 속에는 카테킨-카페인 복합체(CAT-CAF complexes)가 존재하며, 특히 비에스터형 카테킨-카페인의 상호작용보다 EGCG-CAF 및 ECG-CAF 복합체에서 더 강한 소수성이 나타나, 이들 복합체가 티 크림을 형성하는 것으로 보고되고 있다.

10 차 유전자원 간 국가별 카페인 함량 분포

아래 표는 중국·일본·한국에서 보고된 차 유전자원의 카페인 함량 범위를 비교한 것이다.

같은 문헌에서 조사된 범위 내에서, 한국 유전자원의 카페인 함량 분포는 중국과 일본에 비해 전반적으로 낮은 수준을 나타내는 것으로 보고되었다.

[표 6-4] 국가별 차 유전자원에서 보고된 카페인 함량 범위(문헌 기반)

단위: 건물기준 %

국가	조사 유전자수	카페인 함량범위	특징
중국	403	봄 0.23~5.34% 가을 0.11~6.0%	평균 2.5~4.5% 고카페인(5~6%) 자원이 일부지역(운남·복건)에서 보고됨
일본	1,500	1.64~5.46%	평균 4.1% assamica 계통에서 5% 이상인 고카페인 개체가 집중.
한국	462	0.04~3.25%	평균 1.67% 중국·일본보다 상대적으로 낮은 함량 분포.

중국·일본·한국의 차 유전자원을 대상으로 한 여러 조사를 보면 카페인 함량의 분포는 연구 대상과 지역별 자원 구성에 따라 차이를 보이는 것으로 보고된다. 중국의 한 핵심 유전자원 분석(403점)에서는 봄 0.23~5.34%, 가을 0.11~6.0% 범위를 나타냈으며, 이 중 약 5~6% 수준의 고카페인 개체들은 주로 운남·복건 지역에서 수집된 자원에 포함되어 있었다. 일본에서 보고된 1,500점 유전자원에서는 1.64~5.46% 범위를 보였으며, 카페인 함량이 5% 이상인 개체가 assamica 계통에 집중되는 경향을 보였다. 한국에서 분석된 462점 유전자원은 0.04~3.25% 범위로 보고되어, 동일 문헌에서 조사된 범위 내에서는 중국·일본보다 전반적으로 낮은 수준으로 나타났다. 이러한 수치는 각 국가의 특정 연구에서 조사된 유전자원 표본을 기반으로 한 것이며, 국가 전체의 차 품종 특성이나 유전적 경향을 의미하는 것은 아니다.

07

탄수화물(Carbohydrate)

차나무 잎의 탄수화물은 광합성으로 생성된 유기화합물로, 탄소(C)·수소(H)·산소(O)로 이루어진 1차 대사산물이다. 단당·이당 같은 저분자 당류부터 다당류 형태의 고분자 탄수화물까지를 포함하며, 에너지원이자 세포벽 구성성분으로서 차나무의 생장과 차 품질 형성에 관여한다. 탄수화물은 크게 단순 탄수화물(simple carbohydrates)과 복합 탄수화물(complex carbohydrates)로 구분할 수 있으며, 차나무 잎의 주요 탄수화물 범위는 분류표에 정리하였다.

단순 탄수화물에는 포도당(glucose), 과당(fructose)과 같은 단당류와, 자당(sucrose) 등 이당류가 포함된다. 이들은 잎에 비교적 소량 존재하지만, 즉각적인 에너지원이자 당 신호(sugar signaling) 분자로 작용하여 잎의 생장, 대사 조절, 스트레스 반응에 영향을 미친다. 복합 탄수화물은 여러 단당이 결합한 다당류로, 차나무 잎에서는 셀룰로오스, 헤미셀룰로오스, 펙틴과 같은 구조 다당류, 소량의 전분(starch) 같은 저장 다당류, 그리고 수용성 차 다당류가 여기에 해당한다. 잎의 발달 단계에 따라서도 탄수화물 조성은 달라진다. 일반적으로 어린잎일수록 단순 당과 수용성 다당류의 비중이 높고,

잎이 성숙해져 노엽으로 갈수록 섬유질 다당류(셀룰로오스·헤미셀룰로오스) 함량이 증가하여 세포벽이 두꺼워지고 잎 조직이 단단해지는 경향을 보인다. 또한 찻잎의 성숙이 진행되면서 포도당, 자당, 과당 등 가용성 당류 농도가 증가하는 사례도 보고된다.

[표 7-1] 차나무 잎의 탄수화물 분류표

분류		구성당	대략적 함량(DW)
가용성 당류	단당류	포도당, 과당 (소량의 갈락토스)	과당: 0.1~0.5% 포도당: 0.3~1.2%
	이당류	자당: 포도당 + 과당 말토스: 포도당 + 포도당	자당: 0.3~2.9%
	올리고당류	라피노스: 갈락토스 + 자당(포도당+과당) 스타키오스: 갈락토스 + 갈락토스 + 자당(포도당+과당)	0.1~1% 미만
구조성 다당류 (세포벽)		셀룰로오스: 포도당이 β-1,4 글리코시드 결합으로 중합된 선형 다당류 헤미셀룰로오스: 자일란, 자일로글루칸, 글루코만난 등 비결정성 다당류의 총칭 펙틴: 갈락투론산(GalA) 기반의 산성 다당류	약 20~40%
가용성 다당류 (차 다당류, TPSs)		산성 펙틴류: 갈락투론산(주성분), 람노스, 아라비노스, 갈락토스 등을 포함 아라비노갈락탄(AG)류: 아라비노스와 갈락토스로 구성된 중성 다당류 중성 다당류: 포도당(주성분)과 소량의 자일로스, 만노스 등을 포함	1.5~13%
저장 다당류		전분: 포도당이 α-1,4 및 α-1,6 글리코시드 결합으로 연결된 저장 다당류.	0.1~2%

• 가용성 당류: 생엽 건물 기준으로 싹~4엽의 mg/g 값을 %로 환산.

1 차나무 잎에서 탄수화물의 구조적 역할

차나무 잎의 세포벽은 중간층(middle lamella), 1차 세포벽(primary wall), 2차 세포벽(secondary wall)으로 구성되며, 셀룰로오스·헤미셀룰로오스·펙틴이 주요 성분이다. 중간층은 펙틴이 풍부하여 인접 세포를 접착·고정하는 역할을 하며, 1차 세포벽에서는 셀룰로오스 미세섬유(cellulose microfibrils)가 헤미셀룰로오스·펙틴, 소량의 단백질이 기질과 결합해 3차원 구조를 이루어 강도와 유연성을 결정한다. 2차 세포벽은 상대적으로 셀룰로오스의 비중이 높아 조직 지지에 기여하며, 잎 건중량에서 세포벽(구조 탄수화물) 성분은 찻잎 건중량 기준 약 25% 수준으로 보고된 바 있다.

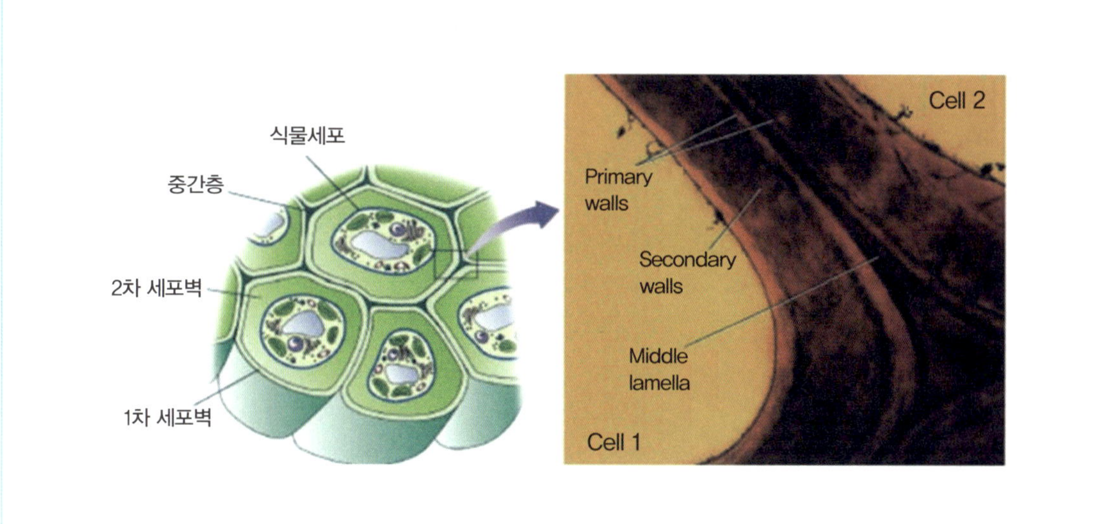

[그림 7-1] 식물 세포벽의 층상 구조

- 식물 세포벽은 세포–세포 경계 쪽(바깥)에서 세포 내부 쪽(안쪽)으로 배치된다. 일반적으로 중간층–1차 세포벽–2차 세포벽이 이어지며, 각 층은 형성 시기·조성·기능이 다르다.

  ○ 중간층(middle lamella, 중간 라멜라): 인접한 두 세포의 1차 세포벽 사이에 위치하는 접착층으로, 세포–세포 결합을 담당한다. 펙틴(특히 세포벽 결합형 펙틴/프로토펙틴)이 이 풍부하며, Ca^{2+}에 의해 사슬 간 결합이 형성되어 조직의 결착에 기여한다.

  ○ 1차 세포벽(primary wall): 세포가 생장하는 동안 세포막 바깥에 먼저 형성되는 비교적 얇고 유연한 벽이다. 셀룰로오스 미세섬유를 골격으로 헤미셀룰로오스와 펙틴, 그리고 소량의 구조 단백질로 구성되며, 세포의 형태 유지와 팽압(turgor pressure) 지지뿐 아니라 벽의 느슨화 조절을 통해 세포 생장을 가능하게 한다.

  ○ 2차 세포벽(secondary wall): 세포의 생장이 거의 끝난 뒤 1차 세포벽의 안쪽(세포막 쪽)에 추가로 두껍게 침착되는 층이다. 일반적으로 셀룰로오스와 헤미셀룰로오스가 주요 성분이며, 목부·섬유세포 등에서는 리그닌이 축적되어 벽이 단단해지고 조직의 기계적 강도와 지지 기능이 크게 강화된다.

차나무 잎의 1차 세포벽은 셀룰로오스와 헤미셀룰로오스, 펙틴으로 구성된 얇고 유연한 층이고, 중간층에는 펙틴이 풍부하게 존재한다.

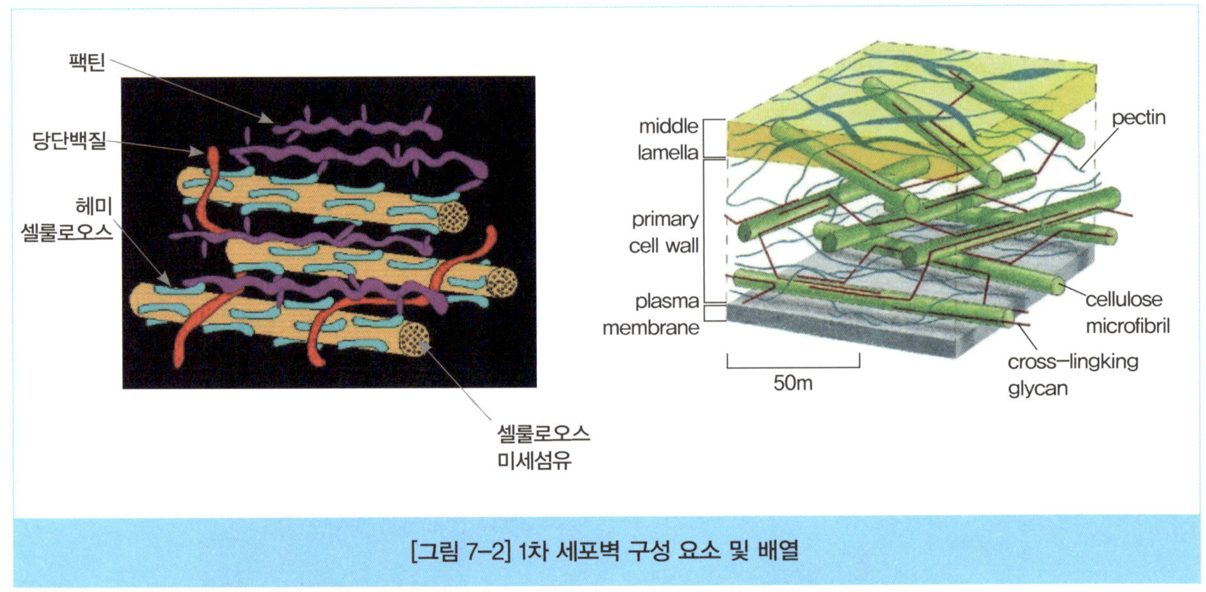

[그림 7-2] 1차 세포벽 구성 요소 및 배열

• 셀룰로오스 미세섬유(cellulose microfibrils): 셀룰로오스 분자들이 긴 사슬 형태로 서로 연결된 집합체
• 헤미셀룰로오스(Hemicellulose): 미세섬유 표면에 결합되어 있음
• 펙틴(Pectin): 분자들을 서로 결합시키는 접착제
• 당단백질(Glycoproteins): 미세섬유 사이에 존재

직교 배열된 셀룰로오스 미세섬유(녹색) 층들은 미세섬유와 수소 결합을 형성하는 가교 글리칸 (빨간색)에 의해 연결된다. 이 네트워크는 펙틴 다당류(파란색) 네트워크와 동일한 영역에 걸쳐 있다. 셀룰로오스와 가교 글리칸 네트워크는 인장 강도를 제공하고, 펙틴 네트워크는 압축에 저항한다. 셀룰로오스, 가교 글리칸, 펙틴은 일반적으로 1차 세포벽 에 거의 같은 양으로 존재한다 . 중간층은 펙틴이 풍부하며 인접한 세포들을 서로 접착시킨다.

1-1. 셀룰로오스(Cellulose)

셀룰로오스는 포도당 단위가 β-1,4-글루코시드 결합으로 길게 연결된 선형 고분자로, 식물 세포벽의 주된 골격을 이루는 구조 다당류이다. 곧은 사슬들이 다발을 이루어 미세섬유(microfibril)를 형성하고, 이 미세섬유가 세포벽의 뼈대 역할을 한다. 따라서 셀룰로오스는 세포 형태를 유지하고, 잎 조직을 지지하는 데 핵심적인 역할을 한다.

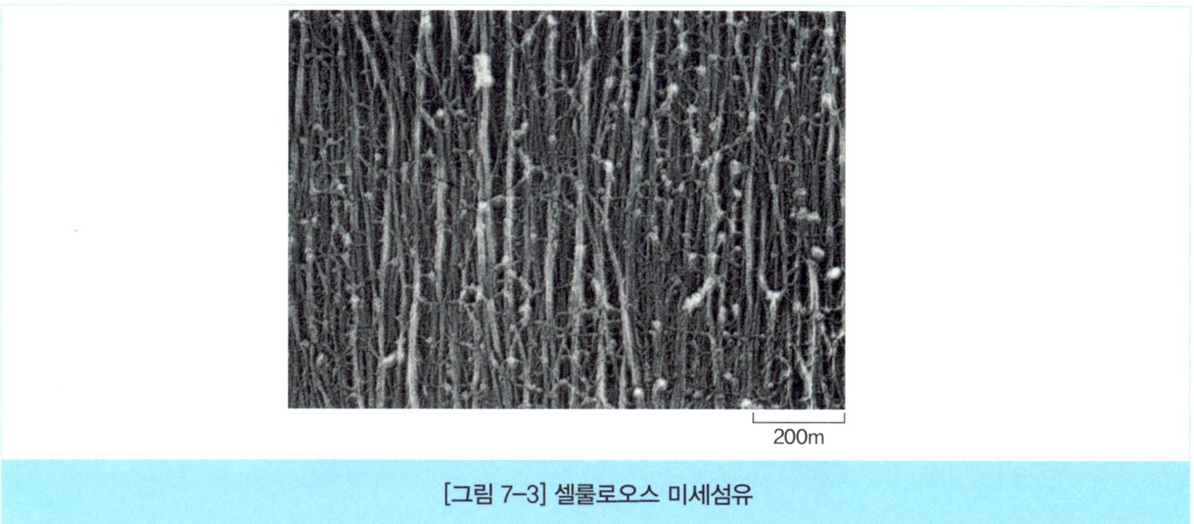

[그림 7-3] 셀룰로오스 미세섬유

- 식물 세포벽의 기계적 강도를 부여하는 기본 골격 구조로서, 여러 개의 셀룰로오스 사슬(β-1,4-글루칸)이 수소결합으로 뭉쳐 형성된 가는 다발

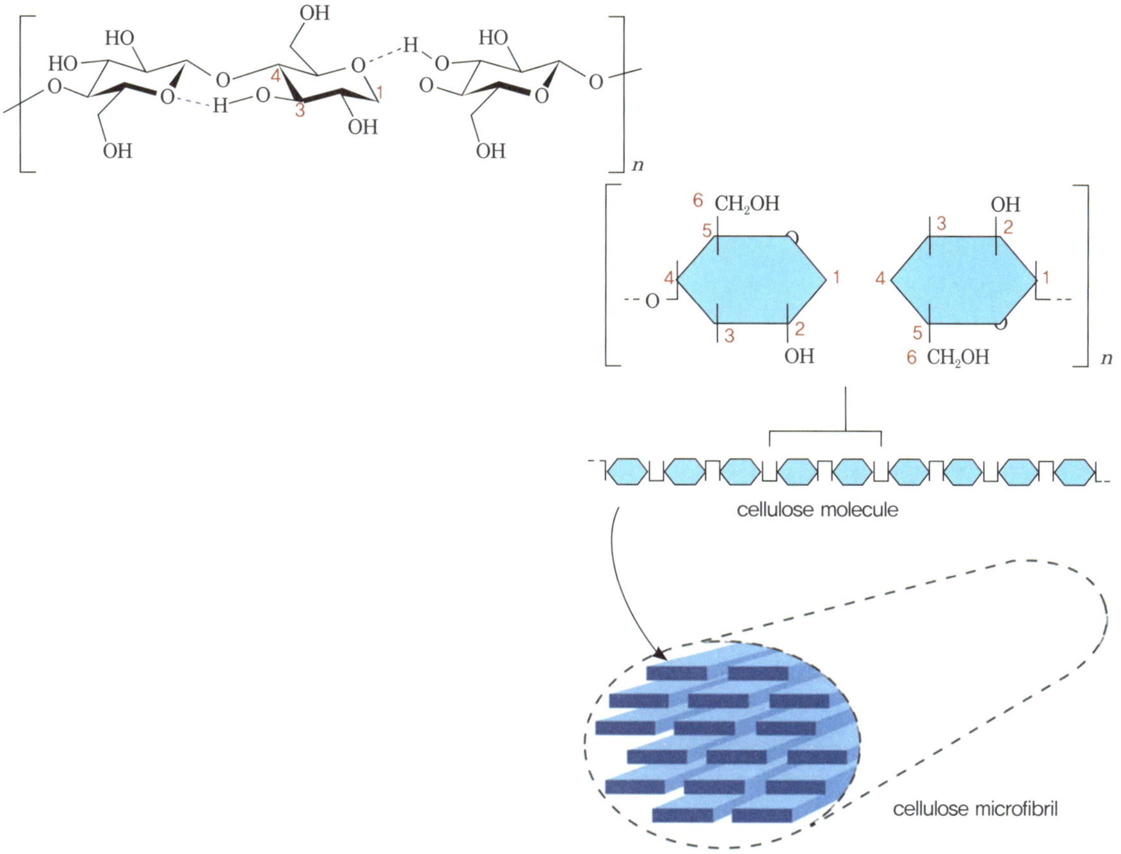

[그림 7-4] 셀룰로오스 구조

- 셀룰로오스: $\beta(1{\to}4)$ 글리코사이드 결합, 선택된 수소 결합은 파란색 점선으로 표시되어 있다. 수백에서 수천 개의 D-포도당 단위체들이 $\beta(1{\to}4)$ 글리코사이드 결합으로 연결된 선형 사슬이 중첩된 격자형의 다당류

1-2. 헤미셀룰로오스(Hemicellulose)

헤미셀룰로오스는 셀룰로오스 미세섬유 주변을 둘러싸고 있는 비결정성·분지형 다당류의 총칭이다. 자일란(xylan), 글루코만난(glucomannan), 자일로글루칸(xyloglucan) 등이 대표성분으로, β-1,4 결합을 가진 골격에 다양한 측쇄가 붙은 구조를 이룬다. 헤미셀룰로오스는 셀룰로오스 미세섬유와 수소 결합을 형성해 세포벽의 강도와 유연성을 조절하고, 펙틴과 함께 세포벽의 기질을 형성한다.

1-3. 펙틴(Pectin)

펙틴은 식물의 1차 세포벽과 중간층에 풍부하게 존재하는 산성 다당류로, D-갈락투론산(GalA)이 α-1,4 결합으로 길게 연결된 사슬 구조를 기본 골격으로 한다. 이 골격의 카르복실기(-COOH)는 부분적으로 메틸에스터화(-COOCH₃) 또는 아세틸화되어 있으며, 메틸에스터화 정도에 따라 물과의 상호작용 및 젤 형성 양상이 달라진다. 또한 -OH, -COOH 등 친수성 작용기가 많아 수분을 잘 흡착하는 흡습성을 보이며, 이러한 특성은 건조·저장 중 수분 변화와 연계되어 차의 품질과 향미에 간접적인 영향을 미칠 수 있다. 찻잎에서 펙틴은 셀룰로오스·헤미셀룰로오스와 함께 세포벽 탄수화물의 중요한 구성성분이며, 펙틴을 구성하는 당 중 약 60~70%가 GalA로 보고된다. 또한 펙틴은 식물 1차 세포벽 다당류에서 최대 약 35%를 차지하는 주요 성분으로 알려져 있다.

펙틴류(pectic substances)는 찻잎에서의 존재 형태·용해도·에스터화 정도에 따라 프로토펙틴, 수용성 펙틴, 펙틴산으로 분류된다.

• D-갈락투론산(GalA): 갈락토스의 6번 탄소가 산화되어 카르복실기(-COOH)를 가진 산성 단당으로, 펙틴의 기본 골격을 이루는 핵심 구성당

프로토펙틴(protopectin, 세포벽 결합형 펙틴, cell wall – bound pectin)

프로토펙틴은 세포벽에서 셀룰로오스-헤미셀룰로오스 골격 사이를 그물처럼 연결해 3차원 망상 구조를 이루는 불용성 펙틴을 말한다. 세포 간 접착(중간층 포함)과 세포벽의 구조적 안정성, 조직의 탄력성 유지에 기여한다.

수용성 펙틴(Water-Soluble Pectin, WSP)

수용성 펙틴은 프로토펙틴이 가열, 약산 조건, 효소 작용 등에 의해 부분 절단(저분자화)되면서 물에 용출되는 펙틴을 말한다. WSP의 주요 구성당은 GalA를 중심으로 갈락토스와 아라비노스 등이 대표적이다. 차 가공(살청-건조-홍배) 중 세포벽 구조가 느슨해지면서 WSP가 증가하는 경향이 보고된다. 일본 녹차에서는 증열 시간이 길수록, 정제차의 로스팅 조건(온도/강도)이 강할수록 WSP가 증가하는 사례가 있고, 강하게 로

스팅한 호지차(hōjicha)에서 WSP가 상대적으로 높게 나타난다는 초기 연구도 보고되어 있다. 차 우린 물의 WSP는 우림 조건에 따라 달라지지만, 한 보고에서는 이를 건조 찻잎(건중량) 기준으로 환산했을 때 약 0.19~0.27% 수준으로 제시하기도 하였다.

펙틴산(pectic acid)

펙틴산은 펙틴의 메틸에스터기(–COOCH₃)가 대부분 제거된 형태로, 비에스터화된 갈락투론산 잔기가 많은 산성 다당류이다. 물에는 부분적으로만 용해되며, 세포벽과 세포액 모두에서 발견된다. 제다 과정에서 가열·산 처리 또는 효소 작용에 의해 펙틴의 일부가 펙틴산으로 변화할 수 있고, 특히 칼슘(Ca^{2+}) 등 금속 이온과 결합해 겔을 형성함으로써 세포벽의 강도와 조직감에 영향을 줄 수 있다.

펙틴과 차의 품질

제다 공정을 거치면서 불용성 펙틴의 일부가 수용성 펙틴 및 저분자 분해 산물로 전환되어 찻물로 용출될 수 있다. 이들 펙틴 성분은 직접 단맛을 내기보다는, 떫은맛 완화, 질감(mouthfeel) 개선, 그리고 찻물 색의 농도감을 통해 차 품질에 간접적으로 기여하는 것으로 알려져 있다.

펙틴은 특히 갈로일형 카테킨과 잘 결합해 펙틴–카테킨 복합체를 형성하며, 그 결과 찻물로 용출되는 카테킨의 양이 줄어들 수 있다. 따라서 총 카테킨 함량의 변화가 크지 않아도, 떫은맛이 더 부드럽게 느껴질 수 있다. 반면 비갈로일형 카테킨과의 상호작용은 상대적으로 약하므로, 펙틴의 떫은맛 완화 효과는 갈로일형 카테킨에서 더 뚜렷하게 나타나는 경향이 있다.

또한 WSP가 찻물에 녹아 나오면 콜로이드 상태를 이루어 찻물의 물질감을 두텁게 하고, 목넘김을 더 부드럽고 풍부하게 만든다. 아울러 갈락투론산 및 단당류 등의 저분자 분해 산물은 쓴맛·떫은맛을 부분적으로 완화하는 데 보조적으로 작용할 수 있으며, 찻물색의 농도감에도 영향을 미칠 수 있다.

• 콜로이드(colloid): 아주 작은 입자가 물에 녹지 않고 미세하게 분산되어 점성·탁도 같은 성질을 만드는 상태.

2 포도당(Glucose)의 생성과 기능적·대사적 역할

포도당($C_6H_{12}O_6$)은 차나무 잎에서 광합성을 통해 이산화탄소와 물로부터 만들어지는 대표적인 단당류로, 캘빈 회로에서 생성된 탄소 동화 산물이 전환·결합되며 생성된다.

과잉 생성된 포도당은 ADP-Glc 전구체를 거쳐 엽록체에 전분으로 저장되며, 필요시 다시 분해되어 에너지원으로 이용된다. 또한 포도당의 일부는 UDP-Glc로 활성화된 뒤 자당으로 합성되어 체관을 통해 다른 기관으로 수송된다. UDP-Glc는 자당 합성뿐 아니라 셀룰로오스·펙틴 등 다당류 합성과 단백질·지질의 글리코실화에 사용되는 핵심 당 공여체이다.

포도당은 해당과정과 호흡 과정을 통해 ATP와 환원력을 제공하는 주요 에너지원이며, 생장·호흡 및 다양한 2차 대사 합성에 필요한 에너지와 탄소골격 공급 역할을 한다.

포도당은 해당과정, TCA 회로, 오탄당 인산 경로를 거치며 다양한 중간 대사산물로 전환되고, 이들 중간체는 아미노산·지방산·핵산 등 주요 생합성 물질의 탄소골격을 제공한다. 특히 포도당 대사에서 생성되는 유기산을 포함한 중간체는 글루탐산, 테아닌 등 아미노산 생합성에 간접적으로 관여한다. 또한 포도당은 펙틴·셀룰로오스 등 세포벽 다당류와 TPS 등 가용성 다당류 합성에 필요한 기초 물질로 활용된다.

- 캘빈 회로(Calvin cycle): 엽록체에서 CO_2를 이용, 포도당·전분 같은 당으로 만들어 내는 광합성 탄소 고정 경로
- ATP: 세포가 바로 쓸 수 있는 에너지 단위
- ADP-Glc(ADP-glucose): 포도당에 ADP가 붙은 활성형 당으로, 전분 합성에 쓰이는 전구체
- UDP-Glc(UDP-glucose): 자당·세포벽 다당류 합성과 당단백질·당지질을 만들 때 사용되는 전구체
- 글리코실화(glycosylation): 당을 단백질이나 지질 같은 다른 분자에 효소적으로 붙이는 반응
- 해당과정-TCA 회로-오탄당 인산 경로: 포도당을 분해·전환해 에너지(ATP)와 생합성에 필요한 중간체/환원력을 제공하는 대표 대사 경로

3 차 다당류(Tea polysaccharides, TPSs)

차 다당류(TPSs)는 찻잎의 탄수화물 가운데 펙틴·아라비노갈락탄 계열을 중심으로 한 수용성 다당류를 가리키며 포도당, 갈락토스, 아라비노스 등 여러 단당류가 글리코시드 결합으로 연결된 고분자 이종 다당류(heteropolysaccharide)이다. TPS는 주로 갈락투론산이 풍부한 산성 펙틴계 다당류로 이루어져 있으며, 여기에 아라비노갈락탄류와 중성 다당류가 함께 섞여 있는 복합 다당류이다. 이들 TPS 중 일부는 단백질과 결합한 다당–단백질 복합체(예: arabinogalactan-protein) 형태로 존재하기도 한다.

찻잎에는 건물질 기준으로 대략 1.5~13% 범위의 차 다당류가 함유되어 있으며, 이는 품종, 성숙도, 재배·가공 조건에 따라 달라질 수 있다. 한 연구에서는 차 꽃에서의 TPS 함량은 약 5.24%, 찻잎은 3.64%, 차 열매 과피(tea fruit peel)는 4.98% 수준으로 보고되었다.

- 헤테로(hetero-): 여러 종류의 단당이 섞여 있다는 뜻. 한 종류(예: 포도당만)로 된 전분·셀룰로오스와는 달리 TPS는 여러 단당이 섞인 혼합형 다당이다.

차 사포닌(Tea saponins)

차 사포닌은 트리터펜계(triterpenoid) 배당체로 이루어진 천연 계면활성 물질로, 소수성의 트리터펜 골격(아글리콘)과 친수성 당 부분(글리콘)으로 구성된 글리코시드 화합물이다. 이러한 양친매성(amphiphilic) 구조로 인해 우린 물에서 쉽게 거품을 형성하며, 특유의 쓴맛과 약한 자극성을 나타내는 것이 특징이다. 특히 차 사포닌은 인삼 등 다른 식물 사포닌과 비교할 때 트리터펜 핵 구조가 독특하다는 점에서 차별화된다. 선행 연구에 따르면 차나무에서 사포닌 함량은 일반적으로 '잎 〈 꽃 〈 씨앗' 순으로 높아지는 경향을 보인다. 찻잎의 사포닌 함량은 매우 낮아, 건물 기준 약 0.04~0.07% 수준으로 보고된다. 차꽃은 개화 초기(꽃봉오리 단계)에서 사포닌 함량이 가장 높아 건물 기준 약 0.5~7.1% 범위로 보고되며, 만개 시에는 평균 약 3.8% 수준으로 감소하는 경향을 보인다. 차 씨앗의 사포닌 함량은 가장 높고, 분석 방법 및 성숙 도에 따라 건물 기준 약 16.93~48.16%까지 다양하게 나타나며, 씨앗이 완숙 단계로 갈수록 함량은 감소하는 경향을 보인다. 이러한 함량 차이는 분석 방법(HPLC, UV 등)의 민감도와 정량 기준, 시료 채취 시기(개화·성숙 단계), 품종 및 유전적 배경에 따라 크게 달라질 수 있으므로, 연구 간 값을 비교·해석할 때에는 해당 조건을 함께 고려할 필요가 있다.

- 글리콘(glycone): 주로 글루코오스, 갈락토오스, 라만노오스, 아라비노오스, 자일로오스 등의 단당류 2~4개가 결합
- 아글리콘(triterpene aglycone): 주로 아큐라스산(acamphorolic acid), 바테닉산(barringtogenol C), 아세틸아큐라스산(acetylated acacic acid) 등으로 구성

4 마이야르 반응(Maillard reaction)과 카라멜화(Caramelization)

마이야르 반응과 카라멜화는 열에 의해 진행되는 대표적 비효소적 갈변 반응으로, 차의 색·향·맛 형성에 중요한 역할을 한다. 차에서는 가열, 건조, 홍배(烘焙, roasting)처럼 가공 중 온도가 상승하는 조건에서 두 반응이 나타날 수 있다.

마이야르 반응은 환원당(reducing sugar)과 자유 아미노기($-NH_2$)를 가진 아미노산(또는 단백질)이 고온에서 반응하여 색·향·맛이 변화하는 현상으로, 1912년 L. C. Maillard가 처음 보고하였다. 차 제다 공정 중 고온 열처리 조건에서는 유리 아미노산(및 작은 펩타이드)의 아미노기가 마이야르 반응의 주요 전구체로 작용하며, 단백질은 열변성·부분분해를 거치며 간접적으로 기여할 수 있다.

홍차·청차·덖음녹차 등에서 건조 또는 홍배 과정에서 포도당, 과당 등의 환원당과 테아닌을 포함한 아미노산이 열에 노출되면 마이야르 반응이 진행될 수 있다. 이때 형성되는 메일라노이딘(melanoidins)은 건차 색과 찻물색의 농도감에 영향을 미치며, 홍차에서는 테아플라빈, 테아루비긴 등 산화 생성물과 함께 색 형성에 보조적으로 기여할 수 있다.

또한 마이야르 반응 생성물의 일부는 향기 성분으로 이어진다. 예를 들어 피라진, 퓨란, 피롤과 같은 헤

테로고리 화합물은 구수한(nutty), 볶은(roasty/toasty), 곡물향(cereal-like), 꿀향(honey-like), 카라멜향(caramel-like) 계열의 향 특성 형성에 관여하는 것으로 알려져 있다. 특히 테아닌을 포함한 아미노산은 가열 조건에서 이러한 열반응성 향기 성분 생성에 관여할 수 있는 전구체로 보고된다.

카라멜화(caramelization)는 마이야르 반응과 달리 아미노산의 개입 없이, 당 자체가 고온에서 열분해·산화되며 진행되는 갈변 반응이다. 차에서는 강한 덖음이나 홍배처럼 일시적으로 높은 온도가 형성되는 조건에서 카라멜화가 나타날 수 있으며, 이때 갈색 색소와 함께 카라멜향, 구운 설탕향 등의 향기 특성이 형성될 수 있다.

따라서 당류는 차의 관능 품질에서 단맛에 기여할 뿐 아니라, 마이야르 반응 및 카라멜화의 전구체로 작용하여 구수한 향, 볶은 향, 구운 곡물 향, 카라멜 향과 건차색·찻물색의 농도감 형성에 관여할 수 있다. 특히 당류와 아미노산의 조성 및 비율, 그리고 건조·홍배 공정의 온도·시간 조건은 이러한 비효소적 갈변 반응과 그에 따른 품질 형성을 좌우하는 중요한 요인이다.

• 환원당: 마이야르 반응에 직접 참여하는 당으로, 포도당·과당·갈락토스 및 말토스·젖당 등 일부 이당이 이에 해당하며, 자당은 비환원당이지만 분해 후 생성된 포도당·과당은 환원당으로 반응할 수 있다.

DNA
HO
O
OH
OH
OH
ribose
CH₂OH
H
C
C
O
OH
H
C
OH
H
C
HO
C
C
H
H
OH
glucose
Sugars
Mailard Recation
(High Heat)
New Flavors
Brown Color
Protien
R⁺
O
H₂N
C
C
OH
Amino
group
Carboxylic
acid group
H
Amino Acid

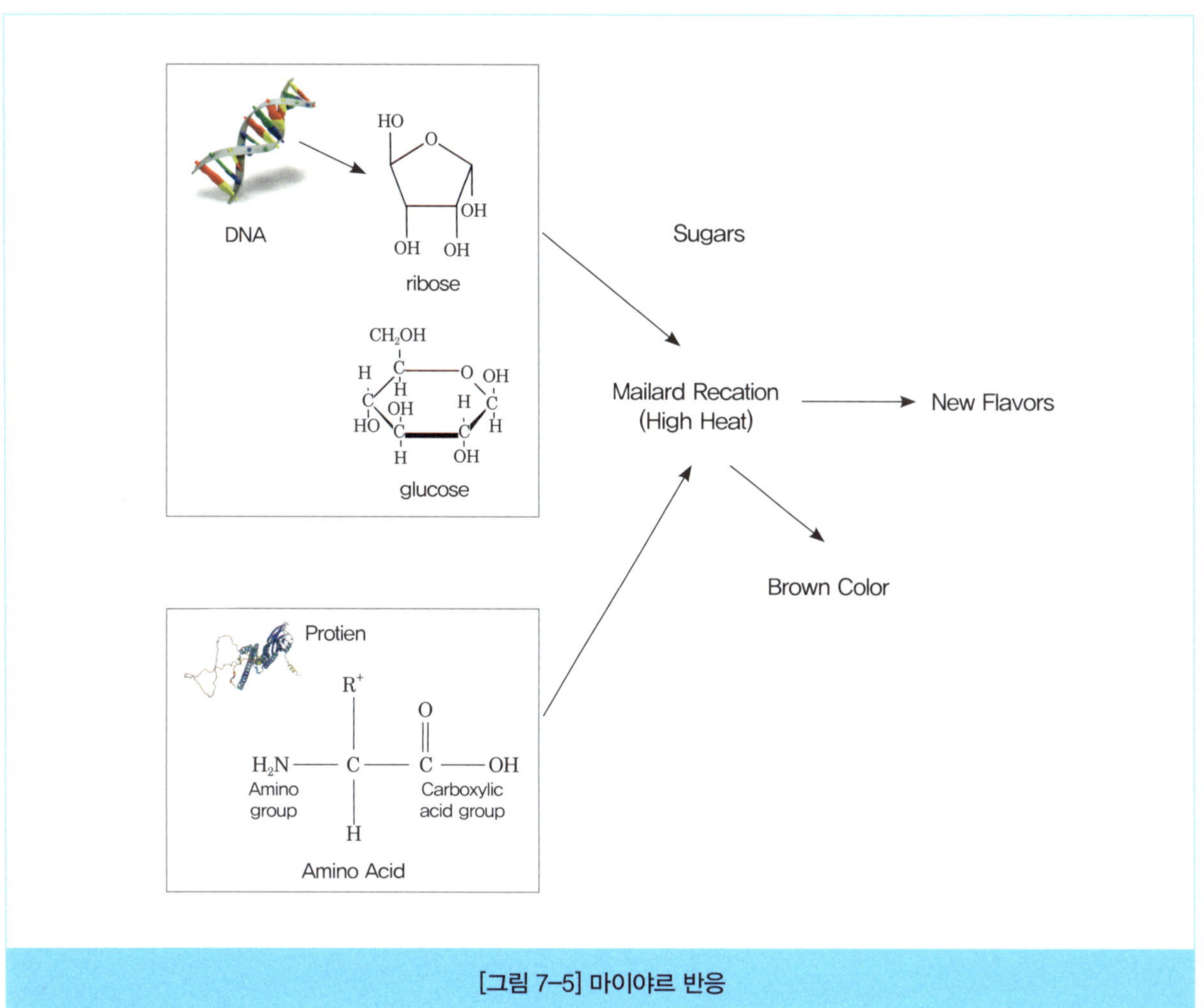

[그림 7-5] 마이야르 반응

08

휘발성 향기 화합물
(Volatile aroma compund)

차나무는 색, 향, 맛에 영향을 미치는 다양한 2차 대사산물을 함유하고 있다. 이들 성분은 크게 페놀 화합물, 아미노산, 향기성분으로 구분할 수 있다. 페놀 화합물과 아미노산은 주로 비휘발성 성분으로서 차의 색과 맛 형성에 기여하는 반면, 향기성분은 대부분 휘발성 성분으로 차의 향을 직접 결정한다. 차 건물질 기준 향기성분은 0.03% 미만으로 매우 낮지만, 차 품질을 좌우하는 핵심 요소로서 품질 평가에서 중요한 지표로 활용된다.

생엽에는 green-grassy notes가 주를 이루는 80여 종의 휘발성 성분이 존재하며, 위조·유념·발효·건조 등의 제다 공정이 진행됨에 따라 새로운 휘발성 화합물이 다량 생성·축적된다. 현재까지 차에서 700여 종 이상의 휘발성 화합물이 보고되었고, 녹차에서는 260여 종, 홍차에서는 470여 종의 향기성분이 동정되었다.

차의 휘발성 향기 화합물은 전구체와 형성 메커니즘에 따라 분류할 수 있으며, 대표적으로 카로티노이드 유래, 지방산 유래, 페닐프로파노이드·벤젠계 유래, 아미노산 유래, 그리고 열 반응(마이야르/스트레커) 유래 성분으로 구분된다. 또 일부 향기성분은 배당체 결합형으로 저장되어 있다가, 제다 과정에서 가수분해되어 유리형 휘발성 성분으로 방출되어 향기 형성에 기여한다. 이들 전구체는 산화·가수분해·열반응 등 다양한 전환을 거치며 최종적으로 차 고유의 복합적인 향기 특성을 형성한다.

1 카로티노이드 유래 휘발성 화합물(Carotenoid-derived volatiles, CDVs)

카로티노이드는 차 향기 형성에 기여하는 C9-C13 계열 아포카로티노이드(apocarotenoids, norisoprenoids)의 주요 전구체로, 엽록체에 존재하는 β-카로틴류 및 잔토필류(루테인, 제아잔틴, 네오잔틴 등)가 제다 과정에서 분해·전환되며 다양한 향기성분을 생성한다.

CDVs는 카로티노이드가 산화적 절단(oxidative cleavage) 후 산화·환원·재배열 등 후속 반응을 거쳐 형성되는 휘발성 화합물군으로, 현재까지 차에서 20종 이상 보고되고 있으며 β-이오논(β-ionone), β-다마스콘(β-damascone), β-다마세논(β-damascenone), 디하이드로액티니디올라이드(dihydroactinidiolide), 테아스피론(theaspirone) 등이 대표 성분이다. 특히, β-다마세논은 역치(odor threshold, 0.002ppb)가 매우 낮아 극미량으로도 floral, fruity, honey-like notes 등에 크게 기여한다.

카로티노이드의 효소적 절단에는 CCD가 관여하며, 위조·유념·발효(산화) 등 가공 단계에서 카로티노이드의 특정 C=C 결합이 절단되어 C_{13} 아포카로티노이드(예: β-이오논 등)가 생성될 수 있다. 생성된 아포카로티노이드는 추가 산화·환원·산촉매반응(재배열/탈수 등)을 거쳐 β-다마세논 등 다른 CDVs로 전환된다. 예를 들어 β-카로틴의 산화적 분해/절단 과정에서 β-이오논과 β-다마스콘이 함께 생성될 수 있고, β-이오논은 후속 반응을 통해 디하이드로액티니디올라이드 및 테아스피론 등으로 전환될 수 있다. 또 네오잔틴 절단 경로의 중간체(grasshopper ketone → allenic triol)를 거친 산 촉매 탈수로 β-다마세논이 형성되는 경로도 보고되고 있다. 테아스피론, 사프라날 등도 β-카로틴 및 잔토필류 유래 향기성분으로 알려져 있다.

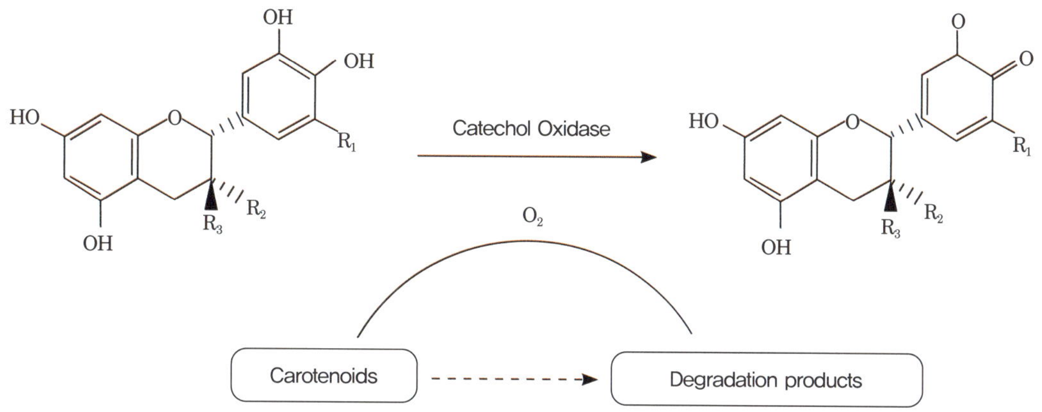

[그림 8-1] 플라바놀 o- 퀴논 매개 카로티노이드 산화

카로티노이드는 제다 과정에서 효소적 절단과 후속 반응을 거쳐 다양한 휘발성 화합물로 전환될 수 있으며, 이 과정에서 카테킨(플라바놀)의 산화로 생성되는 플라바놀-o-퀴논이 카로티노이드의 산화적 분해를 촉진할 수 있다. 그 결과 β-이오논, β-다마세논, 테아스피론 등 카로티노이드 유래 향기성분의 생성이 증가할 수 있다. 따라서 차 가공 중 비휘발성 폴리페놀의 산화·전환은 휘발성 향기성분 형성과 밀접한 관련이 있으며, 최종적인 차 향기 특성을 좌우하는 중요한 요인으로 작용한다.

한편, 카로티노이드는 빛·열·산소에 의해 비효소적으로도 산화·분해되어 향기 형성에 영향을 미친다. 예를 들어 일광위조(日光萎凋)나 쇄청(晒青, 일광건조) 과정에서는 강한 빛과 산소에 의해 카로티노이드의 광산화(photo-oxidation)가 촉진되며, 이때 β-이오논, 디하이드로액티니디올라이드, 테아스피론 등 향기 화합물이 생성될 수 있다. 또 살청(steaming, pan-firing), 건조 등 고온처리 과정에서는 카로티노이드의 열분해(thermal degradation)가 일어나며, 효소적 절단으로 형성된 중간체와 함께 CDVs의 축적에 기여할 수 있다. 따라서 카로티노이드의 비효소적 분해는 CCD에 의한 효소적 절단과 더불어, 제다 과정 중 CDVs 형성의 보조 경로 역할도 한다.

- odor threshold: 특정 향기 물질을 냄새로 최소 인지되는 농도
- CCD(carotenoid Cleavage Dioxygenase): 카로티노이드를 산화적 절단해 C_{13} 등 아포카로티노이드를 만드는 효소
- C_{13} 아포카로티노이드(apocarotenoids): 절단으로 생성된 저분자 산물로 향기 성분의 전구체(예: β-ionone)
- 산화적 분해(oxidative degradation): 산소·빛·열 등에 의해 카로티노이드가 전반적으로 산화, 분해되는 과정
- 산화적 절단(oxidative cleavage): 특정 C=C가 절단 apocarotenoids(향기 전구체)가 생성되는 반응
- grasshopper ketone: 네오잔틴 절단으로 생성된 β-다마세논 형성의 중간체
- allenic triol: grasshopper ketone 이후 중간체로, 탈수/재배열을 거쳐 β-다마세논으로 이어질 수 있다.

2 지방산 유래 휘발성 화합물(Fatty acid-derived volatiles, FADVs)

지질, 특히 지방산은 차의 향기와 풍미를 구성하는 휘발성 성분 형성에 크게 기여한다.

FADVs는 찻잎에 존재하는 불포화 지방산과 막지질(갈락토지질, 인지질)이 제다 과정 중 가수분해·산화되면서 생성되는 향기 화합물로, 주로 알데하이드, 알코올, 에스터, 락톤 등이 포함된다. 이 가운데 C6 또는 C9인 알데하이드·알코올(예: (E)-2-헥세날, (E)-2-헥세놀, (Z)-3-헥세놀 등)은 차의 fresh green, grassy, green-leafy aroma 형성에 기여하는 주요 향기성분이다. 홍차의 경우 제다 과정 중 형성되는 전체 휘발성 성분 가운데 FADVs의 비중이 약 38%로 높게 보고되고 있으며, 이들은 효소적 지질 산화 경로와 열 유도 지질 산화 경로를 통해 생성되는 것으로 알려져 있다.

2-1. 효소적 산화 경로: LOX 계열을 통한 FADVs 생성

찻잎의 리놀레산(18:2)과 α-리놀렌산(18:3)은 주로 엽록체 틸라코이드 막의 갈락토지질(MGDG, DGDG)과 세포막 인지질(PC, PE 등)에 에스터 결합 형태로 존재하며, 가공 중 세포 구조 손상과 지질가수분해효소의 작용으로 유리지방산과 라이소인지질이 방출될 수 있다.

방출된 불포화 지방산은 9/13-LOX에 의해 9/13-하이드로퍼옥사이드(9/13-HPODE:리놀레산, 9/13-HPOTE: 리놀렌산)로 산화되어 FADVs의 직접 전구체로 작용한다. 이후 HPL에 절단되어 C6 또는 C9 알데하이드가 생성되고, 생성된 알데하이드는 ADH에 의해 해당 알코올로 환원되거나 추가 전환(산화·에스터화 등)을 거쳐 green, fresh 계열의 향기 특성에 기여한다.

또한 α-리놀렌산은 자스몬산 계열 향기성분의 전구체이기도 하다. α-리놀렌산 유래 하이드로퍼옥시 지방산은 13-LOX-AOS-AOC 경로를 통해 12-OPDA(12-oxophytodienoic acid)를 형성하고, 이어 β-oxidation을 거쳐 자스몬산(jasmonic acid, JA)으로 전환된다. 형성된 JA는 메틸 자스모네이트(methyl jasmonate), cis-자스몬(cis-jasmone), 자스민 락톤류(jasmine lactones) 등으로 전환될 수 있으며, 이들 성분은 청차 및 일부 녹차에서 floral, sweet, jasmin-like 형성에 관여한다.

한편, 지질의 효소적 산화는 대표적인 C6 및 C9 성분 외에도 조건에 따라 α-리놀렌산에서 일부 C5 계열, 리놀레산에서 일부 C8 계열 휘발성 화합물이 보고된다. 올레산·팔미톨레산 등은 장쇄 알데하이드·알코올(예: n-노난알/노난올, n-헵탄알/헵탄올 등) 생성에 기여하여 fatty, waxy, nutty-like 특성을 부여할 수 있다. 이러한 효소적 지질 대사로부터 생성되는 FADVs는 홍차에서 총 휘발성 향기성분의 약 38% 수준으로 보고된 바도 있다.

효소에 의한 FADVs(지방산 유래 휘발성) 생성경로 요약

- MGDG, PC, PE → (Lipase) → FFA, LPC/LPE → (9-/13- LOX) → 9-/13-Hydroperoxide → (HPL)

  → C6/C9 aldehyde → (ADH/AOS·AOC) 경로

- (ADH) 경로 → C6 alcohols(예: (Z)-3-hexen-1-ol)

- (AOS/AOC) 경로: 자스모네이트 계열(OPDA-JA-MeJA-cis-jasmone)의 향기성분을 생성

- 지질가수분해효소: lipase, phospholipase A(PLA)
  - LOX: Lipoxygenase
  - ADH(Alcohol Dehydrogenase): 알데하이드와 알코올 간 전환을 담당하는 효소
  - AOS: Allene oxide synthase
  - AOC: Allene oxide cyclase
  - C6 알데하이드: hexanal, (E)-2-hexenal 등 향기 화합물
  - C9 알데하이드: (E)-2-nonenal, (Z)-3-nonenal, 2,6-nonadienal 등 향기 화합물
  - LOX·HPL·ADH 경로: 불포화 지방산이 LOX-HPL-ADH 경로의 주 기질로 작용하여 hexanal, (E)-2-hexenal, (Z)-3-hexen-1-ol, cis-jasmone 등의 향기 성분을 생성
  - β-oxidation: 지방산 사슬을 2탄소 단위로 반복 절단해 짧게 만드는 분해 경로
  - C5 계열 향기 화합물: 1-penten-3-one, 1-penten-3-ol, (E)/(Z)-2-pentenal, (E)/(Z)-2-penten-1-ol fresh, slightly pungent green note 신선한 풀향, 약간의 자극적인
  - C8 계열 향기 화합물: 1-octen-3-one, 1-octen-3-ol 등 mushroom-like, earthy 버섯내, 흙내
  - n-nonanal: n-은 'normal'의 약자로, 곧은 사슬(직쇄형) 구조
    가지가 없는 직쇄형 C9 알데하이드를 의미하며 $CH_3-(CH_2)_7-CHO$ 구조로 되어 있다.

2-2. 리놀렌산 유래 향기 성분의 생성 경로

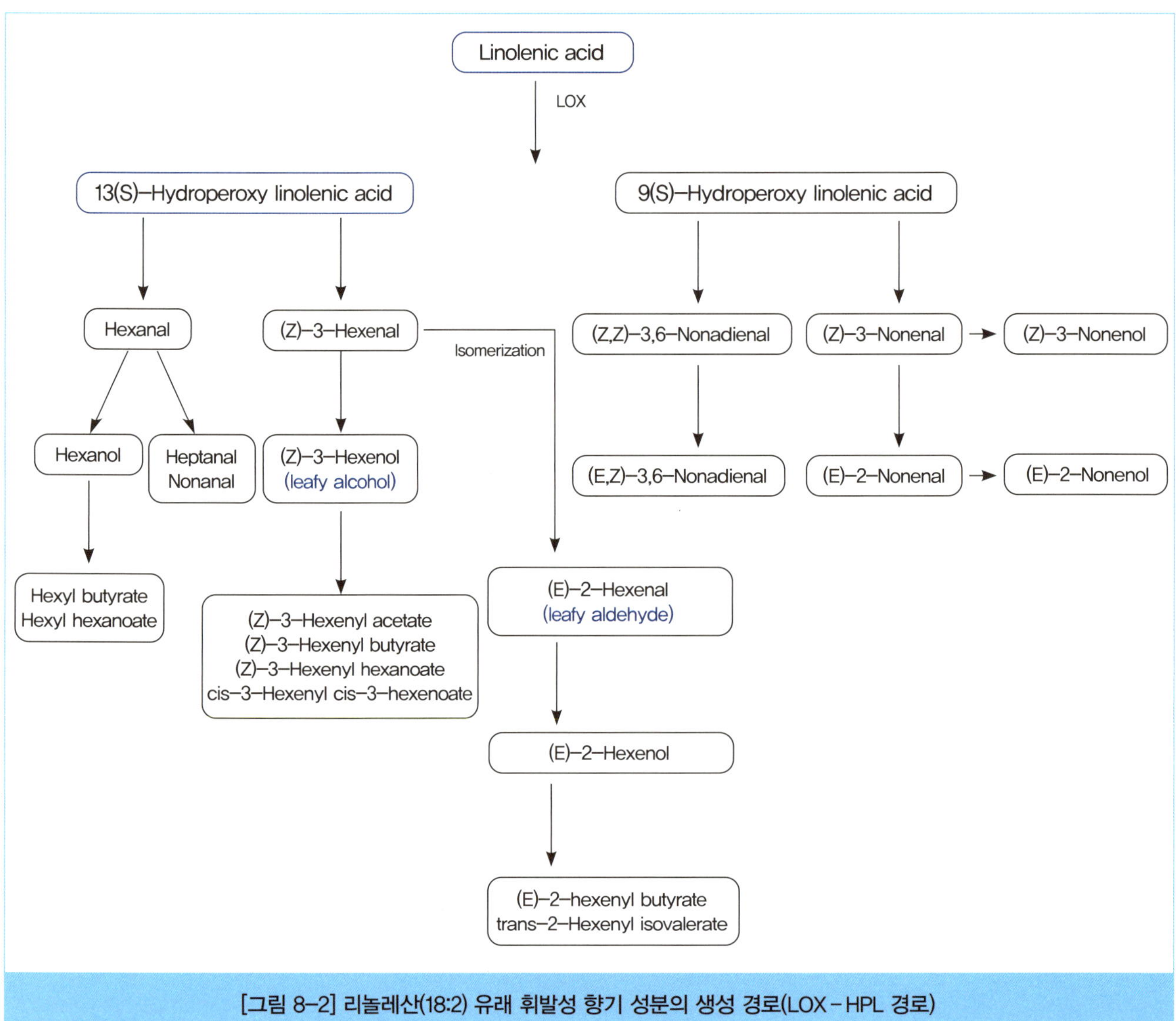

[그림 8-2] 리놀레산(18:2) 유래 휘발성 향기 성분의 생성 경로(LOX－HPL 경로)

Linolenic acid → 13(S)-Hydroperoxy linolenic acid

Hexanal → ① Hexanol → Hexyl ester; Hexyl butyrate / Hexyl hexanoate

　　　　② Heptanal, Nonanal

(Z)-3-Hexenal → ① (Z)-3-Hexenol(Leafy alcohol) + 유기산들의 에스터 결합(박스 안 4가지 향기 성분)

　　　　② (E)-2-Hexenal(leafy aldehyde) → (E)-2-Hexenol → (E)-2-Hexenyl butyrate, trans-2-Hexenyl isovalerate

- Hexanal: 신선한 풀향, grassy, unripe apple-like

○ Hexanol: soft green, grassy, slightly sweet herbal note

○ Hexyl butyrate: 과일향(apple, pear, pineapple-like), sweet ester fruity aroma

○ Hexyl hexanoate: 열대과일향(pineapple/mango-like ester aroma)

○ Heptanal: fatty, citrus-green, slightly oily aroma

○ Nonanal: waxy, orange-peel-like, fatty/oily

• (Z)-3-Hexenal: green, 잔디 깍은 냄새(fresh-cut grass), sharp green odor

○ (Z)-3-Hexenol: fresh green, herbal, characteristic green-tea aroma note

○ (Z)-3-Hexenyl acetate: sweet fruity-green(pear/apple-like)

○ (Z)-3-Hexenyl butyrate: 달콤한 열대 과일향(banana/tropical fruit)

○ (Z)-3-Hexenyl hexanoate: 익은 열대 과일향, pineapple-like, sweet fruity

○ cis-3-Hexenyl cis-3-hexenoate: fresh green + fruity combined note, leafy-fruity ester

○ (E)-2-Hexenal: sharp green, cucumber-like, pungent leafy aroma

○ (E)-2-Hexenol: 허브향, slightly cucumber-like

○ (E)-2-Hexenyl butyrate: 달콤한 과일 향(peach/pear-like), floral-fruity

○ trans-2-Hexenyl isovalerate: 익은 과일 향(apple/pear with slight fermented-fruit nuance)

Linolenic acid → 9(S)-Hydroperoxy linolenic acid 6종의 향기물질

(Z,Z)-3,6-Nonadienal → (E,Z)-3,6-Nonadienal

(Z)-3-Nonenal → ① (Z)-3-Nonenol

② (E)-2-Nonenal → (E)-2-Nonenol

• (Z,Z)-3,6-Nonadienal: strong green, cucumber-like

○ (E,Z)-3,6-Nonadienal: green, 연한 금속취(slightly metallic)

○ (Z)-3-Nonenal: fresh cucumber, green, melon-like

○ (Z)-3-Nonenol: fresh, waxy, green melon, cucumber-like(오이, 멜론 껍질 같은 그린향, 약간의 왁시, 지방감)

○ (E)-2-Nonenal: fatty, 묵은 종이, 골판지 냄새(cardboard-like), cucumber-green

○ (E)-2-Nonenol: waxy, green, cucumbe, melon, fatty(오이, 멜론 계열의 신선한 그린향, 약간의 왁시, 지방감)

2-3. 리놀레산 유래 휘발성 향기 성분의 생성 경로

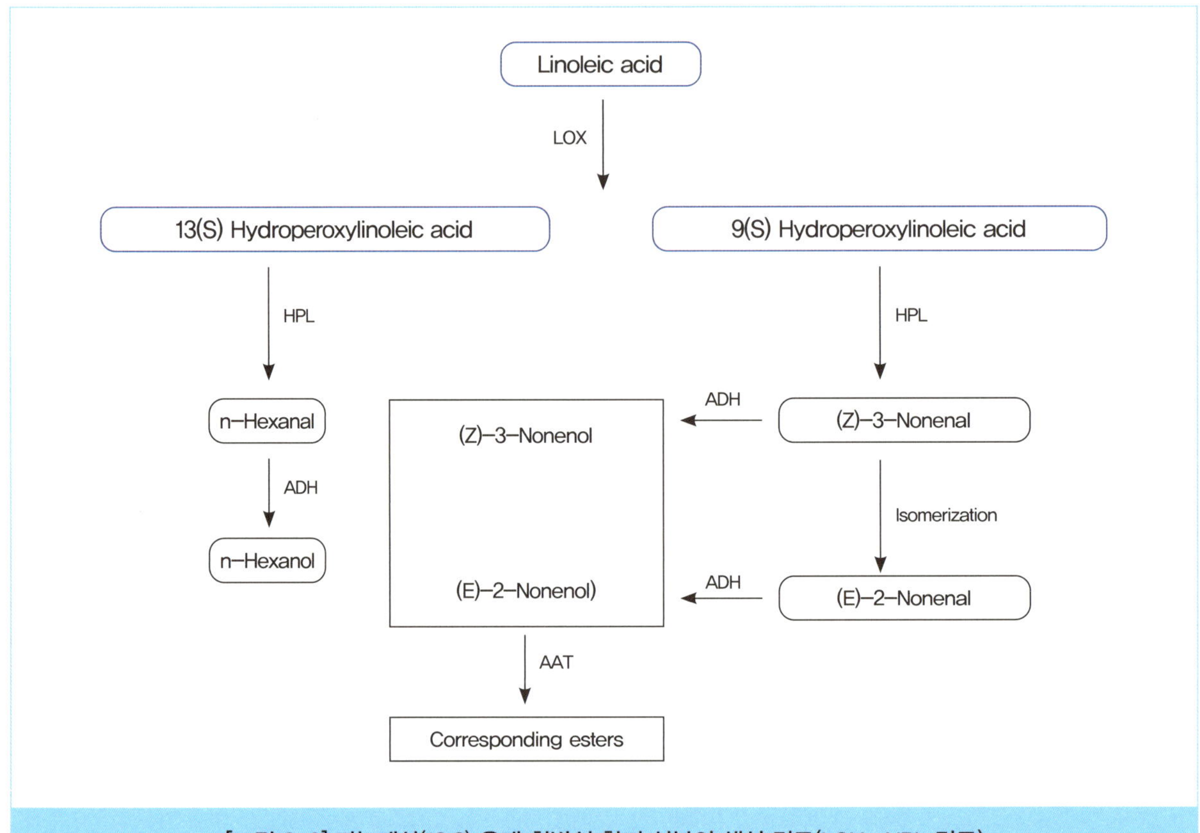

[그림 8-3] 리놀레산(18:2) 유래 휘발성 향기 성분의 생성 경로(LOX – HPL 경로)

• LOX: lipoxygenase

• HPL: hydroperoxide lyase

• ADH(alcohol dehydrogenase): 알코올 탈수소효소.

• Isomerization: 분자식은 같지만 원자 배열이 바뀌어 구조/입체가 다른 이성질체로 전환되는 반응

• AAT(alcohol acyl CoA transferase): 알코올 아실-CoA 전이효소

• Hexanal: green, grassy

• Hexanol: green, leafy, alcoholic

• (Z)-3-Nonenal: cucumber-like, green, fatty/metallic

• (E)-2-Nonenal: 지질성·종이/카드보드 같은 산화취, 약한 금속성 뉘앙스(fatty, papery/cardboard-like, slightly metallic)

• (Z)-3-Nonenol: cucumber-like, green, waxy

• (E)-2-Nonenol: waxy, fatty, cucumber, melon, green

• Corresponding esters: hexyl acetate, (Z)-3-nonenyl acetate 등(fruity, sweet, green-fruity)

2-4. 비효소적 산화 경로: 열 유도 지질 산화 분해

지방산 및 불포화 지질은 효소적 산화뿐 아니라, 열·빛·산소에 의해 생성되는 자유 라디칼(free radicals)에 의한 비효소적 산화에 의해서도 분해될 수 있다. 특히 홍차의 고온 건조 단계와 청차의 강한 홍배(焙火) 단계에서는 열과 수분 감소로 LOX·HPL·ADH 등의 효소 활성이 크게 저하되므로, FADVs는 열 유도 자유 라디칼 연쇄반응(thermal free-radical chain reaction)을 통해 형성되는 것으로 보고된다.

이때 막지질과 일부 중성지질의 불포화 결합 부위가 먼저 산화되어 지질 하이드로퍼옥사이드를 형성하고, 이후 퍼옥실 라디칼(peroxyl radical)과 알콕실 라디칼(alkoxyl radical)을 거치는 연쇄반응을 통해 분해된다. 그 결과 알데하이드·케톤·알켄 및 푸란류 등 다양한 저분자 2차 산물이 생성되며, 이는 효소적 경로에서 주로 형성되는 green/fresh 계열 성분과 달리, 홍차 및 강 홍배 청차에서의 toasty, nutty, roasted, baked(sweet) 향기 형성에 부분적으로 기여한다. 또 지질 산화로 생성된 카보닐류는 고온 건조 조건에서 진행되는 마이야르-스트레커 반응의 반응성 전구체로 작용하여 피리딘·피라진 및 푸란계 등 열반응 유래 휘발성 성분의 생성을 간접적으로 촉진한다. 결과적으로 고온 건조 단계에서 형성되는 향기 화합물은 위조·산화 단계에서 형성된 green/floral/fruity 계열과 결합해 홍차 특유의 복합적인 향을 완성한다.

[표 8-1] 제다과정 중 지질 분해·산화에 따른 향기 형성 경로

공정 단계	주요 지질	핵심 효소 반응	대표적 휘발성 화합물
1. 가수 분해	당지질: MGDG/DGDG/SQDG 인지질: PC/PE	Lipase/LAH, PLA1/PLA2에 의해 지질이 절단 → 유리형 PUFA(FFA) 증가	후속 산화의 기질 제공 단계
2. 효소적 산화	유리형 PUFA=FFA C18:2/C18:3	LOX – HPL – ADH로 C6/C9 생성 + AOS/AOC로 자스모네이트 계열 생성	hexanal, (E)-2-hexenal, (Z)-3-hexen-1-ol, cis-jasmone 등 신선한 풀향, 꽃향, 과일향
3. 건조 (열 유도 산화)	잔존 막지질(당지질+인지질) + 중성지질(TAG/DAG)	자동산화 연쇄 + ROOH 열분해(α/β 절단)	heptanl, decanal, 1-nonanol, 2-pentylfuran, hexyl hexanoate 등 왁시, 견과, 구운, 달콤한 과일향.
4. 지질-Maillard 연계반응 (고온-저수분)	지질 산화 카보닐 + 아미노 화합물	Strecker/축합 → N-헤테로고리 생성	2-pentylpyridine 등 구수, 구운 향 (roasty, toasted)

- LAH(lipolytic acyl hydrolase): 지질 에스터 결합을 가수분해해 지방산을 유리화하는 효소
- PLA1/PLA2(phospholipase A1/A2): 인지질의 sn-1/sn-2 지방산을 절단해 lysophospholipid + FFA를 만드는 효소
- 라디칼 연쇄(열 유도 산화): R• → ROO• → ROOH 형성 후, 가열 시 ROOH 분해로 알데하이드·케톤 등 2차 생성물 증가
- LOX/HPL/ADH: 지방산의 산소 첨가-절단-환원을 잇는 효소 경로(주로 C6/C9 휘발성 생성)
- AOS/AOC: 자스모네이트(JA) 생합성 분지의 핵심 효소(allene oxide synthase/cyclase)
- ROOH: 지질 하이드로퍼옥사이드로, 열에서 분해되어 다양한 휘발성 생성에 기여

3 페닐프로파노이드·벤젠계 유래 휘발성 화합물
(Phenylpropanoid/benzenoid-derived volatiles, PBVs)

PBVs는 차 향기에서 꽃향·과일향의 주요 계열로, 주로 시킴산(shikimate) 경로에서 생성된 페닐알라닌을 대표 전구체로 한다. 페닐알라닌은 PAL에 의해 탈아미노화 되어 시나믹산(cinnamic acid)으로 전환되며, 이후 환원·산화·에스터화 등 다양한 반응을 거치면서 PBVs로 확장된다. 이 가운데 벤젠계(benzenoid) 방향족 휘발성 성분으로 phenylacetaldehyde는 히아신스/장미 계열의 달콤한 꽃향, 꿀향을 생성하고, 2-phenylethanol은 방향족 알코올로 강한 장미향을 나타낸다. 또 benzaldehyde는 아몬드·살구씨(커널)와 유사한 향을, benzyl alcohol은 달콤한 꽃향, 약한 아몬드향을 부여한다. 한편 methyl salicylate(MeSA)는 꽃향과 허브향에 더해 민트/멘톨 계열의 청량감을 부여하는 대표 향기 성분으로, PBVs가 꽃향·허브·청량 노트가 어우러진 복합적인 향 특성을 만드는 데 기여한다.

- PAL: phenylalanine ammonia-lyase
- 페닐프로파노이드계(phenylpropanoids): 페닐알라닌 유래 C_6–C_3 골격을 갖는 2차 대사산물
- 벤젠유도체계(benzenoids): 페닐프로파노이드 경로에서 곁사슬이 단축되어 C_6–C_1 골격을 갖는 향기 성분군

4 아미노산 유래 휘발성 화합물
(Amino acid-derived volatiles, AADVs)

아미노산 유래 휘발성 성분은 생엽에 존재하는 아미노산이 효소적 분해·전환를 거치거나, 제다 과정 중 열처리 단계에서 환원당·카보닐 화합물과 반응하면서 생성되는 향기 화합물이다. 특히 류신, 이소류신, 발린, 메티오닌 등 일부 아미노산은 전환 과정에서 알데하이드류 및 황 함유 휘발성 성분의 전구체로 작용하여, 홍차나 강한 홍배를 한 청차에서 malty, roasty, boiled-potato-like aroma 등에 기여한다.

또한 트립토판 유래의 인돌은 청차 및 일부 발효차에서 보고되는 중요한 AADV로, 저농도에서는 재스민·꽃향(jasmine-like, floral)을 부여하지만, 농도가 높아지면 동물취(animalic)와 같은 불쾌취로 인지될 수 있다. 인돌 생성은 유념 등 기계적 손상 스트레스와 관련된 방어 반응으로 생성되는 것으로 알려져 있다.

4-1. 마이야르 및 스트레커 반응 유래 향기성분
(Maillard-/Strecker-derived aroma compounds)

제다 과정에서 찻잎이 고온에 노출되면 아미노산과 환원당 사이에서 비효소적 갈변 반응이 진행된다. 이때 향기성분 형성의 핵심 경로가 마이야르 반응(Maillard reaction)과 그 후속 반응인 스트레커 분해(Strecker degradation)이다.

마이야르 반응에서는 아미노산-환원당 반응을 통해 α-디카보닐(α-dicarbonyl)과 멜라노이딘(melanoidin) 계열의 갈색 색소가 생성되는 동시에 다양한 휘발성 향기 화합물이 함께 형성된다. 이어서 마

이야르 반응 중간체인 α-디카보닐 화합물이 다시 아미노산과 반응하면 스트레커 분해가 일어나고, 그 결과 아미노산보다 탄소 수가 한 개 적은 스트레커 알데하이드(Strecker aldehyde)가 생성된다. 이러한 반응은 주로 고온 열처리 단계에서 활발하게 진행되며, 대표적인 스트레커 알데하이드는 주로 소수성/방향족 아미노산으로부터 생성된다.

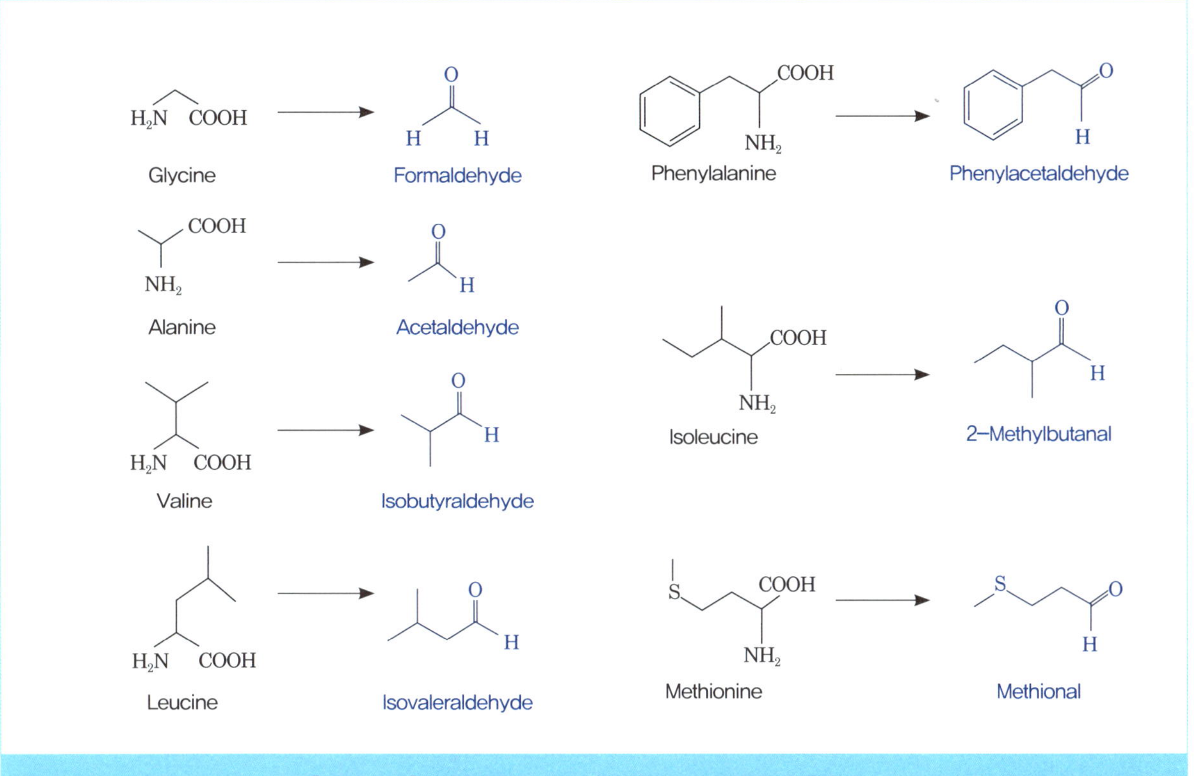

[그림 8-4] 아미노산과 그에 대응하는 스트레커 알데하이드

- Alanine → Acetaldehyde: 풋내, 신선한, 약한 과일향
- Valine → Isobutyraldehyde: 신선한 곡물향
- Leucine → Isovaleraldehyde: 맥아, 곡물향
- Phenylalanine → phenylacetaldehyde: 히아신스/장미 계열의 달콤한 꽃향
- Isoleucine → 2-methylbutanal: 맥아, 코코아/초콜릿향
- Methionine → methional: 삶은 감자향

특히 메티오닌은 황 함유 휘발성 향기성분의 중요한 전구체로, 먼저 스트레커 알데하이드인 메티오날로 전환된 뒤, 메탄티올을 거쳐, 디메틸디설파이드(DMDS), 디메틸트리설파이드(DMTS)로 전환될 수 있다.

DMDS는 양파·마늘류(onion/garlic-like) 향을 나타내며, DMTS는 농도에 따라 양배추·썩은 채소(cabbage/rotten/garlic-like)를 연상시키는 강한 유황계 불쾌취를 유발할 수 있다. 한편, 녹차에서는 S-메틸

메티오닌이 디메틸설파이드(DMS)의 주요 전구체로 작용하며, DMS는 차광재배 녹차에서 나타나는 해조류 (seaweed-like) 향 형성에 중요한 역할을 한다.

테아닌은 고온 조건에서 열 반응 유래 향기성분의 중요한 전구체로 작용한다. 테아닌을 환원당(예: D-glucose)과 함께 150~160℃ 이상의 온도에서 가열하면, 테아닌의 아미노기와 당의 카보닐기가 반응하여 마이야르 반응이 진행되고, 그 중간체를 통해 스트레커 분해가 함께 촉진된다. 그 결과 피롤/피롤린 유도체, 피라진류, 퓨란류 등 열 반응 유래 휘발성 성분이 증가하며, 볶은향, 견과류향, 팝콘향 형성에 기여할 수 있다. 특히 피라진류는 볶은 곡물/견과류 계열향, 퓨란류는 카라멜향((burnt-sugar/caramel-like), 달콤한 토스트(sweet-toasty) 계열의 향을 증가시킨다.

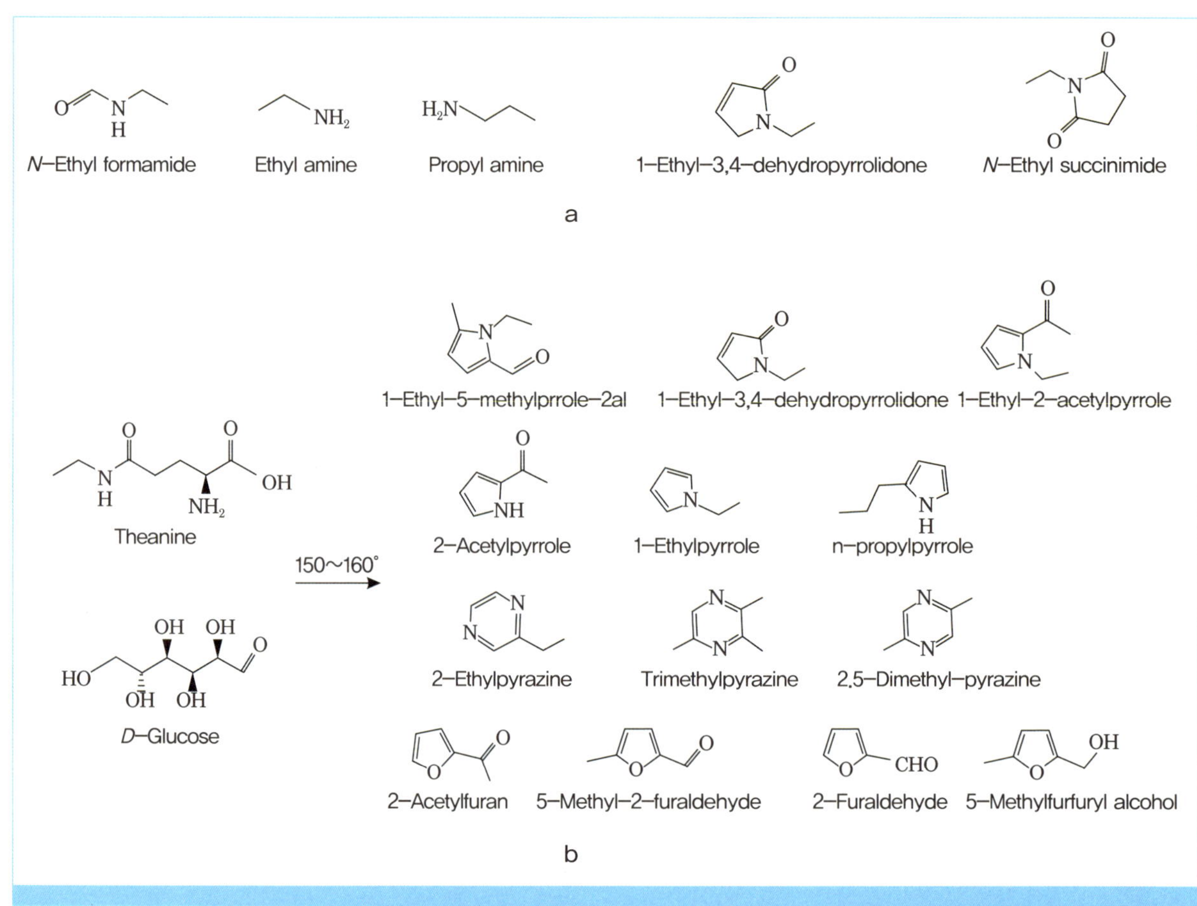

[그림 8-5] a 테아닌의 열분해 생성물, b 테아닌 + D포도당 → 스트레커 분해 산물

- Ethylamine(에틸아민): 암모니아/비린내(생선 비린) 같은 아민취, 자극적(fishy, ammoniacal)
- Propylamine(프로필아민): 에틸아민과 유사한 아민취, 비린·자극적(fishy, pungent)
- 피롤류(pyrroles): 구운/너티/로스티, 카라멜 핵심 계열(roasted, nutty, bready, caramel-like)2-Acetylpyrrole, 1-Ethyl-2-acetylpyrrole, 1-Ethylpyrrole, n-Propylpyrrole,1-Ethyl-5-methylpyrrole-2-al
- 피라진류(pyrazines): 구수한 볶은 곡물/견과 향, 코코아 (roasted nutty, cocoa-like, grainy, toasted cereal)2-Ethylpyrazine, Trimethylpyrazine, 2,5-Dimethylpyrazine
- 퓨란/푸르푸랄류(furans/furan aldehydes): 캐러멜·구운 설탕·빵 껍질(caramel-like, burnt sugar-like, bready)2-Acetylfuran, 5-Methyl-2-furaldehyde, 2-Furaldehyde, 5-Methylfurfuryl alcohol

한편, 제다 과정에서 카테킨 산화로 생성되는 o-퀴논은 카로티노이드와 마찬가지로 아미노산 및 그 분해 산물과의 추가적인 축합·산화 반응을 유도하고 카보닐-아미노 반응을 촉진할 수 있다. 그 결과 향기 전구체 조성이 변화하며, 마이야르/스트레커 유래 향기성분 형성에도 간접적으로 기여하는 것으로 보고된다.

요약하면 마이야르 및 스트레커 반응은 찻잎 내 당과 아미노산을 다양한 스트레커 알데하이드와 헤테로 고리(피라진·피롤·퓨란 등) 향기 화합물로 전환시키는 대표적인 비효소적 경로이다. 특히 고온 열처리 공정이나 후발효·숙성 과정에서 활발히 진행되며, 구운·견과류·몰트·숙향(roasty, nutty, malty, aged-like) 등 복합적인 향미 형성에 중요한 역할을 한다.

- 스트레커 분해(Strecker degradation): 마이야르 반응에서 생성된 α-디카보닐이 아미노산과 반응해 탄소 수가 하나 적은 향기성 알데하이드(Strecker aldehydes)와 α-아미노 케톤을 만드는 반응
- 소수성/방향족 아미노산: 곁사슬이 비극성(물에 잘 안 녹음)이거나 벤젠고리(방향족 고리)를 가져, 열 반응에서 스트레커 알데하이드 등 향기 성분의 전구체가 되기 쉬운 아미노산군
- DMDS: dimethyl disulfide / DMTS: dimethyl trisulfide

5 배당체 결합형 유래 향기 성분(glycosidically bound volatiles, GBVs)

배당체는 당(sugar) 잔기가 글리코시드 결합을 통해 비당부(aglycone)에 결합한 구조의 화합물이다. 차의 향기 형성에서 GBVs는 독립적인 생합성 기원이라기보다는, 카로티노이드·지방산·페닐프로파노이드/벤젠계·아미노산 유래 향기성분이 비휘발성 배당체(주로 primeveroside 또는 glucoside) 형태로 존재하다가, 제다 과정에서 가수분해되어 유리형 휘발성 향기성분으로 방출된다.

생엽에는 유리형 휘발성 화합물과 GBVs가 함께 존재한다. GBVs는 향기성 아글리콘에 포도당 등의 단당류(또는 이당류)가 결합한 형태로 향이 거의 발현되지 않지만, 제다 과정에서 유념 등으로 세포조직이 손상되면 β-primeverosidase, β-glucosidase 등이 배당체를 가수분해하여 유리형 향기성분을 방출한다. 이렇게 방출된 리날룰, 리날룰 옥사이드, 제라니올과 벤질 알코올, 2-페닐에탄올 등은 꽃향과 과일향 형성에 중요한 역할을 한다.

또한 녹차에서 보고되는 푸라네올(furaneol)과 쿠마린(coumarin)도 일부 배당체 형태로 존재할 수 있다. 푸라네올은 카라멜·파인애플을 연상시키는 달콤한 과일향을, 쿠마린은 체리꽃향 및 허브향을 나타내며 생엽에서는 대부분 유리형으로 존재하나, 일부는 프리메베로사이드 결합형으로도 보고된다. 따라서 살청 시간과 건조 온도 등 공정 조건에 따라 쿠마린의 발현 양상이 달라질 수 있다.

- 테르펜계 알코올류: 리날룰, 제라니올 등 꽃향, 과일향에 기여하는 대표 향기 화합물
- 방향족 알코올류: 벤질 알코올, 2-페닐에탄올 등 꽃향 계열 화합물
- Linalool oxides: 생엽에 존재하는 리날룰 옥사이드 배당체가 제다 중 가수분해되어 방출되는 4종의 향기 이성질체.
- β-primeveroside: 향기 아글리콘에 프리메베로스(primeverose; 자일로스-포도당)라는 이당이 베타글로코시드 결합한 배당체 전구체
- β-glucoside: 향기 아글리콘에 포도당 1개가 결합한 배당체 전구체

6 충해에 의한 향기 형성: 동방미인차를 중심으로

차 향기 형성은 반응 경로에 따라 ① 잎 세포가 살아 있는 상태에서의 효소 반응, ② 잎 세포가 손상·파괴된 이후의 효소 반응, ③ 열·물리적 및 화학적 반응의 세 유형으로 분류될 수 있다. 이 가운데 충해(초식곤충 가해)에 의해 유도되는 향기 변화는 생엽 단계의 방어 반응과 연계된 효소 반응을 중심으로 나타나며, 이후 제다 과정에서의 가열 및 공정 조건과 화학적 반응이 결합되어 최종 향기 발현에 관여할 수 있다.

차나무는 생육 과정에서 생물적 스트레스(예: 초록애매미충 가해)와 비생물적 스트레스(빛, 온도, 기계적 손상 등)에 노출되는데, 특히 초록애매미충과 같은 흡즙성 초식곤충의 가해는 잎 조직에 지속적인 미세 상처를 유발하고 방어 반응을 유도함으로써 휘발성 성분의 생성·방출을 증가시키는 것으로 알려져 있다. 이러한 herbivore-induced volatiles는 본래 천적 유인이나 식물–곤충 간 신호전달 등 방어 기능의 관점에서 주로 논의되어 왔으나, 차에서는 최종 제품의 향기 특성에 직접 영향을 주는 요인으로 작용한다. 초록애매미충 가해는 ① 상처(wounding), ② 곤충 타액·분비물 등에 포함될 수 있는 elicitor(곤충 유래 유도 인자), ③ 식물호르몬(특히 JA 계열)을 포함한 방어 신호를 통해 향기 합성 관련 유전자 발현과 효소 반응을 촉진하여 휘발성 성분의 생성·방출을 증가시킬 수 있으며, 그 결과 (Z)-3-hexen-1-ol, (E)-2-hexenal 등 VFADs, benzaldehyde, indole 등 VPBs, linalool, geraniol, ocimenes, nerolidol 등 VTs가 증가하는 경향이 보고된다.

6-1. 동방미인(Oriental Beauty)차

동방미인은 초록애매미충(tea green leafhopper)의 피해를 입은 찻잎을 원료로 가공한 대표적인 차이다.

동방미인의 잘 익은 과일·꿀 향은 생엽 단계에서 초록애매미충의 가해에 의해 유도되는 특정 성분 dienediol I(2,6-dimethyl-3,7-octadiene-2,6-diol)의 생성·축적과 관련이 있으며, 이후 청차 제다 과정의 가열 조건에서 dienediol I이 hotrienol로 전환되면서 최종 향기 형성이 이루어진다. 흥미롭게도 dienediol I은 다른 해충 가해에 의해서는 유도되지 않는 것으로 보고되어, 초록애매미충에 특이적인 유도 메커니즘이 존재할 가능성이 제안된다. dienediol I의 식물 내 생합성 경로는 아직 확정되지 않았으나, linalool 유래 가능성이 제기되어 왔고, 실제로 초록애매미충의 피해를 입은 찻잎에서 LISs 발현 상향과 연계된 (S)-linalool 방출 증가를 유도하는 것으로 보고된다. 반면 geraniol은 충해에서 증가하더라도 찻잎 자체의 geraniol synthase 활성 변화는 뚜렷하지 않았으며, 초록애매미충에 의한 효소 추출물이 GPP(geranyl diphosphate)로부터 geraniol을 생성할 수 있다는 보고를 근거로 '곤충 기여 경로(putative insect-derived geraniol synthase)' 가능성이 제안되었다. 즉 동일한 전구체 GPP에서 출발하는 모노테르펜이라도, 초록잎매미 가해 조건에서 (S)-linalool과 geraniol은 형성·방출에 관여하는 과정이 서로 다를 수 있으며, 이러한 차이가 동방미인의 독특한 향기 형성을 뒷받침하는 기전으로 해석된다. 다만 dienediol I 유도에 관여할 수 있는 초록애매미충의 특이 elicitor의 존재와 작용 기작은 아직 제안 단계에 머물러 있고, dienediol I의 정확한 생합성 경로 역시 확정되지 않았다는 점은 향후 규명이 필요한 연구 과제로 남아 있다.

- herbivore-induced volatiles (HIVs): 초식곤충(초록애매미충 등)의 가해(흡즙·저작)로 인해 식물 잎에서 새로 생성되거나 방출이 증가하는 휘발성(향기) 화합물로, 식물 방어 신호(천적 유인·경보 신호 등)로 작동하면서 차에서는 향기 품질에도 직접 영향을 미칠 수 있다.
- tea green leafhopper: 초록애매미충. 학명 Empoasca (Matsumurasca) onukii Matsuda = E. (M.) onukii
- LISs(CsLIS1, CsLIS2): 차나무에서 GPP를 (S)-linalool로 전환하는 (S)-linalool synthase 유전자/효소들로, 초록애매미충 가해 시 발현이 증가해 리날룰 방출이 증가할 수 있다.
- 흡즙(吸汁): 초록애매미충이 침(구침)을 식물 조직에 찔러 넣고 체관의 수액을 빨아먹는 섭식 방식(piercing-sucking feeding)
- GPP(geranyl diphosphate): 제라닐 이인산. 모노테르펜 생합성의 핵심 전구체(출발 기질)로, 테르펜 합성효소(TPS/LIS 등)에 의해 다양한 모노테르펜으로 전환된다.

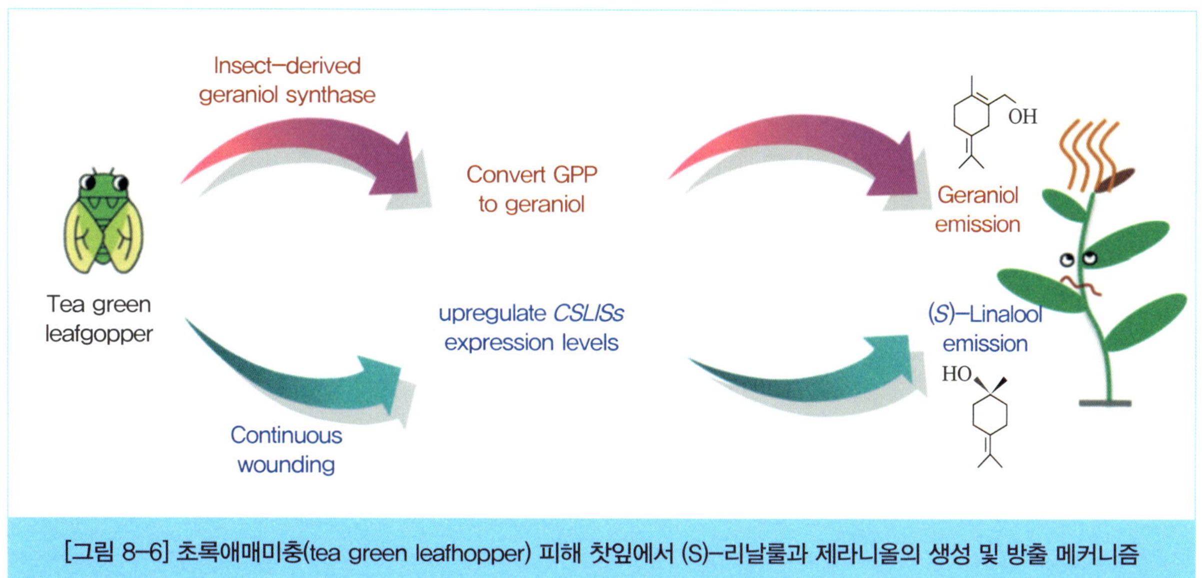

[그림 8-6] 초록애매미충(tea green leafhopper) 피해 찻잎에서 (S)-리날룰과 제라니올의 생성 및 방출 메커니즘

초록애매미충의 흡즙은 찻잎에 지속적 상처(continuous wounding)를 유발하여, 차나무의 리날룰 합성효소 유전자(CsLISs) 발현을 상향 조절하고 그 결과 리날룰 방출을 증가시키는 것으로 알려져 있다. 또한 흡즙 과정에서 곤충이 방출하는 제라니올 합성효소에 의해 GPP(geranyl diphosphate)가 제라니올로 전환되어 방출이 증가할 수 있다는 '제안된(putative) 경로'가 함께 제시된다. 본 도식은 충해가 동방미인차의 달콤한 꽃향을 형성하는 두 경로(식물 반응 중심 + putative 경로)를 요약하였다.

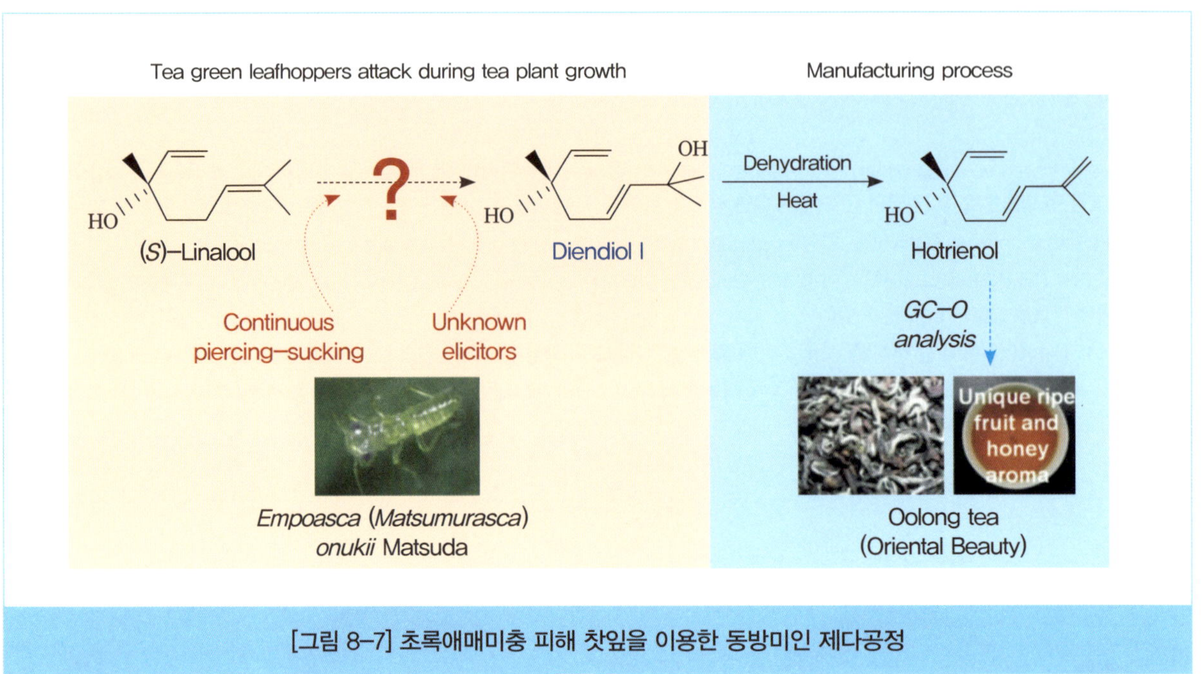

[그림 8-7] 초록애매미충 피해 찻잎을 이용한 동방미인 제다공정

수확 전 단계에서는 초록애매미충의 지속적 천공·흡즙(continuous piercing-sucking)이 잎의 대사를 자극하여 (S)-linalool이 dienediol I로 전환되는 과정이 제시되는데, 이 전환에는 아직 규명되지 않은 elicitor(유도 인자) 가 관여할 가능성이 미확인(unknown) 으로 표시되어 있다. 제다공정에서는 이렇게 형성된 dienediol I이 가열(heat) 및 탈수(dehydration) 조건에서 hotrienol로 전환될 수 있음을 나타내며, 생성된 hotrienol은 잘 익은 과일·꿀(ripe fruit and honey) 향 같은 동방미인 특유의 향기 특성에 기여하는 것으로 설명된다.

[표 8-부록 1] 차의 주요 향기 성분과 그 형성 전구체

Compounds	Precursors	Odor descriptor
β–ionone	Carotenoids	Woody(나무향), violet(제비꽃향)
Theaspirone	Carotenoids	Flowery, fruity
α–Ionone	Carotenoids	Woody, hay–like(건초향)
β–Damascone	Carotenoids	Sweet, fruity, floral, 약한 건초향
Safranal	Carotenoids	Saffron–like, herbal
Geranylacetone	Carotenoids	Floral, fruity, green, hay–like
β–Damascenone	Carotenoids, Glycosides	Fruity, apple–like(사과향)
(Z)–3–hexenol(leaf alcohol)	Lipids, Glycosides	Green, leafy(fresh–cut grass)
Hexanal	Lipids	Grassy, green, fresh–cut grass 풀향(잔디/갓 벤 풀 같은 그린 향)
Pentanal	Lipids	Pungent(톡쏘는 듯한), green, fatty
(Z)–1,5–octadien–3–one	Lipids	Geranium–like(제라늄 같은 꽃향), green
(E,Z)–2,6–nonadienal	Lipids	Cucumber–like 오이향 같은
1–Octen–3–one	Lipids	Mushroom–like(버섯향/버섯 같은 흙내)
1–Penten–3–ol	Lipids	Green, herbal
(E)–2–hexenal	Lipids	Green, fresh–cut grass
(E,E)–2,4–hexadienal	Lipids	Fatty(지방내), fried(튀김향)
(E,E)–2,4–decadienal	Lipids	Fatty, fried
(Z)–3–hexenal	Lipids	Green, leafy(fresh–cut grass)
Methyl jasmonate	Lipids	Floral, jasmine–like
Hexanoic acid	Lipids	Sweaty(산패), 치즈, green
Geraniol	Glycosides	Rose–like
Linalool	Glycosides	Floral, citrus–like
Linalool Oxide I II III IV	Glycosides	Earthy(흙내), floral, woody, slightly creamy
Hotrienol	Glycosides	Floral(linden–like, 보리수 꽃 같은), sweet
Methyl salicylate	Glycosides	Wintergreen–like(달콤한 박하향)
Benzyl alcohol	Glycosides	faint aromatic(은은한 꽃향), mild floral
2–Phenylethanol	Glycosides	Honey–like, Rose–like, floral
4–Hydroxy–2,5–dimethyl–3(2H)–furanone	Glycosides	Caramel–like
Benzaldehyde	Glycosides	Almond–like(아몬드 향)

Dimethyl disulfide (DMDS)	Amino acids (Methionine)	Garlic/onion-like(마늘, 양파 냄새), sulfury(유황 냄새)
Trimethyl sulfide (TMS)	Amino acids (Methionine)	sulfury, cooked cabbage vegetable-like (익힌 양배추, 채소향)
2-Acetyl-3-methylpyrazine	Amino acids + reducing sugars	Roasty(볶은 향), nutty(고소한 견과향)
2-Ethyl-3,5-dimethylpyrazine	Amino acids + reducing sugars	Nutty, roasted
5-Ethyl-2,3-dimethylpyrazine	Amino acids + reducing sugars	Nutty, roasted
Indole	Amino acids (Tryptophan)	저농도: floral, jasmine-like(자스민 같은 꽃향) 고농도: animalic(musky) off-note(동물성· 분뇨 오프 노트)
2-Acetyl-2-thiazoline	Amino acids + reducing sugars	Popcorn-like, roasty(구운 옥수수 같은 고소한 향)
2-Acetyl-1-pyrroline	Amino acids + reducing sugars	Popcorn-like
Phenylacetaldehyde	Amino acids (Phenylalanine)	Honey-like, floral
Methional	Amino acids (Methionine)	Potato-like(삶은 감자향)
3-Methylbutanal (isovaleraldehyde)	Amino acids (Leucine)	Malty(맥아향, 구수한 곡물향)
2-Methylbutanal	Amino acids (Isoleucine)	Malty, cocoa-like(약한 코코아/초콜릿 향)
2-Methylpropanal (isobutyraldehyde)	Amino acids (Valine)	Grainy(곡물향), green

[표 8-부록 2] 후각 역치(olfactory threshold)에 기반한 주요 휘발성 성분 및 향기 특성

Compounds	Olfactory threshold (μg/g)	Odor descriptor	Aroma type
Linoleic acid ethyl ester	2	Mango, peach, cherry	Fruity, Flowery
Phytol	0.64	Fresh grass, apples	Fragrant
9,12-Octadecadienoic acid (Z,Z)-, methyl ester	4400	Apple	Fruity
Hexadecanoic acid, ethyl ester	2000	Weak wax, juice and cream	Fruity, Buttery
9,12,15-Octadecatrienoic acid (Z,Z,Z)-	100	Nut	Fragrant
Hexadecanoic acid, methyl ester	4000	Grease(유지류)	Sweet
β-Damascenone	0.000131	Strong rose	Fruity, Flowery
Jasmine lactone	0.3	Jasmine, gardenia	Sour-fruity, Flowery
Cis-Jasmone	0.007	Jasmine	Flowery, Tender
Decanal	0.005	Strong, sweet orange	Sweet-orange
Linalool	0.0015	Rosewood, lilac, lily and rose	Woody, Flowery, Fruity, Sweet
Anethole	1	Fennel, licorice(회향, 감초향)	Licorice
1-Octen-3-ol	0.002	Fatty, mushroomy	Clean, Fatty, Mushroomy
Indole	0.5	Jasmine	Flowery, Fresh
β-Ocimene	0.0187	Grass, orange blossom	Woody, Flowery
1,3,8-p-Menthatriene	0.0393	Sage, clove flower	Grassy, Flowery
Tetradecane	300	Weak, aromatic	Alkane (탄화수소 향)
Hexanoic acid, 3-hexenyl ester (Z)-	0.781	Strong, apple, pear	Fruity
Teaspirane	0.2	Pine, mint, camphor(박하), herb	Fruity, Woody, Sweet
cis-3-Hexenyl valerate	0.06	Fresh grass, apple	Clean and refreshing
L-4-Terpineol	0.2	Camphor, pepper, ancient tree	Woody, Flowery
Naphthalene, 2-methyl-	0.008	Weak, stimulating(자극적인)	Licorice(약간의 감초 뉘앙스)
D-Limonene	0.034	Comfortable, fresh, orange	Flowery, Lemony
γ-Terpinene	2.14	Orange, lemon, spicy	Orange, Lemony
Benzene, 1,2,3,5-tetramethyl-	0.061	Green pepper, green apple	Camphoric (캠퍼, 장뇌향)
Naphthalene	0.05	Weak, stimulating(자극적인, 톡 쏘는)	Fragrant
Benzaldehyde	0.03	Nut, strong, cherry	Nut, Flowery, Fruity
Hexanal	0.21	Apple, tomato	Fruity, Honey
(E)-Hexanoic acid, 2-hexenyl ester	6.4	Fresh, raspberry	Fruity

1-Pentanol	5	Mature fruit, apple, banana	Fruity
Hexadecane	400	Weak, aromatic	Alkane
Nerolidol	10	Sweet and soft orange blossom	Fruity
3-Hexen-1-ol benzoate	0.5	Cananga oil(일랑일랑 오일), apple	Fragrant
Geraniol	0.0075	Rose	Flowery
Nerol	0.08	Rose and orange, peace, lemon	Fruity, Flowery
α-Citral	0.04	Lemon	Lemony
Methyl salicylate	0.06	Purple flower holly leaf(민트)	Caramel, Peppermint
β-Myrcene	0.0166	Turpentine(송진/수지), durable	Fatty
(S)-(+)-α-Phellandrene	0.2	Lemon	Lemony
Phenylethyl alcohol	0.045	Fresh bread, rose	Flowery
Benzyl alcohol	5.5	Weak, aromatic	Sweet, Flowery
3-Hexen-1-ol (E)-	1.5	Grass	Clean and refreshing

- Aroma description and type found in the literature with database(http://db.foodmate.net/).

- 후각 역치(olfactory threshold)의 결정은 「물 및 기타 매질에서의 풍미 역치값(Flavour Threshold Values) 자료집」(중국과학출판&미디어 유한회사, CSPM, 중국 베이징)에 수록된 값을 참고하였다.

- 후각 역치가 낮을수록(적은 농도에서도 냄새가 느껴질수록) 같은 농도에서도 향기 기여도가 커지고, 후각 역치가 높을수록(잘 안 느껴질수록) 농도가 높아도 향기 기여는 상대적으로 작다.

09

유기산(Organic Acid)

유기산은 분자 내 산성 작용기(예: 카복실기 -COOH 등)를 가져 물에 녹으면 산성을 나타내는 유기 화합물의 총칭이다. 차 유기산은 주로 저분자 수용성 카복실산, 즉 비휘발성 유기산을 의미하며, 탄수화물 대사(TCA 회로 등)의 중간체로서 에너지 대사, 삼투압·pH 완충, 이온 균형 등에 관여한다. 또한 차나무의 뿌리에서 분비되는 유기산은 토양의 불용성 인산염을 용해하여 인의 가용성을 높이고, 산성 토양에서 알루미늄·불소(Al^{3+} ·F^{-}) 등과의 상호작용을 통해 이온 스트레스 반응을 완화·조절 가능성이 보고되고 있다. 본 장에서는 차엽 및 차탕에서 주로 검출되는 유기산을 중심으로 정리하였다.

1 차나무 잎의 유기산 분류

차나무 생엽과 완성차에는 다양한 유기산이 존재하며, 건물 기준 약 3% 내외로 보고되는 경우가 많다. 또한 서로 다른 차 시료에서 40종 이상의 유기산이 확인되었고, 차탕에서는 10종 이상이 검출되는 것으로 보고된다. 유기산의 조성과 함량은 차의 종류(가공·발효 정도), 품종, 잎의 성숙도, 재배·저장 조건 등에 따라 달라질 수 있다.

차 유기산은 화학 구조에 따라 크게 지방족 유기산(aliphatic organic acids)과 방향족 유기산(aromatic organic acids)으로 구분할 수 있다.

지방족 유기산: 구연산, 말산, 숙신산, 옥살산, 주석산, 젖산, 아세트산 등
방향족 유기산: 갈산, 벤조산, 살리실산, 신남산 등

- 구연산(Citric acid): C6 트리카복실산으로 TCA 회로의 초기 산물이며 생엽에 자연적으로 존재한다. 상큼한 신맛 성격을 가지지만 산미 역치가 비교적 높아(예: 770 mg/L) 소량에서는 산미 기여가 제한적일 수 있다.
- 말산(Malic acid, 사과산): C4 디카복실산(TCA 중간체)으로 비교적 깨끗하고 선명한 신맛(청사과 같은)으로 표현된다. 역치가 낮은 편(예: 87 mg/L)이라 차탕 산미에 직접 기여할 수 있다.
- 숙신산(Succinic acid, 부탄디산/호박산): C4 디카복실산(TCA 중간체)으로 신맛을 가지며, 조건에 따라 감칠맛 특성에 기여할 수 있는 것으로 보고된다. 일부 연구에서는 아미노산 기반 감칠맛에 대한 시너지 효과가 보고되어, 적정 농도에서 신맛–감칠맛의 균형에 영향을 미칠 수 있다(역치 예: 106.3 mg/L).
- 옥살산(Oxalic acid, 蓚酸): C2 디카복실산으로 비교적 강한 신맛 성격을 가지며, 역치가 낮아(예: 45 mg/L) 차의 강한 산미에 영향을 줄 수 있다.

- 퀴닉산(Quinic acid): 시킴산 경로와 연결되는 사이클로헥산 폴리올 골격의 유기산으로, 찻잎에 비교적 풍부하게 존재한다. 잎의 성숙도·부위에 따라 함량이 달라질 수 있으며, 관능적으로는 약한 신맛과 함께 쓴맛·떫은맛 특성에 일부 기여할 수 있다.

- 갈산(Gallic acid): 갈레이트형 카테킨의 가수분해/전환과 연관되어 나타나며, 신맛과 함께 떫은맛 특성에 일부 기여할 수 있다. 생엽에서도 유리형이 존재할 수 있고, 가공(특히 산화·발효) 및 저장 조건에 따라 증가 경향이 보고된다(역치 예: 34.0 mg/L).

- 아스코르브산(Ascorbic acid, 비타민 C): 환원력이 큰 성분으로 생엽에 존재하지만 열·산화에 민감하여 가공 중 감소하는 경향이 크다. 일반적으로 녹차에서 잔존 함량이 높은 편이며, 발효·건조 공정이 큰 차류에서는 잔존량이 낮아지는 경우가 많다. 산미 역치는 약 123.3 mg/L로 보고되며, 산미 자체보다도 항산화·품질 유지(산패 억제) 측면에서 의미가 있다.

- 젖산(Lactic acid, 乳酸): 생엽에서 높지 않지만, 발효·저장 조건에 따라 증가할 수 있는 유기산으로 비교적 부드러운 신맛으로 기술된다(역치 예: 133.2 mg/L).

- 아세트산(Acetic acid, 醋酸): 제다 조건에 따라 미생물 작용 등으로 증가할 수 있으며, 신맛과 함께 휘발성의 식초 유사 향을 동반할 수 있다(역치 예: 50 mg/L).

<h1>2 차나무 유기산의 주요 생성·전환 경로</h1>

차나무 잎에서 관찰되는 유기산은 주로 1차 대사(탄수화물·아미노산 대사)에서 형성·전환되며, 일부는 2차 대사(시킴산/페닐프로파노이드 경로)와 연동되어 방향족 유기산 형태로 나타난다. 유기산은 에너지 생산에 필요한 중간체일 뿐 아니라, 세포 내 pH·삼투 조절 및 탄소-질소 대사 균형에 있어서 중요한 의미를 갖는다.

2-1. TCA(시트르산) 회로와 유기산 중간체

TCA 회로는 포도당 등 탄수화물 대사로부터 생성된 아세틸-CoA가 옥살아세트산(oxaloacetate, OAA)과 결합하여 시트르산(citrate)을 형성하는 단계에서 시작된다. 이후 일련의 효소 반응을 거치면서 말산, 숙신산, 구연산 등 다양한 유기산 중간체가 생성·전환된다.

차나무를 포함한 식물은 이 회로를 통해 에너지를 얻고(호흡), 동시에 아미노산·지방산·유기산 대사에 필요한 전구체를 공급받는다. 또한 생성된 유기산은 미토콘드리아-세포질-액포 간 이동과 일시적 축적이 일어나며, 그 결과 잎과 차탕에서의 유기산 조성이 달라질 수 있다.

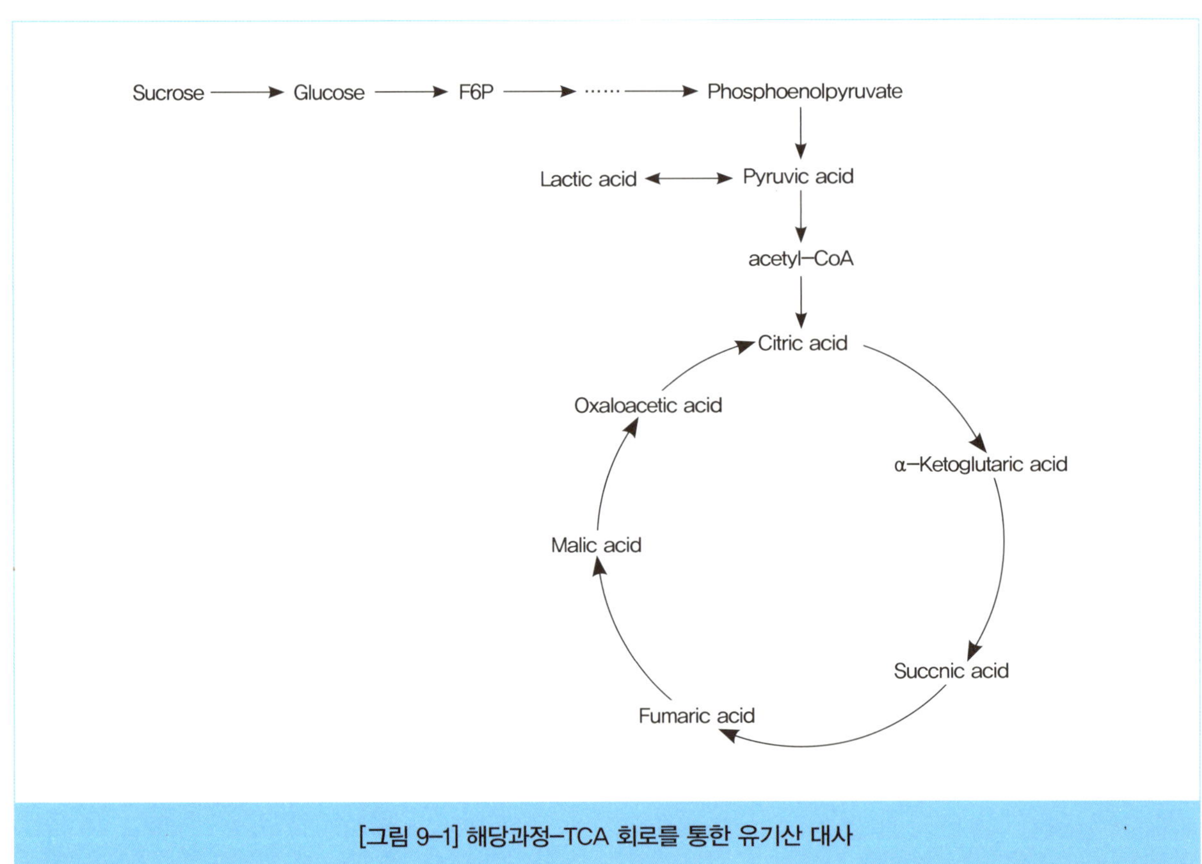

[그림 9-1] 해당과정-TCA 회로를 통한 유기산 대사

자당(sucrose)은 분해되어 포도당(glucose)으로 전환되고, 포도당은 해당과정(glycolysis)을 통해 F6P(fructose-6-phosphate) 등 중간체를 거쳐 PEP(phosphoenolpyruvate)를 형성하고, pyruvate kinase 반응에 의해 피루브산(pyruvic acid)으로 전환된다. 생성된 피루브산은 조건에 따라 LDH(lactate dehydrogenase)에 의해 젖산(lactic acid)으로 환원될 수 있고, 반대로 젖산도 LDH에 의해 피루브산으로 재 산화될 수 있어 두 분자는 가역적으로 전환된다.

한편, 피루브산은 일반적으로 acetyl-CoA로 전환된 뒤, TCA 회로로 유입되어 유기산 풀을 형성하며, 회로 내에서 시트르산을 시작으로 α-케토글루타르산-숙신산-푸마르산-말산-옥살로아세트산으로 이어지는 일련의 전환이 순환적으로 일어난다. 요약하면, 이 경로는 당(탄수화물) 대사로부터 생성된 피루브산이 젖산 전환 경로와 TCA 회로로 분기되고, TCA 회로를 통해 다양한 유기산이 생성·전환되면서 에너지 생성과 유기산 조성의 결정 및 균형 유지에 기여한다.

2-2. 아미노산 유래 유기산 대사 경로

아미노산 대사는 단백질 합성에만 관여하는 것이 아니라, 이화작용(분해)을 통해 탄소 골격을 유기산 형태로 전환하여 TCA 회로에 편입시키는 경로를 포함한다. 이 연결고리를 설명하는 대표적 예가 GABA shunt이다.

글루탐산은 글루탐산 탈탄산효소(GAD)에 의해 GABA로 전환될 수 있으며, GABA는 GABA 아미노전이 효소(GABA-T) 및 숙신산 반알데하이드 탈수소효소(SSADH) 반응을 거쳐 숙신산(succinate)으로 전환되어 TCA 회로로 편입된다. 즉, GABA shunt는 아미노산 탄소 골격이 유기산(숙신산) 형태로 들어가는 우회·연결 경로로 이해할 수 있다.

이 밖에도 아스파르트산은 아미노기 전이 반응을 통해 옥살로아세트산(OAA)으로, 알라닌은 피루브산으로 전환되는 등, 여러 아미노산의 이화작용은 유기산 대사와 연동된다. 글리신/세린 대사는 광호흡 및 C2 대사와 연결되어 글리옥실산 등과의 연계를 보일 수 있다. 요컨대 아미노산 대사와 유기산 대사는 서로 밀접하게 맞물려 식물체의 탄소-질소 대사 균형을 조절한다.

2-3. 시킴산 - 페닐프로파노이드 경로와 방향족 유기산

시킴산 경로는 탄수화물 대사 산물이 방향족 대사로 연결되는 핵심 경로로, 페닐알라닌, 티로신, 트립토판 등 방향족 아미노산 생합성으로 이어진다. 페닐알라닌은 페닐프로파노이드 대사로 유입되어, 신남산(계피산, cinnamic acid)을 비롯한 방향족 카복실산을 형성하며, 조건에 따라 벤조산(benzoic acid), 살리실산(salicylic acid) 등 방향족 유기산이 생성될 수 있다. 찻잎에서 검출되는 시킴산과 퀴닉산은 이 경로와 연관된 대사산물로, 그 조성은 잎의 생장·성숙도, 부위, 가공·저장 조건 등에 따라 달라질 수 있다. 한편 갈산은 갈레이트형 카테킨의 가수분해·전환에 의해 방출·증가할 수 있어 가공 및 저장 과정에서 함량 변화가 보고된다. 결과적으로 차나무는 1차 대사에서 유래한 지방족 유기산과 2차 대사(시킴산/페닐프로파노이드 경로)와 연관된 방향족 유기산을 함께 함유한다.

3 제다 및 저장 과정에서의 유기산의 조성 변화

차 가공과 저장 과정에서 유기산 조성은 대사 경로 변화, 효소 반응, 지질 산화, 그리고 조건에 따른 미생물 발효에 의해서도 변화할 수 있다. 이렇게 형성된 유기산은 차탕의 산미뿐 아니라 pH, 휘발성 산에 의한 향기 특성, 저장 중 품질 변화에 영향을 미칠 수 있다.

3-1. 효소적 반응에 의한 변화

제다 과정에서 유기산은 해당과정-TCA(호흡) 대사 흐름 변화에 따라 말산·구연산·숙신산 등 비휘발성 유기산의 조성이 변화할 수 있다. 유념 등으로 잎 조직이 손상되면 막지질 분해와 LOX계 지질 산화가 활성화되어 알데하이드·알코올 등 지질 유래 휘발성 성분이 증가하며 일부는 추가 산화·전환을 통해 휘발성 유기산으로 전환될 가능성이 있다.

따라서 제다 중 유기산 변화는 크게 호흡 대사에 따른 비휘발성 유기산 조성 변화와 지질 산화/분해에 의한 휘발성 산 생성이라는 두 경로로 설명할 수 있다.

또한 산화(발효) 단계에서는 반응 기질의 감소와 생성이 동시에 일어나므로, 일부 유기산은 감소하고 다른 유기산은 증가하면서 pH가 소폭 변동할 수 있다. 예를 들어 갈레이트형 카테킨은 탄나아제에 의해 가수분해될 수 있으며, 이 과정에서 유리 갈산이 생성·증가하여 산도에 영향을 미칠 수 있다.

3-2. 미생물 발효에 의한 변화

후발효차에서는 곰팡이·세균·유산균 등의 미생물이 탄수화물, 폴리페놀, 아미노산 등을 분해·전환하여 유기산 조성이 크게 달라질 수 있다. 일부 미생물은 말산·구연산 등 TCA 계열 유기산을 탄소원으로 이용해 감소할 수 있으며, 젖산·초산 등은 새로 생성되거나 증가하고, 가수분해에 따른 갈산의 증가 양상도 보고된다. 이러한 유기산 조정은 후발효차의 산미, 발효취, 숙성향미 등 품질 특성에 영향을 주는 요인 중 하나로 이해할 수 있다.

3-3. 비효소적 반응 및 저장 환경에 의한 변화

차를 장기 보관하는 동안 유기산 조성은 산소·수분·온도의 영향을 받아 서서히 변할 수 있다. 저장 중에는 비효소적 산화와 가수분해가 진행되면서 갈산 증가, 지질 성분의 산화·산패, 그리고 조건에 따라 미량

발효에 따른 산 생성과 pH 저하가 복합적으로 나타나 차의 산미가 두드러지는 방향으로 변할 수 있다. 저장 조건에 따라 유기산의 변화 양상도 달라지는데, 건냉 조건에서는 화학적 산화가 상대적으로 우세해 변화가 비교적 완만한 반면, 습온 조건에서는 미생물 활성이 개입될 여지가 커져 젖산·초산 등 저분자 유기산이 증가하면서 신내와 신맛이 두드러질 수 있다. 따라서 오래 저장된 차에서 느껴지는 신맛 증가는 미생물 유래 유기산 축적, 지질 산패, 항산화 성분 감소 등이 복합적으로 작용한 결과로 해석할 수 있다.

4 차의 유기산 함량 비교

찻잎의 싹, 잎 부위별 유기산 함량은 생엽의 성숙도가 높아질수록 전반적으로 감소 추세를 나타내었다. 1아1엽은 0.631 mg/mL, 4엽에서는 0.509 mg/mL을 나타내었다.

[표 9-1] 차나무 잎 부위별 유기산 함량

(mg/ml)

	1아 1엽	2엽	3엽	4엽
Oxalic acid	0.099	0.069	0.055	0.049
Quinic acid	0.184	0.158	0.155	0.121
Tartaric acid	0.052	0.030	0.016	0.051
Malic acid	0.151	0.128	0.122	0.120
L-ascorbic acid	0.034	0.064	0.052	0.041
Citric acid	0.111	0.135	0.150	0.127
Total	0.631	0.584	0.550	0.509

[표 9-2] 품종별 홍청녹차의 유기산 함량 비교

(mg/ml)

	용정 43호	구갱종	황금계	운항 10호	복정
Oxalic acid	0.072	0.068	0.059	0.105	0.072
Quinic acid	0.157	0.200	0.172	0.233	0.173
Tartaric acid	0.015	0.030	0.023	0.023	0.019
Malic acid	0.120	0.111	0.291	0.157	0.105
L-ascorbic acid	0.036	0.035	0.010	0.051	0.032
Citric acid	0.199	0.108	0.161	0.087	0.137
Total	0.599	0.552	0.716	0.656	0.538

• 옥살산, 퀴닉산, 주석산, 말산, 아스코르브산, 시트르산
• 용정 43호, 구갱종, 황금계, 운항 10호, 복정 품종
• 1아 2~3엽을 채엽하여 홍청녹차를 만듦

차나무 품종별 홍청녹차의 유기산 함량 변화는 뚜렷한 차이를 나타내었다.

서로 다른 품종으로 제조한 홍청 녹차의 유기산 함량은 품종에 따라 뚜렷한 차이를 보였다. 그중 황금계(黃金桂) 품종으로 제조한 홍청 녹차의 총 유기산 함량이 가장 높아 0.716mg/mL였고, 복정(福鼎) 품종이 가장 낮아 0.538 mg/mL였다. 또한 대엽종인 '운항 10호(云抗10号)'로 제조한 홍청 녹차는 옥살산·퀴닉산·L-아스코르빈산 함량이 중·소엽종보다 높았다.

[표 9-3] 차류별 유기산 함량

(mg/ml)

	녹차	청차	홍차	보이차
Oxalic acid	0.089	0.064	0.087	0.079
Quinic acid	0.268	0.258	0.447	0.091
Tartaric acid	0.028	0.033	0.036	0.013
Malic acid	0.059	0.033	0.073	0.027
L-ascorbic acid	0.255	0.217	0.178	0.061
Citric acid	0.062	0.296	0.252	0.122
Total	0.761	0.901	1.073	0.393

• 표의 단위는 실험의 차 시료에서 각각 2g을 취하여, 100℃ 정제수 150mL로 10분 우린 후 여과하였다. 냉각 후 차탕을 취해 0.22 μm 멤브레인 필터로 여과한 뒤 유기산 함량을 분석하였다.–차탕 농도(침출액 기준)

홍차의 퀴닉산 함량은 녹차·우롱차·보이차보다 유의하게 높았으며, 녹차의 L-아스코르빈산 함량은 홍차 및 보이차보다 상대적으로 높았다.

녹차·우롱차·홍차의 총 유기산 함량을 종합하면, 유기산은 가공 공정, 특히 발효(산화) 정도와 관련되는 것으로 보이며, 발효가 강할수록 유기산 함량이 더 높은 경향을 나타냈다. 보이차의 총 유기산 함량이 가장 낮았는데, 이는 원료 잎의 성숙도(일반적으로 일아사엽 이상), 후발효 공정, 장기 저장과 일정 관련이 있을 가능성이 있다. 위 표에 사용된 보이차는 제조 연도가 오래된 시료였기 때문에, 측정된 유기산 함량이 낮게 나타났을 가능성도 있다.

5 유기산과 차의 관능 품질

유기산은 찻잎의 TCA 회로에서 형성되는 저분자 산성 성분이며, 일부는 시킴산 경로 등 2차 대사와도 연결된다. 유기산은 차의 풍미에서 산미(sourness)와 산도(acidity)에 직접 관여하고, 또한 일부 유기산 및 유기산 유도체는 감칠맛·떫은맛에 영향을 미칠 수 있으며, 휘발성 유기산 및 관련 에스터류 은 차 향기 성분의 일부를 차지한다.

5-1. 유기산과 차의 맛

차탕에서 느끼는 산미는 유기산의 종류와 농도에 좌우되지만, 실제 체감 강도는 미각 역치, 찻물의 pH 환경, 그리고 폴리페놀·아미노산·당류와의 상호작용에 의해 달라질 수 있다. 말산·구연산·젖산 등은 찻물 농도와 역치 수준에 따라 산미에 직접 또는 간접적으로 기여하며, 역치 이하에서도 pH와 이온 환경을 변화시켜 산미 인지에 영향을 줄 가능성이 있다. 소량의 산미는 상쾌함과 균형감에 도움이 될 수 있으나, 산미가 과도하면 과발효, 저장 조건, 미생물 개입 등과 함께 품질 저하의 신호로 해석되기도 한다.

한편, 일부 유기산(및 유도체)은 산미 자체보다는 pH·이온 환경 조절과 성분간 상호작용을 통해 감칠맛 인지에 간접적으로 기여하는 것으로 보고되고 있다. 예를 들어 말차에서 보고된 테오갈린(theogallin), 아미노산과의 상호작용에 의해 생성된 숙신산 등은 감칠맛 특성과 관련되어 간접적인 기여가 보고되고 있다. 그밖에 갈산 등의 페놀계 유기산도 약간의 떫은맛이 있지만 동시에 감칠맛 균형에 영향을 미치는 산 성분으로 알려져 있다.

5-2. 유기산과 차의 향기

차의 향기 성분 중에는 휘발성 유기산과 유기산이 다른 알코올과 결합해 형성되는 유기산 유도체(특히 에스터류)가 포함된다. 특히 홍차의 향기성분에는 카복실산 계열의 비중이 상대적으로 큰 것으로 보고되며, 한 연구에 따르면 홍차 정유(essential oils)에서 카복실산 계열이 약 30%를 차지하는 반면, 녹차는 2-3% 수준으로 제시된다. 홍차의 위조와 발효(산화) 과정에서 불포화 지방산은 산화·분해되어 알데하이드, 케톤, 산과 같은 저분자 휘발성 물질로 전환될 수 있으며, 이들이 홍차 향기 조성에 관여한다.

이러한 산 성분에는 초산 등의 저분자 지방족 산뿐 아니라 벤조산, 살리실산, 페닐아세트산 등의 방향족 산이 포함될 수 있다. 페닐아세트산은 꿀, 꽃향 계열의 향기를 지닌 물질로 달콤한 향에 기여하고, 살리실산 메틸 등은 상쾌한 민트향을 부여한다. 이러한 방향족 유기산 및 그 에스터류는 소량으로도 향기인지에 영향을 줄 수 있으며, 특히 발효(산화) 과정에서 생성 또는 증가하여 차의 향미를 풍부하게 한다.

10

무기질과 비타민(Mineral & Vitamin)

1 무기질(Mineral)

무기질(무기원소)은 식물체 내에서 이온 형태로 존재하는 필수 영양소로, 실험적으로는 회분(ash) 분석에서 잔류하는 무기 성분으로 함량을 측정하는 경우가 많다. 식물은 원소 자체를 체내에서 생성할 수 없으므로 토양이나 물 등 외부로부터 흡수해야 하며, 잎에서는 K^+, Ca^{2+}, Mg^{2+}, NO_3^-, $H_2PO_4^-$ / HPO_4^{2-}, SO_4^{2-} 등 이온 형태로 존재한다. 차나무는 산성토양을 선호하며 주로 뿌리를 통해 무기 이온을 흡수한다. 흡수된 무기질은 주로 물관(xylem)을 통해 잎과 생장점으로 운반되며, 이후 조직 간 재이동은 체관(phloem)에 의해 좌우된다. 일반적으로 K, Mg, P, S 등은 비교적 재이동성이 높아 어린잎으로 잘 분배되는 반면, Ca는 체관 이동성이 낮아 성숙엽·노엽에 축적되기 쉽고 Mn 또한 재이동성이 제한되어 잎 성숙도에 따른 축적 차이가 나타날 수 있다. 또한 토양 pH는 미네랄 가용성과 흡수에 큰 영향을 미치며, 차나무는 대체로 pH 4.5–5.5의 산성 조건에서 영양 흡수가 유리하나, pH가 과도하게 낮거나 높아지면 특정 원소의 결핍 또는 과다 축적이 발생할 수 있다. 차나무 잎에는 K, Ca, Mg, P, S와 같은 다량원소와 Fe, Mn, Zn, Cu, B, Mo 등의 미량원소가 존재하며, 차나무는 Al 및 F와 같이 차 특성과 관련이 있는 원소를 비교적 많이 축적하는 경향도 보고된다.

1-1. 차나무 잎 무기질의 종류와 역할

- Mg(마그네슘): 엽록소의 중심 원자로서 광합성 효율과 잎색 유지에 핵심이며, 다양한 효소의 보조인자로 탄소대사에도 관여한다.

- Fe(철)·Mn(망간)·Cu(구리): 광합성 전자전달계(예: cytochrome/Fe-S, PSII OEC(Mn), plastocyanin(Cu)) 및 산화환원 효소의 구성/보조인자로 작동하여 전자전달과 ROS 항상성 조절에 기여한다.

- K(칼륨): 기공 개폐(공변세포 팽압) 조절을 통해 CO_2 흡수·증산·수분이용효율(water-use efficiency)을 좌우하고, 탄수화물 이동과 효소 활성에도 관여한다.

- Ca(칼슘): 펙틴(HG)의 카르복실레이트기($-COO^-$)와 결합해 세포벽을 안정화하는 구조 성분이자, 다양한 스트레스에서 Ca^{2+} 신호로 작동하여 반응 유전자 조절에 관여한다.

- 황(S): 황 함유 아미노산 및 글루타티온(GSH) 합성에 필수이며, 항산화·해독계와 질소 대사 균형에 영향을 미치며 결핍 시 찻잎의 황화 등 생육 저하 가능성이 있다.

- 불소(F): 차나무에서 상대적으로 잘 축적되는 무기원소로, 차의 품질·안전성 평가에서 중요하게 다루어진다. 차나무에서 불소는 뿌리를 통해 흡수된 뒤 지상부로 이동하여 잎에 축적되며, 특히 어린잎보다 성숙엽·노엽에서 유의적으로 높게 나타나는 경향이 보고된다. 따라서 원료의 잎 성숙도(노엽 혼입 여부)와 재배 환경(토양 불소, 산성도 등)은 최종 차 및 침출액의 불소 수준에 영향을 줄 수 있다. 중국 농업표준 기준(CAS) NY 659-2003은 차에 포함된 불소의 최대 잔류 한도를 200 mg/kg로 설정하고 있다.

- homogalacturonan(HG): 펙틴의 주성분으로, α-(1→4) 결합된 D-갈락투론산(GalA) 반복 사슬로 이루어짐

2 비타민(Vitamins)

비타민은 탄수화물·지방·단백질과 같은 주영양소와 달리, 체내에서 충분히 합성되지 않거나 합성이 제한되어 음식으로부터 미량을 섭취해야 하는 필수 미량 영양소이며, 결핍 시 특정 결핍증을 유발한다. 19-20세기 초 결핍성 질환(각기병·괴혈병 등)에 대한 동물실험과 식이 개입 연구가 축적되면서, 당시 'accessory food factors(보조 식이 인자)'로 불리던 성분들이 점차 비타민으로 개념화되었다. 이후 1910-1920년대에 명명·분류 체계가 정리되고, 1930년대에 들어서는 개별 비타민의 화학적 구조가 규명되었다.

2-1. 차에서 비타민 C 발견의 역사

- 1920: 드러먼드(J. C. Drummond)가 항괴혈병 인자를 Vitamin C로 지칭하는 명명/분류 체계를 확립 → 이후 '차의 비타민 C'도 동일한 학술 언어로 논의 가능해짐.

- 1924: 미우라 마사타로(三浦政太郎)·쓰지무라 미치요(辻村みちよ)가 「緑茶中のヴィタミンCに就きて」를 『日本農芸化学会誌』에 발표 → 녹차에 비타민 C가 풍부하다는 취지의 연구 결과는 이후 차(녹차)-비타민 C 연결을 학술적으로 공식화하게 됨.

- 1933: 호워스(W. N. Haworth) 등에 의해 비타민 C의 화학적 정체가 아스코르빈산(ascorbic acid)으로 구조 결정 → 녹차의 비타민 C는 단일 화학물질로 함량 정량과 가공 중 분해·잔존성을 규명하는 연구 대상으로 전환.

  - Ascorbic acid: a-(부정) + scorbutus(괴혈병)에서 유래한 '항괴혈병' 의미를 반영한 명명

이후 사와무라 신(澤村眞)은 『제다과학(製茶化学)』에서 "열에 약한 비타민 C가 열 공정을 거친 녹차에 잔존한다는 점은 불가사의하다"는 문제를 제기하였다. 더 나아가 최근에는 차 폴리페놀(카테킨, EGCG 등)이 비타민 C의 안정성에 영향을 줄 수 있다는 가설·보고가 제시되면서, 오늘날에도 '차 폴리페놀(카테킨)-비타

민 상호작용'이 중요한 연구 주제로 활용되고 있다.

2-2. 차나무 잎의 비타민 종류와 역할

차나무 잎에는 수용성 비타민(C, 일부 B군)과 지용성 비타민(카로티노이
드계 프로비타민 A, 비타민 E 등)이 존재한다. 다만 찻잎에 존재하는 함량과
차 침출액(찻물)로 실제 섭취되는 양은 용해도(수용성/지용성), 가공 조건,
추출 조건에 따라 크게 달라질 수 있다.

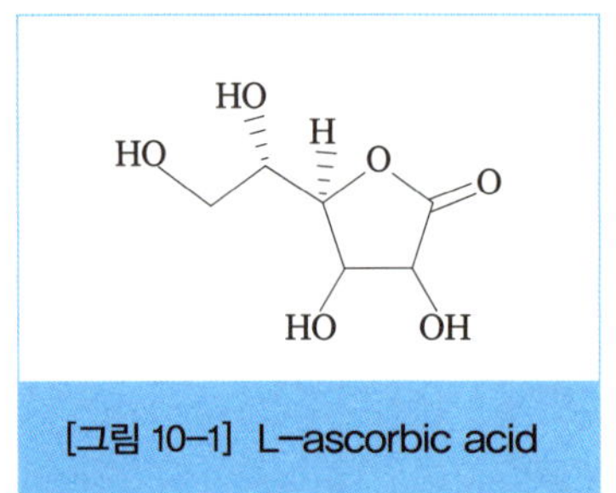
[그림 10-1] L-ascorbic acid

- 비타민 C(ascorbic acid, AsA): 차나무 생엽의 AsA 함량은
  29.43-79.81 mg/100 g FW 범위로 보고되며 품종과 잎 발달 단
  계에 따라 차이가 있다, 전반적으로 AsA는 어린잎(1엽)에서 높고 성숙엽(3엽)으로 갈수록 감소하
  는 경향을 보인다. 이러한 경향은 어린잎이 엽록체와 광합성 체계가 형성·조정되는 시기에 있어 활
  성산소 생성이 상대적으로 증가하고, 이에 따른 항산화 방어 요구가 크기 때문으로 설명될 수 있
  다. 예를 들어 APX는 AsA를 전자공여체로 사용해 H_2O_2를 분해하고, 소모된 AsA는 AsA-GSH(글
  루타티온) 사이클을 통해 다시 환원·재생되어 지속적으로 활용된다. 또한 강광에서 과잉 에너지
  를 열로 소산해 광합성계를 보호하는 잔토필 사이클에서도 AsA가 필요하므로, 어린잎에서는 이
  러한 항산화·광보호 수요를 충족하기 위해 AsA 함량이 성숙엽보다 높게 유지되는 경향이 있다.
  AsA는 차나무에서 D-만노스/L-갈락토스(Smirnoff-Wheeler, L-Gal) 경로를 중심으로 합성되는 것으로
  알려져 있다. 특히 GGP(GDP-L-galactose phosphorylase)는 AsA 생합성 경로에서 전체 합성량을 크게
  좌우하는 대사 흐름에 관여하며, 최종 단계에서는 L-갈락토노-1,4-락톤이 미토콘드리아에서 GalLDH
  에 의해 산화되어 AsA가 생성된다. AsA는 열과 산소에 의해 쉽게 산화되므로, 차 가공에서는 특히 살
  청/증열·건조 같은 고온 공정에서 손실이 발생하기 쉬워 대체로 녹차가 홍차/청차보다 비타민 C가 더
  높게 보고되지만, 이는 찻잎의 성숙도와 가공 조건에 따라 달라질 수 있다.

- 프로비타민 A(provitamin A): 체내에서 비타민 A(레티놀)로 전환될 수 있는 카로티노이드 전구체를 의
  미하며, β-카로틴이 대표성분으로 지용성 성분이다.

- 비타민 B1(티아민), B2(리보플라빈), B3(니아신): 탄수화물·지질·단백질 대사에 관여하는 조효
  소로, 에너지 생성과 신경계 기능 유지에 중요하며 전반적인 대사 항상성 유지에 기여한다.
  각기병은 비타민 B1 결핍증으로, 스즈키 우메타로(Suzuki)가 쌀겨에서 항각기 성분을 분리해 아베리
  산/오리자닌으로 보고했고 이는 후대에 비타민 B1(티아민)으로 정리되었다.

- 비타민 E(토코페롤): 지용성 항산화제로서 세포막 지질의 과산화(지질 산화)를 억제하여 세포를 보호한다. 지용성이므로 차를 우려 마실 때의 직접 섭취 기여는 제한적일 수 있다.

- APX(ascorbate peroxidase): AsA를 전자공여체로 사용해 H_2O_2를 물로 환원·제거하는 항산화 효소
- 잔토필 사이클: 강광에서 비올라잔틴이 제아잔틴으로 전환되며 과잉 빛 에너지를 열로 소산(NPQ)시켜 PSII 손상과 ROS 생성을 줄이는 광보호 기작이며, 이 전환에 AsA가 전자공여체로 필요하다.
- Smirnoff-Wheeler(L-Gal) 경로: 식물에서 D-만노스 → L-갈락토스 → L-갈락토노-1,4-락톤을 거쳐 비타민 C(AsA)를 합성하는 대표적(주요) 생합성 경로.
- GalLDH(L-galactono-1,4-lactone dehydrogenase): 미토콘드리아에서 L-갈락토노-1,4-락톤을 비타민 C(AsA)로 전환하는 L-Gal(스미르노프-휠러) 경로의 마지막 효소

[표 10-1] 생엽, 증기처리엽, 발효엽의 영양성분 조성 비교

영양소	영양 성분(100 g 건물 기준)		
	Fresh tea leaves	Steamed tea leaves	Fermented tea leaves
일반성분			
Protein (g)	50.40	24.70	22.58
Fat (g)	1.76	1.75	3.20
Carbohydrate (g)	38.74	67.99	67.69
Ash (g)	9.10	5.57	6.53
무기질			
Calcium (mg)	587.69	511.31	453.65
Sodium (mg)	227.15	106.98	706.04
Potassium (mg)	2726.64	1432.62	1745.96
Magnesium (mg)	244.32	146.54	127.82
Iron (mg)	7.11	5.96	6.72
Zinc (mg)	8.65	1.75	2.01
비타민			
Vitamin B1 (mg)	2.52	4.17	2.56
Vitamin B2 (mg)	1.45	0.67	0.32
Niacin (B3) (mg)	10.78	3.70	2.69
Vitamin C (mg)	58.69	46.08	ND

- 본 표는 건물 기준 평균값만을 제시하였으며, 표준편차(±SD) 및 통계적 유의성 표기는 생략하였다.

- ND: not detected

- 위 연구의 시료 차는 태국 북부에서 생산되는 발효차(Cha-miang)이다. Cha-miang은 전통적인 식품 보존 공정을 통해 만들어지는 지역특산품으로 1~2시간 증기 처리(steaming)한 뒤 어두운 환경에서 수일에서 최대 1년까지 발효(fermenting)시키는 과정을 포함한다. 차미앙의 최종 제품은 신맛-쓴맛(sour-bitter)을 지닌 차로 씹거나 먹는 형태로, 단독으로 간식처럼 섭취하거나 소금 및 볶은 코코넛, 채 썬 생강, 마늘 등 다른 재료와 함께 제공되기도 한다. 과거에는 차미앙을 씹어 먹는 문화가 노년층에서만 유행했으나, 현재는 모든 연령층에서 일반적인 습관으로 자리 잡았다.

Ash(회분)은 시료를 고온에서 건식 회화(dry ashing)하여 유기물을 제거한 뒤 남는 무기성 잔류물로, 시료의 무기성분 함량을 반영하는 지표로 활용된다. 생엽의 회분 함량은 9.10 g/100 g DW로 나타났으며, 가공 단계를 거치면서 감소하는 경향을 보였다.

무기질 조성에서는 모든 시료에서 칼슘(Ca), 나트륨(Na), 칼륨(K), 마그네슘(Mg)이 주요 다량원소로 확인되었다. 생엽에서는 Ca·K·Mg 함량이 높았으나, 증기처리(100 ℃, 1 h) 이후 이들 무기질이 전반적으로 감소하였다. 발효 단계에서는 증기처리엽에 비해 Ca와 Mg가 추가로 감소하는 경향을 보인 반면, K는 발효 후 1745.96 mg/100 g DW로 증가하였고 Na는 발효엽에서 가장 높은 함량을 나타냈다. 미량원소인 철(Fe)과 아연(Zn)은 증기처리 및 발효를 거치며 대체로 감소하는 양상을 보였다.

비타민의 경우, 증기처리엽의 비타민 B1(4.17 mg/100 g DW)이 생엽 및 발효엽보다 높게 나타났으나, 비타민 B2, 니아신(B3), 비타민 C는 생엽에서 가장 높은 함량을 보였고 증기처리 및 발효 과정에서 추가로 감소하였다. 특히 발효엽에서는 비타민 C가 미검출(ND)로 나타나, 고온 처리 및 발효 조건에서 비타민 C의 열적·산화적 소실이 크게 진행되었음을 시사한다.

가공 과정에서 무기질과 비타민이 감소한 것은 여러 요인이 복합적으로 작용한 결과로 해석될 수 있다. 먼저 100 ℃ 열처리는 일부 성분의 용출과 열적 분해를 유발할 수 있다. 또한 가공 중 조직 구조와 결합 형태가 변하면서, 성분이 추출되어 측정되는 형태가 달라져 정량값이 감소한 것처럼 나타날 수 있다. 발효 단계에서는 미생물 활성과 연동된 화학적 변환이 추가로 영향을 미쳤을 가능성이 있다.

반면 발효 후 Na와 K가 증가한 결과는, 조직 구조 변화로 인해 이들이 추출되는 형태가 늘어났기 때문일 수 있으며, 경우에 따라 발효 과정에서 공정 환경을 통한 Na과 K의 외부 유입 가능성도 고려할 수 있다. 종합하면, 생엽 대비 발효엽에서는 Ca, Mg, Zn 및 비타민 B2, 니아신(B3), 비타민 C 등 대부분의 영양 성분이 감소하였다. 또한 증기처리엽과 비교하더라도 발효 후 비타민은 전반적으로 감소하는 경향을 보였다.

[표 10-2] 차 종류별 추출물의 총 페놀·항산화 활성 및 무기질 함량 비교

µg/100 mL

종류	총 페놀 (mg/100 mL)	황산화 활성 (%)	Minerals							
			구리	망간	철	아연	마그네슘	칼슘	나트륨	칼륨
백차	61.63	34.58	5.32	482	1.99	34.9	1,133	78.7	468	27,469
황차	79.10	40.51	4.75	289	1.96	43.4	1,752	141	74.1	29,923
녹차	110.73	59.02	3.62	512	7.25	33.1	1,885	192	63.7	29,441
청차	62.66	33.70	3.66	317	4.40	8.80	496	433	83.9	16,752
홍차	69.36	33.02	4.92	286	4.36	21.9	1,660	150	75.1	30,362

• 본 표는 건물 기준 평균값만을 제시하였으며, 표준편차(±SD) 및 통계적 유의성 표기는 생략하였다.

• 본 연구의 시료는 첨가물이 없는 31종의 서로 다른 종류의 차로 차 판매 전문점에서 구입하였다(백차 2종, 황차 1종, 녹차 16종, 청차 1종, 홍차 11종).

차 추출물(100 mL 기준)에서 마그네슘(Mg) 함량과 항산화 활성은 차 종류에 따라 뚜렷한 차이를 보였다. 반면 칼륨(K) 함량은 전반적으로 큰 차이가 없었으나, 청차에서만 유의하게 낮게 나타났다.

마그네슘의 경우, 녹차가 평균 1885 μg/100 mL(= 1.885 mg/100 mL)로 가장 높았고, 전반적인 경향은 황차 〉홍차 〉백차 〉청차 순으로 나타났다. 칼륨은 차 종류 간 차이가 크지 않았지만, 평균적으로는 백차·황차·녹차·홍차가 비슷한 범위에 있는 반면 청차가 상대적으로 낮아 칼륨 공급 측면에서 불리한 경향을 보였다.

항산화 활성은 녹차가 평균 59.02%로 가장 높았고, 황차가 그 다음 수준을 보였다. 백차와 청차, 홍차는 서로 비슷한 중간 수준에 위치했다. 종합하면, 녹차 추출물은 총 페놀과 항산화 활성이 가장 높고, Mg도 가장 높은 편인 반면, 청차는 Mg와 K가 특히 낮게 나타났다.

2-3. 차 폴리페놀(카테킨)과 비타민의 상호작용

차에서 유래한 폴리페놀(예: 녹차 폴리페놀 추출물, GTP)은 차 음료뿐 아니라 다양한 식품 시스템에서 비타민 C(아스코르브산)의 산화적 분해를 완화해 유지율을 높일 수 있는 것으로 보고된다. 예를 들어 망고 분말 제조 과정에서 GTP를 첨가하면 제품 색이 더 안정적으로 유지되었고, 가공 중 비타민 C 분해가 억제되며 저장(90일) 동안에도 분해 속도가 감소해 비타민 C 감소폭이 줄었다. 이러한 분석 결과는 EGCG가 비타민 C 안정성 유지에 핵심적으로 기여했을 가능성을 시사한다. 한편, 차 음료·추출물 분야에서는 비타민 C를 첨가해 카테킨의 산화·갈변을 억제하고 안정성을 높이는 접근이 널리 보고되어 왔으며, 반대로 차 폴리페놀의 항산화성이 비타민 C의 산화적 손실을 완화할 가능성도 함께 논의된다. 다만 이러한 결과를 녹차 제다에 직접 일반화하려면, 저장 중 산화 억제와 달리 살청·건조 같은 고온 공정에서의 열분해까지 억제되는지 여부를 공정 조건에서 추가로 검증할 필요가 있다.

약어표

3-PGA: 3-phosphoglycerate

4CL: 4-coumarate:CoA ligase

α-KG: α-ketoglutarate (= 2-oxoglutarate)

AADVs: amino-acid-derived volatiles

AAP: amino acid permease

AAT: alcohol acyltransferase

AB: apical bud

ACCase: acetyl-CoA carboxylase

ADC: arginine decarboxylase

ADH: alcohol dehydrogenase

ADK: adenosine kinase

ADP-Glc: ADP-glucose

ALA: 5-aminolevulinic acid

Ala: alanine

AlaDC: alanine decarboxylase

AMADH: 4-aminobutanal dehydrogenase

AMP: adenosine 5'-monophosphate

ANR: anthocyanidin reductase

ANS: anthocyanidin synthase

AOC: allene oxide cyclase

AOS: allene oxide synthase

APX: ascorbate peroxidase

Arg: arginine

Asp: aspartic acid

Aspn: asparagine

BCH: β-carotene hydroxylase

C4H: cinnamate 4-hydroxylase

CAO: chlorophyllide a oxygenase

CAT: catalase

CCD: carotenoid cleavage dioxygenase

CDVs: carotenoid-derived volatiles

CHI: chalcone isomerase

CHL 1: magnesium chelatase subunit 1

CHLG: chlorophyll synthase

CHS: chalcone synthase

CLH: chlorophyllase

CsAlaDC: Camellia sinensis alanine decarboxylase

CsGGT 2: Camellia sinensis gamma-glutamyltransferase 2

CsPOR: Camellia sinensis protochlorophyllide
  oxidoreductase

CsTbS: Camellia sinensis theobromine synthase

CsTS 1: Camellia sinensis theanine synthetase 1

CsXDH 1: inosine/xanthine dehydrogenase gene in tea
  plant (Camellia sinensis)

CWP: cell wall proteins

Cys: cysteine

DAG: diacylglycerol

DAO: diamine oxidase

DFR: dihydroflavonol 4-reductase

DGDG: digalactosyldiacylglycerol

DHAP: dihydroxyacetone phosphate

DHM: dihydromyricetin

DHQ: dihydroquercetin

DMDS: dimethyl disulfide

DMTS: dimethyl trisulfide

ECG3″Me: 3″-O-methyl-(−)-epicatechin gallate

EGCG3″Me: 3″-O-methyl-(−)-epigallocatechin gallate

F3H: flavanone 3-hydroxylase

F3'H: flavonoid 3'-hydroxylase

F3'5'H: flavonoid 3',5'-hydroxylase

FADVs: fatty acid-derived volatiles

FAS: fatty acid synthase

FLS: flavonol synthase

G3P: glyceraldehyde–3–phosphate

GABA–T: GABA transaminase

GAD: glutamate decarboxylase

GalLDH: L–galactono–1,4–lactone dehydrogenase

GBVs: glycosidically bound volatiles

GDH: glutamate dehydrogenase

GGPP: geranylgeranyl pyrophosphate

Gln: glutamine

Glu: glutamate

GluTR: glutamyl–tRNA reductase

GLVs: green leaf volatiles

Gly: glycine

GOGAT: glutamate synthase

GPP: geranyl diphosphate

GS: glutamine synthetase

GSA–AM: glutamate–1–semialdehyde aminomutase (=
    HemL)

GST: glutathione S–transferase

HG: homogalacturonan

HHDP: hexahydroxydiphenoyl

HIVs: herbivore–induced volatiles

HPL: hydroperoxide lyase

HY5: elongated hypocotyl 5

Ile: isoleucine

IMP: inosine monophosphate

JA: jasmonic acid

LAR: leucoanthocyanidin reductase

LCYB: lycopene β–cyclase

LCYE: lycopene ε–cyclase

LDOX: leucoanthocyanidin dioxygenase

Leu: leucine

LHC: light–harvesting complex

LOX: lipoxygenase

LPC: lysophosphatidylcholine

LPE: lysophosphatidylethanolamine

Lys: lysine

MAG: monoacylglycerol

MeJA: methyl jasmonate

MgCh: Mg–chelatase

MGDG: monogalactosyldiacylglycerol

ML: mature leaves

MUFA: monounsaturated fatty acids

NCED: 9–cis–epoxycarotenoid dioxygenase

NDM: N–demethylase

NPQ: non–photochemical quenching

OAA: oxaloacetate

ODC: ornithine decarboxylase

OL: old leaves

OMT: O–methyltransferase

PA: proanthocyanidin

PAs: proanthocyanidins

PAL: phenylalanine ammonia–lyase

PAO: polyamine oxidase

PBVs: phenylpropanoid/benzenoid–derived volatiles

PC: phosphatidylcholine

PE: phosphatidylethanolamine

PG: phosphatidylglycerol

Phe: phenylalanine

PI: phosphatidylinositol

PLA: phospholipase A

PLP: pyridoxal 5′–phosphate

POR: protochlorophyllide oxidoreductase

PPH: pheophytinase

PPO: polyphenol oxidase

PPP: pyropheophytin

Pro: proline

PRPP: 5–phosphoribosyl 1–pyrophosphate

PSY: phytoene synthase

PUFA: polyunsaturated fatty acids

RuBP: ribulose-1,5-bisphosphate

SAH: S-adenosyl-L-homocysteine
SAM: S-adenosyl-L-methionine (=
    S-adenosylmethionine)
SAMS: S-adenosylmethionine synthetase
SCPL: serine carboxypeptidase-like acyltransferase
Ser: serine
SFA: saturated fatty acids
SOD: superoxide dismutase
SQDG: sulfoquinovosyldiacylglycerol
SSADH: succinate semialdehyde dehydrogenase

TAG: triacylglycerol (= triglyceride)
TCA cycle: tricarboxylic acid cycle (= citric acid cycle)
TCS1: tea caffeine synthase 1
TFs: theaflavins
Thea: theanine (L-theanine)
Thr: threonine
ThYD: theanine hydrolase
TIDH: tea IMP dehydrogenase
Trp: tryptophan

TRs: thearubigins
TS: L-theanine synthetase
TSNs: theasinensins
Tyr: tyrosine

UDP-Glc: UDP-glucose
UGT: UDP-glycosyltransferase

Val: valine
VDE: violaxanthin de-epoxidase

XDH: xanthine dehydrogenase/oxidase
XMP: xanthosine 5'-monophosphate

YL: young leaves

ZEP: zeaxanthin epoxidase

참고문헌

1. 단행본

신해헌, 『식품학』, 도서출판 효일, 2019

정동효, 『차의 화학성분과 기능』, 월드사이언스, 2005

짱유화, 『차과학개론』, 도서출판 보이세계, 2010

최낙언, 『내 몸의 만능일꾼, 글루탐산』, 도서출판 뿌리와 이파리, 2019

최낙언, 『향의 언어』, 예문당, 2022

中川致之, 『茶の健康成分発見の歷史』, 光琳, 2009

夏濤, 『製茶學』, 中國農業出版社, 2018

2. 논문

배경순, 가바홍차 추출물을 이용한 기능성 음료 개발에 관한 연구, 원광대학교 대학원, 2021

龔玉雷 外, 生物酶在茶叶提取加工技术中的应用研究, 茶叶科学 33 (4) , 2013

胡智益·李志仁, 小綠葉蟬吸食茶菁對白毫烏龍茶香氣成份之影響, 臺灣茶業研究彙報 24, 2005

曹挥华 外, 茶树鲜叶色泽和化学成分与红茶适制性的关系, 现代食品科技 40(6), 2024

Abudureheman, B., et al. (2022). Enzymatic Oxidation of Tea Catechins and Its Mechanism, Molecules, 27(3)https://doi.org/10.3390/molecules27030942

ANAN, T. (1983). The Lipids of Tea, JARQ, 16(4)

Bar-On et al. (2019). The global mass and average rate of rubisco, PNAS, 116(10). https://doi.org/10.1073/pnas.1816654116

Chen, Y., et al. (2023). Non-volatile metabolites profiling analysis reveals the tea flavor of "Zijuan" in different tea plantations, Food Chemistry, 412 https://doi.org/10.1016/j.foodchem.2023.135534

Chen, Y., et al. (2017). Proteolysis of chloroplast proteins is responsible for accumulation of free amino acids in dark-treated tea (Camellia sinensis) leaves, Journal of Proteomics, 157

Cherotich, L., et al. (2013). Variation in Catechin Composition of Popularly Cultivated Tea Clones in East Africa (Kenya), American Journal of Plant Sciences, 4(3) https://doi.org/10.4236/ajps.2013.43081

Chupeerach, C., et al. (2021). The Effect of Steaming and Fermentation on Nutritive Values, Antioxidant Activities, and Inhibitory Properties of Tea Leaves. Foods, 10https://doi.org/10.3390/foods10010117

Cuinan, Y., et al. (2021). Review: the effect of light on the key pigment compounds of photosensitive etiolated tea plant. Botanical Studies, 62, https://doi.org/10.1186/s40529-021-00329-2

Deka, H., et al. (2021). Changes in major catechins, caffeine, and antioxidant activity during CTC processing of black tea from North East India. RSC Advances, 11 https://doi.org/10.1039/d0ra09529j

Deng, C., et al. (2020). Metabolite and Transcriptome Profiling on Xanthine Alkaloids-Fed Tea Plant (Camellia sinensis) Shoot Tips and Roots Reveal the Complex Metabolic Network for Caffeine Biosynthesis and Degradation. Frontiers in Plant Science, 11https://doi.org/10.3389/fpls.2020.551288

Joöbstl, E., et al. (2005). Creaming in Black Tea. Journal of Agricultural and Food Chemistry, 53

Fang, Z.-T., et al. (2019). Dynamic changes in flavonol glycosides during production of green, yellow, white, oolong and black teas from Camellia sinensis L. (cv. Fudingdabaicha). Inter. J. Food Sci. & Tech., 54

Fu, X., et al. (2021). Stable Isotope-Labeled Precursor Tracing Reveals that L-Alanine is Converted to L-Theanine via L-Glutamate not Ethylamine in Tea Plants In Vivo. J. Agric. Food Chem., 69

Guo, X.-Y., et al. (2021). Polyphenol oxidase dominates the conversions of flavonol glycosides in tea leaves. Food Chemistry, 339https://doi.org/10.1016/j.foodchem.2020.128088

Haslam, E. (2003). Thoughts on thearubigins. Phytochemistry, 64

Hayashi, N., et al. (2005). Reduction of Catechin Astringency by the Complexation of Gallate-Type Catechins with Pectin. Bioscience, Biotechnology, and Biochemistry, 69(7)

Herrera, M., et al. (2022). HPLC–MS2 Analysis of Chlorophylls in Green Teas Establishes Differences among Varieties. Molecules, 27 https://doi.org/10.3390/molecules27196171

Hirono, H., & Mizukami, Y. (2018). Dynamics of Water-soluble Pectin in the Roasting Process during Green Tea Manufacturing. Food Science and Technology Research, 24(1)

Huang, F.-F., et al. (2023). Lipids: A noteworthy role in better tea quality. Food Chemistry, 431https://doi.org/10.1016/j.foodchem.2023.137071

Ishizu, T., et al. (2016). Mechanism of Creaming Down Based on Chemical Characterization of a Complex of Caffeine and Tea Catechins. Chemical and Pharmaceutical Bulletin, 64

Jiang, S., et al. (2023). Comprehensive analysis of carotenoids constituents in purple-coloured leaves and carotenoid-derived aroma differences after processing into green, black, and white tea. LWT, 173https://doi.org/10.1016/j.lwt.2022.114286

Jing-Wen Li, et al. (2025). Carotenoids accumulation and transcript profiling… Plant Growth Regulation, 105 https://doi.org/10.1007/s10725-025-01280-z

Joshi, R., et al. (2015). Studies on quality of orthodox teas made from anthocyanin-rich tea clones growing in Kangra valley, India. Food Chemistry, 176

Jingbo Yu, et al. (2024). Transcriptomic and metabolomic insights into temperature-dependent changes in catechin and anthocyanin accumulation in tea plants with different leaf colors. Plant Stress, 14https://doi.org/10.1016/j.stress.2024.100705

Karwowska, K., et al. (2023). Theogallin-to-Gallic-Acid Ratio as a Potential Biomarker of Pu-Erh Teas. Foods, 12, https://doi.org/10.3390/foods12132453

Kerio, L. C., et al. (2012). Characterization of anthocyanins in Kenyan teas: Extraction and identification. Food Chemistry, 131

Klepacka, J., et al. (2021). Tea as a Source of Biologically Active Compounds in the Human Diet. Molecules, 26 https://doi.org/10.3390/molecules26051487

Koch, W. (2020). Theaflavins, Thearubigins, & Theasinensins. In Xiao et al. (Eds.), Handbook of Dietary Phytochemicals. https://doi.org/10.1007/978-981-13-1745-3_20-1

Komeš, D., et al. (2009). Determination of Caffeine Content in Tea and Maté Tea by using Different Methods. Czech Journal of Food Sciences, 27

Li, F., et al. (2019). Seasonal Theanine Accumulation and Related Gene Expression in the Roots and Leaf Buds of Tea Plants (Camellia sinensis L.). Frontiers in Plant Science. doi: 10.3389/fpls.2019.01397

Li, H., et al. (2017). Stimulation in primary and secondary metabolism by elevated carbon dioxide alters green tea quality in Camellia sinensis L. Scientific Reports, 7https://doi.org/10.1038/s41598-017-08465-1

Li, H., et al. (2017). Transcriptomic analysis of the biosynthesis, recycling, and distribution of ascorbic acid during leaf development in tea plant… Scientific Reports, 7 https://doi.org/10.1038/srep46212

Li, Y.-Y., et al. (2005). Purification and partial characterization of beta-glucosidase from fresh leaves of tea plants (Camellia sinensis (L.) O. Kuntze). Acta Biochimica et Biophysica Sinica, 37(6)https://doi.org/10.1111/j.1745-7270.2005.00053.x

Lin Zeng, et al. (2024). Effect of tea green leafhopper (Empoasca onukii Matsuda) sucking on the quality of Oriental Beauty. Food Frontiers, 5https://doi.org/10.1002/fft2.415

Liu, Z.-W., et al. (2017). L-Theanine Content and Related Gene Expression: Novel Insights into

Theanine Biosynthesis and Hydrolysis among Different Tea Plant (Camellia sinensis L.) Tissues and Cultivars. Frontiers in Plant Science. https://doi.org/10.3389/fpls.2017.00498

Long, P. (Piaopiao), et al. (2023). Thearubigins: Formation, structure, health benefit and sensory property. Trends in Food Sci. & Tech., 133

Maslov, O. Y., et al. (2021). Study of flavonoids and phenolic acids in green tea leaves. Current Issues in Pharmacy and Medicine: Science and Practice, 14(3)

Mohammad Ali, S., et al. (2004). Characteristics of Tea Seed Oil in Comparison with Sunflower and Olive Oils and Its Effect as a Natural Antioxidant. JAOCS, 81(6)

Monthana Weerawatanakorn, et al. (2015). Chemistry and health beneficial effects of oolong tea and theasinensins. Food Science and Human Wellness, 4

Prawira-Atmaja, M. I., & Puangpraphant, S. (2025). Flavonol glycosides in tea: the role of mitigating oxidative stress during the withering process. Beverage Plant Research, 5, https://doi.org/10.48130/bpr-0025-0017

Piyasena, K. G. N. P., et al. (2022). Evaluation of inherent fructose, glucose and sucrose concentrations in tea leaves··· Applied Food Research, 2https://doi.org/10.1016/j.afres.2022.100100

Qingli Zhang, et al. (2024). Insights and progress on the biosynthesis, metabolism, and physiological functions of gamma-aminobutyric acid (GABA): a review. PeerJ. https://doi.org/10.7717/peerj.18712

Qianhui Tang, et al. (2023). CsXDH gene promotes caffeine catabolism induced by continuous strong light in tea plant. Horticulture Research, 10, uhad090https://doi.org/10.1093/hr/uhad090

Radeva-Ilieva, M., et al. (2025). Green Tea: Current Knowledge and Issues. Foods, 14https://doi.org/10.3390/foods14050745

Ravichandran, R. (2002). Carotenoid composition, distribution and degradation to flavour volatiles during black tea manufacture and the effect of carotenoid supplementation on tea quality and aroma. Food Chemistry, 78(1)

Ramaswamy, R., & Ramaswamy, P. (2000). Lipid occurrence, distribution and degradation to flavour volatiles during tea processing. Food Chemistry, 68

Shan, Z., et al. (2024). New insights into the role of lipids in aroma formation during black tea processing revealed by integrated lipidomics and volatolomics. Current Research in Food Science, 9https://doi.org/10.1016/j.crfs.2024.100910

Shirai, N. (2022). Organic Acid Analysis in Green Tea Leaves Using High-performance Liquid Chromatography. Journal of Oleo Science, 71(9)https://doi.org/10.5650/jos.ess22135

Singh, K., et al. (2009). Phenylalanine ammonia-lyase (PAL) and cinnamate 4-hydroxylase (C4H) and catechins (flavan-3-ols) accumulation in tea. Functional & Integrative Genomics, 9

Si Tan, et al. (2023). Green tea polyphenols improved the physico chemical stability of mango powder during storage. Food Chemistry: X, 20, 100941. https://doi.org/10.1016/j.fochx.2023.100941

Subramanian, N., et al. (1999). Role of polyphenol oxidase and peroxidase in the generation of black tea theaflavins. Journal of Agricultural and Food Chemistry, 47

Tai, Y., et al. (2015). Transcriptomic and phytochemical analysis of the biosynthesis of characteristic constituents in tea⋯ BMC Plant Biology, 15https://doi.org/10.1186/s12870-015-0574-6

Takemoto, M., & Takemoto, H. (2018). Synthesis of Theaflavins and Their Functions. Molecules, 23 https://doi.org/10.3390/molecules23040918

Tanaka, T., Matsuo, Y., & Kouno, I. (2010). Chemistry of Secondary Polyphenols Produced during Processing of Tea and Selected Foods. International Journal of Molecular Sciences, 11 https://doi.org/10.3390/ijms11010014

Tan, L., et al. (2023). Multi-omics analysis revealed anthocyanin accumulation differences in purple tea plants 'Ziyan', 'Zijuan' and their dark-purple hybrid. Scientia Horticulturae, 321, 112275. https://doi.org/10.1016/j.scienta.2023.112275

Tukhvatshin, M., et al. (2025). Identifying meteorological factors influencing catechin biosynthesis⋯ Frontiers in Plant Science. https://doi.org/10.3389/fpls.2025.1532880

Wang, C., et al. (2022). Tea (Camellia sinensis): A Review of Nutritional Composition, Potential Applications, and Omics Research. Applied Sciences, 12 https://doi.org/10.3390/app12125874

Wang, J., et al. (2022). Decoding the Specific Roasty Aroma Wuyi Rock Tea (Camellia sinensis: Dahongpao) by the Sensomics Approach. Journal of Agricultural and Food Chemistry, 70

Wang, T., et al. (2024). Changes and metabolic mechanisms of organic acids in the fermentation of pu-erh tea. LWT, 203

Wang, Q., et al. (2025). L-Theanine Metabolism in Tea Plants: Biological Functions and Stress Tolerance Mechanisms. Plants, 14https://doi.org/10.3390/plants14030492

Wu, H., et al. (2024). Identification of the causes of aroma differences in white tea under different withering methods by targeted metabolomics. Food Bioscience, 59https://doi.org/10.1016/j.fbio.104020

Wu, M.-C., et al. (2024). Investigation on the Quality of Commercially Available GABA Tea in Taiwan. Standards, 3https://doi.org/10.3390/standards3030022

Wu, Hualing, et al. (2024). CsRAB, a R2R3-MYB transcription factor from purple tea (Camellia sinensis), positively regulates anthocyanin biosynthesis. Frontiers in Plant Science. https://doi.org/10.3389/fpls.2024.1514631

Xia, S., et al. (2023). Advances in the Production of Theanine by Plants and Microorganisms. Fermentation, 9https://doi.org/10.3390/fermentation9060543

Xu, Y.-Q., et al. (2018). Quantitative analyses of the bitterness and astringency of catechins from green tea. Food Chemistry, 258

Yang, T., et al. (2020). Transcriptional regulation of amino acid metabolism in response to nitrogen deficiency and nitrogen forms in tea plant root (Camellia sinensis L.). Scientific Reports, 10https://doi.org/10.1038/s41598-020-63835-6

Yanyan, C., et al. (2024). Unraveling the contributing factors of stale odor in Longjing tea through a sensomics approach. Food Chemistry, 441

Yao, J., et al. (2022). A Review on the Extraction, Bioactivity, and Application of Tea Polysaccharides. Molecules, 27https://doi.org/10.3390/molecules27154679

Yu, X., et al. (2019). Chlorophyll Metabolism in Postharvest Tea (Camellia sinensis L.) Leaves: Variations in Color Values, Chlorophyll Derivatives, and Gene Expression Levels under Different Withering Treatments. Journal of Agricultural and Food Chemistry, 67 DOI: 10.1021/acs.jafc.9b03477

Yu, Z., & Yang, Z. (2020). Understanding different regulatory mechanisms of proteinaceous and non-proteinaceous amino acid formation in tea⋯ Critical Reviews in Food Science and Nutrition, 60(5)

Yu, P., et al. (2023). Dynamic variation of amino acid content during black tea processing: A review. Food Reviews International, 39(7)https://doi.org/10.1080/87559129.2021.2015374

Zeng, L., et al. (2019). Understanding the biosyntheses and stress response mechanisms of aroma compounds in tea⋯ Critical Reviews in Food Science and Nutrition, 59(14)

Zheng, X.-Q., et al. (2016). Recent Advances in Volatiles of Teas. Molecules, 21(3)https://doi.org/10.3390/molecules21030338

Zhang, G., et al. (2022). Another perspective to explain green tea cream: Utilizing engineered catechin-caffeine complex. Food Research International, 158https://doi.org/10.1016/j.foodres.2022.111542

Zhang, J., et al. (2025). Underlying characteristic aroma of white tea from diverse geographical origins and its prediction. Journal of the Science of Food and Agriculture, 105

Zhang, (et al.) (2023). Monitoring fluorine levels in tea leaves from major producing areas in China and the relative health risk. Journal of Food Composition and Analysis. https://doi.org/10.1016/j.jfca.2023.105205

Zhang, S., et al. (2022). Purine alkaloids in tea plants: component, biosynthetic mechanism and genetic variation. Beverage Plant Research, 2https://doi.org/10.48130/BPR-2022-0013

Zhou, Z., et al. (2022). Combined analysis of lipidomics and transcriptomics revealed the key pathways and genes of lipids in light-sensitive albino tea plant⋯ Frontiers in Plant Science, 13https://doi.org/10.3389/fpls.2022.1035119

Zhou, Z.-W., et al. (2021). Metabolic Flow of C6 Volatile Compounds From LOX-HPL Pathway Based on Airflow During the Post-harvest Process of Oolong Tea. Frontiers in Plant Science. https://doi.org/10.3389/fpls.2021.738445

Zhu, K., et al. (2021). Research progress of black tea thearubigins: a review. Critical Reviews in Food Science and Nutrition, 61(9)https://doi.org/10.1080/10408398.2020.1762161

Zou, C., et al. (2024). Recent Advances Regarding Polyphenol Oxidase in Camellia sinensis: Extraction, Purification, Characterization, and Application. Foods, 13https://doi.org/10.3390/foods13040545

Zhaoqi Li, et al. (2025). Quality characteristics of white tea prepared from albino tea cultivars⋯ Food Chemistry: X, 32https://doi.org/10.1016/j.fochx.2025.103287

쉽게 풀어 쓴 차의 화학성분

초판 1쇄 인쇄 2026년 2월 10일
초판 1쇄 발행 2026년 2월 20일

지은이 배경순 © 2026
펴낸이 김환기
펴낸곳 도서출판 이른아침
주 소 경기도 고양시 덕양구 삼원로 63 고양아크비즈 927호
전 화 031-908-7995
팩 스 070-4758-0887
등 록 2003년 9월 30일 제313-2003-00324호
이메일 booksorie@naver.com

ISBN 978-89-6745-169-1 (93300)